大学生职业素质拓展

杜鹏娟　主编

中国农业大学出版社
·北京·

内 容 简 介

本书是编者多年来对大学生职业素质养成教育开展研究与教学、拓展训练、心理辅导的实践经验总结。全书分为“职业认知”、“ 职业道德”、“职业心理”、“职业礼仪”、“职业交往”、“职业能力”6 章，设计了 15 个训练项目，并辅之以大量的项目推荐。从明确“学习目标”入手，组织“拓展训练”，开展“理论导航”，选取“案例分析与思考”，让学生参与其中，动情体验，动心感悟，动脑思考，层层深入，引导学生职业素质的养成，提高就业竞争力。

参加本书编写的同志均长期从事职业素质养成教育的教学与研究工作，具有丰富的教育教学经验。且与企业有密切的联系，书中很多案例来自于相关企业，真实可信，有现实针对性。

本书可作为大学生职业素质教育教学教师用书，也可作为大学生提升自身职业素质的参考用书。同时也适合关注大学生职业素质的社会各界人士阅读。

图书在版编目(CIP)数据

大学生职业素质拓展/杜鹏娟主编.—北京：中国农业大学出版社，2015.1
ISBN 978-7-5655-1148-6

Ⅰ.①大…　Ⅱ.①杜…　Ⅲ.①大学生-职业选择　Ⅳ.①G647.38

中国版本图书馆 CIP 数据核字(2014)第 295606 号

书　名　大学生职业素质拓展
作　者　杜鹏娟　主编

策划编辑	赵　中	**责任编辑**	韩元凤
封面设计	郑　川		
出版发行	中国农业大学出版社		
社　　址	北京市海淀区圆明园西路 2 号	**邮政编码**	100093
电　　话	发行部 010-62818525，2625		读者服务部 010-62732336
	编辑部 010-62732617，2618		出　版　部 010-62733440
网　　址	http://www.cau.edu.cn/caup	**E-mail**	cbsszs@cau.edu.cn
经　　销	新华书店		
印　　刷	北京时代华都印刷有限公司		
版　　次	2015 年 1 月第 1 版　　2015 年 1 月第 1 次印刷		
规　　格	787×980　　16 开本　　16.75 印张　　306 千字		
定　　价	32.00 元		

图书如有质量问题本社发行部负责调换

编审人员

主　编　杜鹏娟

副主编　王晓琳　王曙雅

参　编　汪　洋　李向辉　宋幸辉

主　审　刘永录

前　言

应用型本科教育是高等教育的重要类型，它以培养高技能应用型人才为目标。这就要求应用型本科教育必须跳出传统的教育模式，高度重视学生的职业素养，从知识本位转移到能力本位上来。但我们习惯的做法多是传统的教学内容与方法，追求知识的系统性和完整性，教材的编写也一直遵循以学科为导向、以知识为目标、以教师为主体，理论和实践相分离，甚至是有什么师资开什么课程，学生毕业后不能适应实际工作的需要。使学生找不到适合的工作，企业找不到合适的人才。

为了贯彻"以职业为导向，以能力为核心"的现代应用型本科教育新理念，积极营造"学生愿学、爱学、乐学、会学"的良好氛围，努力提高学生的职业素质，我们在教育教学过程中一直进行积极的探索，先后完成了校级《大学生职业发展与就业指导》精品课程建设项目和"高职院校大学生职业素质养成教育的研究与实践"省级教研项目，积累了一些理论和实践经验。我们和上百家企业有紧密的合作关系，进行过多年的企业人才需求跟踪调查，掌握了企业人才需求的第一手资料，该教程的编写也是我们校企合作项目"大学生职业素质拓展"实施的重要载体。据此我们试图从项目化训练的视角去编写大学生职业素质教育教程，以期能在大学生职业能力培养与职业素质教育体系构建方面有所突破，有所创新。

在长期的大学生职业素质养成教育实践基础上，我们经过认真分析、讨论、梳理、归纳、总结，按照有利于学生职业素质发展和职业技能强化的原则要求，根据当前大学生在职业素质发展中面临的种种问题选取并组织材料，以 6 章 15 个训练项目作为基本架构，在每个项目中，以拓展训练、团体辅导为载体，以学生参与为主要形式，辅之以理论介绍、典型案例分析、相关链接及延伸阅读等，将职业素质养成教育的主线贯穿始终，意在使学生在参与过程中用心体验，逐步提升，达到养成良好职业素质的目的。

本书突出了以下编写特色：

(1)选取训练项目，以学校教学和企业需求的实际为基础。从职业认知入手，将职业素质的重要内容职业道德、心理、礼仪、交往、能力作为主线，设计相关的拓展训练和团体辅导项目。

(2)选取学习方式，以学生为主体，以教师或企业人员为主导。拓展训练和团体辅导项目的开展以学生参与为主，通过参与活动、讨论分享、思考提升，引导学生主动探索、思考和体验，日积月累，养成良好的职业素质。

(3)选取项目案例，以相关企业和专业为主，辅之其他。案例有一大部分来自相关企业及相关专业的学生、毕业生，亲切可信，适用性强，易于入脑入心。

杜鹏娟副教授担任本书主编，承担全书的构架设计及统稿和定稿工作，王晓琳、王曙雅担任副主编，承担部分统稿工作。本书由杜鹏娟、王晓琳、汪洋、王曙雅、李向辉、宋幸辉等长期从事职业素质养成教育的教师共同编写。具体分工如下：杜鹏娟第一章、第三章、第五章，王晓琳第二章，宋幸辉、王曙雅第四章，李向辉第六章，汪洋附录部分。

河南牧业经济学院刘永录教授为本书的编写框架提出了很好的建议并主审了本书；王凌彬教授、李利红教授也为本书的提纲提出了很好的建议；河南康星药业集团、河南牧翔药业集团、河南后羿药业集团、洛阳惠中药业集团等校企合作单位提供了他们的企业文化，企业界的朋友吴学乾、刘海平、赵宏磊等提供了很多案例。他们的大力支持，才促成了本书的成稿。非常感谢！

本书是我们对大学生职业素质养成教育项目的进一步延伸，也是对校企合作大学生职业素质拓展训练课程构建的初步尝试。由于编者知识水平有限，虽竭尽全力，但书中难免存在疏漏谬误之处，竭诚欢迎各位同行及读者批评指正。

编　者

2014 年 3 月

目　录

第一章　职业认知

引　言

汉语中有个名词:关注,指关心重视。详释为:用眼睛去看某人、某事;用实际行动或用心去对待某人、某事。心理学上有个概念,叫作注意。是心理活动对一定对象的指向和集中。这里的“某人、某事”和“一定对象”说明,无论是关注也好,注意也好,都具有一定的选择性。

人在关注着、注意着什么的时候,总是在感知着、记忆着、思考着、想象着或体验着什么。人在同一时间内不能感知很多对象,只能感知环境中的少数对象。而要获得对事物的清晰、深刻和完整的反映,就需要使心理活动有选择地指向有关的对象,用心、用实际的行动去感知,去体验。

进入大学之后,尤其是我们这一类的应用型大学的学生,最先接触到的就是我们的专业、行业、职业介绍,很多学校对新生的教育已形成稳定的模式——适应教育+职业体验。这无疑是在提醒大家最该关注、最应注意的“对象”就是我们的专业与职业。即让“职业”成为我们心理活动所选择的指向对象,通过教育和体验,用心感知、思考,形成对自己将从事的职业的认识和观念,这就是职业认知。然而,对职业的认知不是突然形成的,而是经历了一个过程,逐步地由幻想到现实、由模糊到清晰、由摇摆到稳定,贯穿于人的成长过程之中。大学时期正是对职业的认知由主观愿望落实到具体计划的过渡时期,而认知过程可以是自然的或人造的,有意识的或无意识的,但有意识的认知与无意识的认知,效果差别巨大。因此,我们可以通过专业学习、实践体验等,有意识地引导大学生进行职业认知,这将在很大程度上影响大学生今后的就业和择业方向,进而影响大学生的整个职业生涯发展状况。

拓展项目一　认识你的职业

一、学习目标

了解职业的概念,职业的种类,明确自己的职业范围,掌握职业认知的方法、途径,形成正确的职业意识。

二、拓展训练

(一)职业种类知多少

1. 训练目的

(1)了解职业种类,明晰自己将从事的职业范围;

(2)明确地认识自己的职业,并探讨理想职业与现实情况的契合点。

2. 训练时间

大约需要30分钟。

3. 训练步骤

(1)操作指导:①请每个同学按照下列表格,写出自己知道的亲朋好友的职业,要求不写重复的。②全班同学所写的职业进行汇总。③展示《中华人民共和国职业分类大典》的相关内容。

(2)讨论分享:分组进行讨论,围绕自己的专业,讨论和专业相关的职业范围,以及对该职业的认识。

你喜欢你未来的职业吗?

在相关的职业范围有你感兴趣的职业吗?

你最憧憬的职业是什么?

(3)思考提升:职业的大千世界可谓五彩缤纷,当今世界职业有多少种呢?这是一个很难确切回答的问题。我们知道,尽管职业的类型多种多样,但每一种职业都有其自身的特点和规律。对职业了解得越多,认识会越深刻、越全面,职业意识会越强。而职业意识具有能动作用和导向作用,是人的职业行为和职业活动的调节器,促使人们去深入了解、积累和掌握更多与职业有关的知识和经验,并使之融会贯通,最终这个人就成为具有某方面真才实学和真知灼见的职业主体。

然而,我们在考大学的时候,有多少同学是出于对未来职业或行业的热爱才选择现在的专业的,恐怕为数不多。多数同学的选择是模糊的,或是无奈的。今天的训练,就是希望大家在现有的客观实际下,找到理想职业与现实情况的契合点。

【相关链接】

《中华人民共和国职业分类大典》所分8大类职业

1. 国家机关、党群组织工作人员、企事业单位管理人员

2. 各类专业、技术人员

3. 办事人员和有关人员

4. 商业与服务业人员

5. 农林牧渔业生产人员

6. 生产人员、运输人员和有关人员

7. 军人

8. 不便分类的其他劳动者

世界各国由于经济发展、社会生产力水平不一，职业种类也不相同。从美国、加拿大等发达国家的统计资料看，职业已达 2 万多种。我国的职业种类虽然远不及发达国家，但随着经济的发展，特别是受世界经济一体化的影响，职业的种类也在不断增加。1999 年，劳动和社会保障部制定的《职业分类大典》，将我国职业分为 8 个大类 66 个中类 413 个小类 1 838 个细类(职业)。

(二)职业实践体验

依据专业不同，选取相关企业，组织学生进行实地参观体验，请企业人员做专题讲座，进一步加深对未来职业的了解，在实际体验中认识职业。要求学生写出《职业体验报告》。

三、理论导航

(一)职业概述

1. 什么是职业

职业就是人们从事的有比较稳定的合法收入的工作。准确地说，职业是劳动者以获取经常性的收入为目的而从事连续性的、相对稳定、合法的社会劳动。

2. 职业的要素与功能

职业由三个基本要素组成：一是劳动；二是有固定的报酬或收入；三是要承担一定的职责并得到社会的承认。

对于个人来说，职业具有三个功能：谋生的手段；为社会做贡献的岗位；实现人生价值的舞台。三者密不可分，其中“谋生”是基础，“奉献”是过程，“价值”是结果。在人生旅途中，职业是幸福生活的源泉。

3. 职业的特征

职业与人类的社会生活息息相关，随着社会的发展而产生和发展。职业是一种具有报酬的社会劳动，具有八个基本特征。

(1)职业的社会性。首先表现在任何一种职业都不能独立存在，而只是整个社会生产、生活体系中的一个环节；其次是每个职业的从业人员都处在一定的社会环境中，从事着与其他社会成员相互关联、相互服务的社会活动；再就是每一种职业都必须有一定规模的从业人数。

(2)职业的稳定性。是指某个职业的产生并不是基于社会某种临时性的需要，每种职业都有相对较长的生命周期。

(3)职业的目的性。也叫有偿性或经济性。任何一种职业劳动都能得到现金或实物回报，人们从事某种职业的一个重要目的就是谋生。通过自己的劳动，换取相应的经济报酬，并以此作为维持、丰富生活的主要收入来源。

(4)职业的规范性。也就是合法性。一是职业必须符合社会主流道德；二是职业必须符合国家规定。

(5)职业的专业性。也就是不同的职业在劳动内容、劳动方式、劳动手段等方面所具有的专业特点。例如：汽车修理工要有汽车构造等方面的知识，并具备汽车故障分析诊断与维修能力。

(6)职业的多样性。是指职业存在于社会的政治、经济、文化、教育、军事、外交等一切领域，在每个领域中又有不同的种类，比如在文化领域中有演员、作家、编辑等，在教育领域有教师、管理者、工勤人员等。

(7)职业的技术性。是指不同的职业都有具体的知识、技能和技巧要求。技术性是一切职业的共有特性。在现代社会里要从事某些职业，必须经过一定时间的知识和技能培训。

(8)职业的时代性。是指职业随着时代的变化而变化。随着社会的发展进步，某些职业会消失，新的职业会不断产生，原有的职业也会获得新的时代内容。

【学与思】

1. 乞丐、倒卖车票、商品传销、个人家务劳动等是职业吗？为什么？

2. 你的父母从事何种职业？这些职业有什么技术要求？

【相关链接】

工业革命与新兴职业

第三次工业革命始于20世纪50年代，电子计算机、原子能、空间技术等新科技的应用，标志着人类进入了自动化时代。今天我们面临着新技术革命的挑战，有人把它称为“第四次工业技术革命”，超大规模集成电路、航天技术、遗传工程、生物工程等新领域里的新技术、新成果将人类带入了信息时代，产生了如专业软件编制员、互联网管理员、电子报刊编辑、多媒体软件设计师等新兴职业。

(二)职业与产业、行业、专业

在了解了职业的定义、功能与特征后,作为未来的从业者,还应进一步了解职业在国民经济发展中的地位,以及它与行业、产业结构之间的关系。

1. 职业与产业

我国现有的职业种类异彩纷呈。任何一种职业都可以分属国民经济的某一产业和某一行业,职业类别也是以产业行业类型为基础划分的。

产业是国民经济活动的最基本类型。是由社会分工而独立出来的、专门从事某一类别生产经营活动的单位的总和。国家统计局把我国产业分为三大类:第一产业包括农业、林业、畜牧业、渔业,简称农林牧渔。第二产业是指广义的工业,又可分为重工业和轻工业,包括制造业、采掘业、建筑业等。第三产业是指广义的服务业,也就是为社会公众提供社会性服务的非物质生产部门,包括流通部门、服务部门、教科文卫体育部门、机关团体等。

在社会分工中,第一和第二产业是物质生产部门,是第三产业发展的基础。第三产业是流通和服务部门,它虽然不直接从事物质生产,但可以促进整个社会和经济的发展。

职业存在于产业之中,每一种产业都包含着多种职业。在三大产业中,二、三产业包含的职业最多。

2. 职业与行业

行业是根据社会分工对产业的进一步细划,是根据单位所使用的加工原料、所产生的物品或提供服务的不同来表示的社会分工类别。根据国家有关部门颁布的《国民经济行业分类和代码》,我国国民经济划分为16个行业大类,它们分属于三大产业。

【相关链接】

我国国民经济的十六个行业类别

1. 农、林、牧、渔业;2. 采掘业;3. 制造业;4. 电力、煤气和水生产供应业;5. 建筑业;6. 地质勘查业、水利管理业;7. 交通运输存储和邮电通讯业;8. 批发零售贸易和餐饮业;9. 金融保险业;10. 房地产业;11. 社会服务业;12. 卫生体育和社会福利事业;13. 教育、文化艺术和广播电影电视业;14. 科学研究和综合技术服务业;15. 国家机关、党群组织和社会团体;16. 其他。

职业与行业之间相互交叉,一种行业当中包含着许多职业,同一种职业也可以存在于许多行业中。各种职业之间存在着密切的联系，它们共同推动着一个国家国民经济的正常运转，整个国民经济的分工体系正是由产业到行业再到职业这三个层次组成的。

产业层次	主要行业	典型职业
第一产业	农业、林业、渔业、畜牧业、采矿业	农民、林业工人、牧民、渔民等农林牧渔劳动者，管理人员和专业技术人员等
第二产业	制造业、水的生产和供应业、电业、燃气业、建筑业等	经营管理人员，如经理、生产主管、营销策划等；工程技术人员，如工程师、设计师等；技术工人；辅助人员，如保管员等
第三产业	除第一、第二产业以外的其他行业	经营管理人员、营业员、导游、律师、会计师、教师、医师、摄影师、美容师、厨师、服务员、维修技师、公务员等

3. 职业与专业

专业是为职业服务的，职业对专业起着导向作用。在一般情况下，专业要比职业涉及面宽。它们之间呈现出的是一种复杂的相关关系。其中的联系可以概括为三种：一对多的关系、多对一的关系、一一对应的关系。但是，专业区别于一般职业在于它们非同寻常的深奥知识和复杂技能。专业需要接受长时间的专业化训练，一般以是否接受过高等专门教育为标志，而职业主要是通过个人体验与个人的经验总结。专业与职业相比，要更多地提供一种独特、明确、必要的社会服务与奉献，而普通职业的从业人员仅仅把工作当作是一种谋生的手段。职业更多地体现为工匠式的特点，一旦掌握，即可不断重复，无须创新，而专业的一个重要特点就在于需要不断地面对变化，需要不断进修，并做出创新。

应用型高校的培养目标是具有全面职业素质的应用技术型人才，其设置的专业是面向一个及以上的职业岗位群。比如兽医医药专业毕业生主要面向兽药药政管理和检验、兽药生产企业、兽药经营企业、兽医院、饲料生产和养殖企业等职业岗位群就业。生物制药专业毕业生主要面向生化制药、微生物制药、基因工程制药等企业、公司或研究机构就业，从事生物药品的生产、检验、开发、经营管理、营销等工作。

（三）职业与事业、人生

1. 职业与事业

事业和职业，虽然只有一字之差，但却是两种完全不同的概念和心态。拥有职业并不一定拥有事业。事业是终生的，而职业是阶段性的。职业往往是对工作伦理规范的认同，比如自己从事了某项工作，获得了一定报酬，工作伦理规范就要求他尽心尽力完成相应的职责，如此才能对得起自己所获得的报酬，职业往往仅是作为一个人谋生的手段而已。事业则是自觉的，是由奋斗目标和进取心促成的，是愿为之付出毕生精力的一种“职业”。

把工作仅仅当成谋生的手段，还是当成终生为之奋斗的事业，最后的结果将天壤之别。把工作当成事业来干，意味着胸怀壮志，工作中渗透的是一种干事业的激情，这种激情，就是“想干事、会干事、干成事”，就是一种面对机遇，敢于争先；面对艰险，敢于探索；面对落后，敢于奋起；面对竞争，敢于创新的勇气，正所谓“道虽迩，不行不至；事虽小，不为不成”。要把想干的事干完，把会干的事干好，这才是把工作当成事业的要义所在。当我们把工作当成终生为之奋斗的事业来做的时候，我们才会把自己的注意力全部放在工作上，这时候我们自身的潜力才能最大限度地被激发出来，才会深入地思考工作中出现的问题，找到最好的解决办法，才会推陈出新做出新的业绩。也只有在这个时候，我们才能通过工作这个平台，充分展示我们自己的能力和水平。

2. 职业与人生

纵观人的一生，最关键、最辉煌的时期，都是在职业生涯中度过的。职业是人的一生的主体，人是通过职业立足社会，服务社会，服务他人，体现自我价值的。能够择我所爱，爱我所择，是最理想、充实、美满的。这时职业是生命的重要价值，人们把职业作为天职，全力以赴，尽职尽责，兢兢业业，聚精会神，锐意进取，创造辉煌的业绩，实现人生的最大价值。但如果没有这样的机会，那么就把自己应该走的路走好，再去走自己想走的路，做到“干一行，爱一行”，也能使自己的人生快乐、充实。

我校兽药营销专业有位毕业生，在校期间对自己的专业一直“不感冒”。尤其是和高中同学相比，心里一直不服气。中学时大家学习成绩都相差不大，就因为高考发挥失利，别人进了重点本科，而他只上了专科，而且是农林类的兽药营销专业。所以学习上并不上心。毕业后进入一家兽药企业工作，从技术员做起，两年后，成为公司的销售冠军。这时再和高中的同学比，他有了另一种感受：“我的工作业绩、收入状况，并不比上重点学校的同学差。”自信心得到了鼓励。于是他暗下决心，以后一定要做出点成绩，不能碌碌无为。工作中他更加用心，又把上学时的课本拿出来读，甚至整本整本的背，再结合工作实际，学以致用，很快成为公司的“全能手”。五年后，他有了自己的公司，在业界也成了小有影响的人物。

【延伸阅读】

定位决定人生

一个人的心态在某种程度上取决于自己对自己的评价，这种评价有一个通俗的名词——定位。在心中你给自己定位什么你就是什么，因为定位能决定人生，定位能改变人生。我们来看一个小故事：

一个乞丐站在地铁出口卖铅笔，一个商人路过，向乞丐杯子里投入几枚硬币，匆匆而去。过了一会儿商人回来取铅笔，说："对不起，我忘了拿铅笔，因为你我毕竟都是商人。"几年后，这位商人参加一次高级酒会，遇见了一位衣冠楚楚的先生向他敬酒致谢，并告知说："我就是当初卖铅笔的乞丐。""乞丐"生活的改变，得益于商人的那句话：你我都是商人。故事告诉我们：定位于乞丐就是乞丐；定位于商人就是商人。

汽车大亨福特自幼帮父亲在农场干活，12 岁时，他就在构想能有在路上行走的机器，以代替牲口和人力，而父亲和周围的人都要他在农场做助手。福特坚信自己可以成为一名机械师。他用 1 年的时间完成了别人要 3 年的机械师训练，随后又花了 2 年多的时间研究蒸气原理，试图实现他的构想，但未获成功；随后他又投入到汽油机研究上，每天都在梦想制造一部汽车。他的创意被大发明家爱迪生所赏识，邀请他到底特律公司担任工程师。经过 10 年的努力，福特 29 岁时，成功地制造了第一部汽车引擎。今日美国，每个家庭都有一辆以上的汽车，底特律成为福特的财富之都。

福特的成功，不能不归功于他定位的正确和不懈的努力。反过来说，就算你给自己定位了，如果定得不切实际，或者没有一种健康良好的心态，也不会取得成功。

(四)树立正确的职业意识

1. 什么是职业意识

意识，是人的头脑对客观事物的反映，是感觉、思维等各种心理过程的总和。其中，思维是人特有的、反映现实的高级形式。意识是物质的反映，对物质有明显的反作用。

职业意识是人脑对职业的反映，是人们对职业活动的认识、评价、情感和态度等心理成分的综合反映。它来自具体的职业实践，是职业人通过对职业实践的总结分析形成的职业约定俗成、师承父传的职业认识和主要观点。随着社会的发展，职业意识又用法律、法规、行业自律、规章制度、企业文化等形式来体现。它是每一个人从事某一工作岗位最基本也是必须牢记和自我约束的思想指导。同时，它反映着人们对职业的意向、态度、情感及主要观点，贯穿于一个人职业发展的全部历程。

职业意识有社会的共性，也有行业或企业的特点。三百六十行，每个行业虽然具体要求不同，表现不一，但都有相通之处。无论哪一行、哪一个职业要想有更好的发展前景，都必须有良好的职业意识。它是每一个人从事工作最基本的要求，是必须牢记的。所以大学生从现在开始，注意培养自己正确的职业意识，事关未来的职业发展。

2. 职业意识的发展阶段

职业意识的形成不是偶然的，而是经历了一个由浮浅趋于深刻、由模糊趋于鲜明、由幻想趋于现实的发展过程。依据美国著名的职业生涯发展理论先驱、职业心理学家金斯伯格的职业意识发展阶段理论和我国有关学者的研究，职业意识的发展，经历了三个时期：

(1)幻想期。这一时期主要在小学阶段。小学生已经初步具备了职业意识，不过它是在萌芽状态中表现出来的，并且具有空想的突出特点。小学生从自己原始的兴趣爱好和崇拜对象的职业中形成职业理想，不去考虑职业与自己性格、知识、能力之间的关系以及职业的现实需求。如“我要当警察”、“我要当老师”、“我要当医生”等。想象成分居多，现实考虑极少，带有随意性，易随客观环境的变化而变化。

(2)分化期。这一时期主要是中学阶段。中学生已经初步形成兴趣爱好和价值取向，这为职业意识的深化奠定了基础。起初，兴趣主导着中学生的职业选择，并试图将兴趣和能力统一于价值体系中。随着心理、生理等各种因素的不断发展，中学生职业目标同原来的职业意向出现分化，分化原因主要是中学生已认识到未来职业与主体状况的内在联系。他们在不断地分析比较中选择自己的目标，并且向预定目标进行各种各样的努力。

(3)成熟期。这一时期是一个由主观愿望落实到具体计划的过渡阶段，大学生正处于这一阶段。专业选择是职业意识的具体表现，大学生要权衡各个职业的价值，选取相对价值最高的职业目标。大学生对专业的选择实际上就是对职业的选择，尽管将来未必从事这个专业工作，但大学学习也是为将来就业所进行的实际准备，这种准备体现了职业意识，表明职业意识已经逐渐现实和具体。

职业意识的成熟最终要靠现实职业选择来确定。大学生正处于职业意识成熟期的前期，处在职业社会边缘地带，但已经开始向职业社会过渡，进行着低层次的职业选择，并通过某些实践体验。认清职业社会对某些职业的实际要求，以求更好地完成职业定位。

3. 职业意识的作用

马克思主义哲学告诉我们，存在决定意识，意识对存在具有反作用。职业意识对于大学生的职业社会化起着重要作用，具体表现在以下几个方面：

(1)促进职业素质提升。随着经济的发展，各行各业越来越重视职业意识的培养，尤其是对那些即将走上社会的大学生来说，树立牢固的职业意识尤为重要，它与每个人的前途息息相关。因为及时、全方位的职业意识的引导，有助于职业兴趣的产生、职业选择的顺利进行。在一个人生理、心理条件一定的情况下，职业兴趣的产生与职业信息的刺激构成相关关系，职业能力与职业兴趣成正比。从一定意义上说，职业意识是人在职业领域的自我"觉察"，这种"觉察"开始得越早，"觉察"会越全面，越会促使人们自觉提升职业素质，从而造就高素质的劳动者，推动社会发展和科技进步。

(2)为职业生涯导航。职业意识是大学生学习的动力源之一，是贯彻"学以致用"的理念的出发点，是职业生涯设计优化的心理前提。职业意识在职业生涯设计中发挥着主观能动性的作用，积极主动的职业意识有助于职业生涯设计的预期指标及指标的组合关系优化，有助于职业生涯设计变为现实的方针。

明确的职业意识是进行职业生涯规划的基础。职业生涯在人的一生劳动中，是最为辉煌鼎盛的阶段，也最能体现人的创造性以及人自身存在的价值。职业的发展是人的生涯发展的重要组成部分。职业发展是一种发展的历程，是经验不断修正及概念化的结果。影响职业发展的因素有很多，职业意识具有导向和调节作用，对个人职业发展影响重大，正确的职业认知，积极的职业情感，坚强的职业意志，良好的职业行为，必将推进人的职业生涯的卓越发展。

(3)实现人生价值。由于人们的价值观不同，故而对价值的诠释也各有差异。有人认为，一个人的物质基础雄厚了，其生存质量相应提高，于是乎他自身的价值也就随之体现出来。也有人认为，物质生活的高低并不重要，人的价值关键在于精神方面，即：某种非物质愿望的达成或某种精神需求的满足，如政治家、军事家、艺术家、宗教人士等。

其实，人类自身的价值与其他动植物或者物体的价值之定性在一定意义上别无二致，都是针对自身以外的其他客体而言的。换句话说，人的价值不是孤立存在的，只有通过对他人和对社会所产生的作用才能充分体现出来。

也就是说，人的一生是否有价值，主要是看这个人在何种程度上满足自身和自己所依存的社会这两个方面的需要。人生价值主要是通过职业活动来体现的，职业是实现人生价值的舞台。职业能否实现人生价值，与人的才能，兴趣、爱好和志向等职业态度有密切联系。良好的职业态度，使从业者展示出高昂的创造热情和无限的活力，从而铸造辉煌的人生。

4. 培养优良的职业意识

(1)养成良好的职业习惯。美国畅销书作家杰克·霍吉撰写的《习惯的力量》，被公认为是一部优秀的作品。书中，他把“习惯”比喻为飞驰的列车，惯性使人无法停步地冲向前方。前方有可能是天堂，有可能是深谷，习惯就是你的方向盘。“习惯”是潜意识的活动，就像人体各种软件的编程，一旦启动就按既定的程序演绎。杰克·霍吉说：“行为变成了习惯，习惯养成了性格，性格决定命运”。原来命运的基石就是养成习惯的行为。

“习惯”就是一点一滴，循环往复，无数重复的行为动作养成的，好的习惯，坏的习惯莫不如此，只是结果不同。习惯，是一个人思想与行为的领导者。习惯是行为的自动化，不需要特别的意志努力，不需要别人的监控，在什么情况下就按什么规则去行动。习惯让我们减少思考的时间，简化了行动的步骤，让我们更有效率；但任何事物都是一分为二的，有好的一面，就有不利的一面，习惯也会让我们形成思维定势，造成思想封闭，保守，自以为是，墨守成规。

在每个人的身上，好习惯与坏习惯并存，而获得成功的可能性就取决于好习惯的多少。美德大多存在于良好的习惯中，一个良好习惯的养成总是在不断地克服不良习惯的过程中形成的，一个坏习惯不会一下子就能改掉，同样，一个好习惯也不是一刻两刻就能培养起来的，人生仿佛就是一场好习惯与坏习惯的拉锯战，把高效能的习惯坚持下来就意味着踏上了成功的快车。良好的习惯是一切成功的钥匙。习惯一旦养成，就会成为支配人生的一种力量。关键的一步是要马上行动起来，好的习惯是“行动者和空想者的根本区别”，可以把命运之舟推向成功的彼岸。

养成良好的职业习惯，既与实际工作岗位上的强化训练有关，也离不开在校时的专门训练。每一种职业，都对其从业人员的职业行为提出了特定的要求，因此，我们应从现在开始，根据自己的专业特色和职业方向接受专门的训练，要高标准、严要求、勤反思、贵在坚持、持之以恒。首先要形成良好的学习习惯，逐步建立稳固的生理和心理的关于学习的“动力定型”；进而扩展到职业要求上，按照自己专业特色和未来职业方向，严格训练，不断反思自己的得失，做到坚持不懈，不放松，最终才能培养起良好的职业习惯。这是形成良好职业习惯的有效途径。

【相关链接】

珍贵的一课

查尔斯·史瓦在担任伯利恒钢铁公司总裁期间，曾经向管理顾问李爱菲提出这样一个不寻常的挑战：“请告诉我如何能在办公时间内做妥更多的事，我将支付给您任意的顾问费。”李爱菲于是递了一张纸给他，并向他说：“写下您明天必须做的最重要的各项工作，先从最重要的那一项工作做起，并持续地做下去，直到完成该项工作为止。重新检查您的办事次序，然后着手进行第二项重要的工作。倘若任何一项着手进行的工作花掉您整天的时间，也不用担心。只要手中的工作是最重要的，则坚持做下去。假如按这种方法您无法完成全部的重要工作，那么即使运用任何其他方法，您也同样无法完成它们，而且倘若不借助某一件事的优先顺序，您可能甚至连哪一种工作最为重要都不清楚。将上述的一切变成您每一个工作日里的习惯。当这个建议对您生效时，把它提供给您的部属采用。”

数星期后，史瓦寄了一张面额为2.5万美元的支票给李爱菲，并附言她确实已为他上了十分珍贵的一课。据说，伯利恒公司后来之所以能够跃升为世界最大的独立钢铁制造者，可能就是因为李爱菲的那数句真言。

(2)积极地面对挫折。遭遇挫折是常有的事。每一个人都会在生活中，工作中遭受到各种各样的挫折，或因业绩不佳，或因人际关系出现危机等等。面对挫折如何应对、如何保持思路清晰并在挫折中成长和改善，是一种能力，也是一种态度。

挫折是指个人从事有目的的活动时，由于遇到阻碍和干扰，其需要得不到满足时表现出的一种消极情绪状态。在工作过程中遭受挫折的人，首先反应的就是郁闷、烦躁、直至崩溃，甚至有的人愿意牺牲生命。不能不说这是现代“糖衣社会”的一种悲哀，环境和条件是优越了，人的抵抗能力也下降了，人就会在挫折情绪中失去自我，失去最好的成长机会。那么，应该如何面对挫折呢？

最好的、最直接的解决办法就是正确地面对挫折，面对困难，勇敢地去战胜并取得改善才是最重要的。面对失误、错误，我们首先要做的是分析挫折产生的原因，并思考出现问题的关键在哪里，然后去针对性地改变思路，改变态度。采取纠正措施，然后再进行验证确认，并逐步升华到采取预防措施，根据事先的分析，对可能发生的问题和结果在发生之前就进行分析，采取预防措施。如此周而复始的，就一定能把工作带到一个新的高度。用积极的态度去看待挫折，用智慧去想下一步怎么解决问题远比消极地闹情绪要更有利于你的职场路走得更加通顺。

虽然人们都希望自己的生活中能够多一些快乐、少一些痛苦，多一些顺利、少一些挫折，可是命运却似乎总爱捉弄人、折磨人，总是给人以更多的失落、痛苦和挫折。人不可能不犯错误，关键是犯了错以后，能够正确地对待和改进才是最最重要的。只有如此，人们才能在挫折中不断成长。据报道，研究挫折对人的生命变化的影响，已经成为一门新的学科——后创伤学。这一新领域证明了我们知道的一个真理：只要你不被杀死，你就会变得更强壮。事实上，经历过大磨难的成年人，只有一小部分变得痛苦沉沦，而大多数人则恢复如常，有的甚至更加奋进。就像人们常说的：经历风雨，才能见彩虹；经历痛苦，才能够成长。

(3)建立高度的责任感。如果说智慧和能力像金子一样珍贵，那么勇于负责的精神则更为可贵。那种既有能力又有责任感的人，是每一个企业都渴求的理想人才。现实情况也表明，企业往往愿意信任一个能力一般但有较强责任感的人，而不愿重用一个能力很强但缺乏责任心的人。即使一个人的能力很强，如果缺乏负责精神，其能力也就失去了用武之地。对于有责任感而能力稍差的人，企业也会乐意给他们提供培训机会，提高他们的技能，因为这种人是值得信赖和培养的。

细心一点的人应该不难发现，责任心对于现代人来说有多重要。没有了责任心将会失去企业对你的信任，将会失去爱人对你的信任，甚至会失去亲人对你的信任。所以，要想拥有美好生活，必须要学会承担责任。

认真地对待工作，百分之百地投入工作，从来不要投机取巧，也不要耍小聪明。应该说工作就意味着责任，岗位就意味着任务。在这个世界上，没有不需承担责任的工作，也没有不需要完成任务的岗位。工作的底线就是尽职尽责、坚守岗位、完成任务。如果一个人，无论是在卑微的岗位上，还是在重要的职位上，都能秉承一种负责、敬业的精神，一种服从、诚实的态度，并表现出完美的执行能力，这样的人一定是单位的最佳选择。

具有责任心的人，是勇于把企业的利益视为自己的利益的，会因为自己的所作所为影响到企业的利益而感到不安，处处为企业着想，为企业留住忠诚的顾客，让企业有稳定的顾客群；具有责任心的人，不会推卸责任，也不会因为一次过失造成后果而气馁，而不敢承担责任。这样的人在老板眼里是一个可靠的、可以委以重任的人，也许会因为过失造成后果而进行处罚，但一旦条件成熟，机会依然会留给有责任心的人。

【相关链接】

洗厕所的女孩与邮政大臣

在东京就有这么一个女孩，她到东京帝国酒店做服务生，那是她涉世之初的第一份工作。但她万万没有想到上司安排她洗厕所！上司对她工作质量的要求特别高：必须把马桶清洗得光洁如新！怎么办？是接受这个工作？还是另谋职业？一位前辈看到她犹豫的态度，不声不响地为她做了示范。当他把马桶洗得光洁如新时，他竟然从中舀了一碗水喝了下去！前辈对工作的态度，使她明白了什么是责任心。从此她漂亮地迈出了职业生涯的第一步，并踏上成功之路。而她就是如今日本的邮政大臣，野田圣子。

四、案例分析与思考

案例一

小王、小李和小刘三人同时毕业于一所药学类大学，他们也被同时分配到一家制药厂。小王的工作是在实验室里喂养用来做试验用的白鼠；小李的工作是在销售部做药品的销售；而小刘的工作则是在研发部里做药品研究和新药的开发。

在人们眼中，小王的工作是最不起眼的，工作脏累不说，听起来也不是那么让人喜爱；而小刘的工作最让人羡慕，工作环境好不说，还有高科技的成分在里面。

他们工作了一段时间后，公司领导来检查工作，要看看这些新分配来的大学生的工作究竟都干得怎么样。领导问小李在具体干些什么工作，小李说他被分到了销售部，他的主要工作就是卖药，把药厂生产的药尽可能多地卖出去。领导然后问在实验室工作的小刘，小刘说他在研发部里做药品研究和新药的开发。领导最后又问到了喂养白鼠的小王，小王说他的工作太重要了，他的工作是在协助药厂所有的同事生产最好的药品，如果药品生产得好，将会挽救很多人的生命。虽然喂养白鼠不是一种特别复杂的工作，但是这项工作对小王来讲却非常重要，对药厂来讲也非常重要。

不知不觉，五年过去了，三个年轻人的工作也有了变化。喂养小白鼠的小王成了制药厂质检部的副主任，在实验动物的饲养上也小有名气；销售部的小李因为销售业绩好，成了区域销售经理；只有小刘还在研发部做着主任分配给他的日复一日的验证性实验。

分析与思考：

这是一个有关职业认知的典型案例。对职业有什么样的认识，决定了你的职业行为就会怎样。相比较而言，小王对自己工作岗位的认识更为积极主动，对自己工作意义的认识更到位。由于对自己职业的认识不同，三个大学毕业生在工作中的态度也会不同的，谁的工作能干得更好，可想而知。

案例二

有一位护士专业的毕业生在一家大医院进行护士毕业实习。实习期满，如能让院方满意，就可留下当正式护士。一天，来了一位生命垂危的伤员，实习护士被安排做主刀医生的助手。手术从清晨一直做到黄昏，眼看患者的伤口即将缝合，这名实习护士突然严肃地盯着主刀医生说："我们用的是12块纱布，可你只取出来了11块。""我已经全部取出来了，一切顺利，立即缝合！"主刀医生头也不抬，不屑一顾地回答。

“不，不行！”实习护士高声抗议道：“我记得清清楚楚，手术中我们共用了 12 块纱布！”主刀医生没有理睬她，命令道：“听我的，准备缝合！”这名护士毫不示弱，大声叫了起来：“您是医生，您不能这样做！”直到这时，主刀医生冷漠的脸上才浮起了一副欣慰的笑容，他举起右手心握着的第 12 块纱布，向在场的人宣布：“这是我最满意的助手！”于是这名实习生成了这家大医院的正式护士。

分析与思考：

这名实习护士的举动，绝不仅仅是认真，还体现了她作为一个医务工作者强烈的职业意识，是职业意识使她成了这家大医院的正式护士。从这里我们可以看出，职业意识对于一个人的事业，对他人，对社会是多么的重要！我们的专业，虽不直接涉及手术、人命的问题，但间接地影响到人们的生命安全，也要有强烈的职业意识，认真的工作态度，注意工作中的每一个细节，把好产品质量关。

【延伸阅读】

十大职业意识

1. 学习意识：学会求知，学会做事，学会共处，学会做人，学会自主学习。终身学习。

2. 实践意识：在实践中经受锻炼，得到成长。做到理论与实践的统一，学习与运用的统一。

3. 企业文化意识：体验、感悟企业文化，融入其中，增强职业意识，提升职业综合素质。

4. 敬业意识：爱岗敬业，勤奋工作，不畏劳苦，敢于拼搏，锲而不舍，坚持到底。

5. 奉献意识：不计个人得失，忠于职守，干一行，爱一行，精一行，争一流，创一流。

6. 创新意识：开阔眼界，积极探索。善于用新的思维方式研究新情况，解决新问题。

7. 竞争意识：振奋精神，奋发图强，不甘平庸，努力进取，追求卓越。

8. 合作意识：团结互助，和衷共济，一方有难八方支援，做到同呼吸，共命运，心连心。

9. 质量与效率意识：坚持质量第一，信守合同，说到做到。提高工作绩效，不推诿，不拖拉。

10. 忠诚与诚信意识：百年言论，千年诚信。为人处世，诚信为本，待人接物，诚恳可信，不讲假话，不欺不诈。

拓展项目二　认识你自己

你了解自己吗？知道自己更适合什么样的工作吗？对每个人来说，能对自我有一个全面、清晰的认识和评价，是一个重大的人生课题。大学阶段，正是自我意识形成的关键时期，是我们认识自我、理解自我和发展自我的黄金时期。职业生涯的发展，要从自我探索开始，只有正确地认识自我，扬长避短，才能选择最适合自己能力、兴趣爱好、个性特征的工作。依据学生的特点，我们把认识自我的重点放在形成正确的自我意识、克服自卑、提升自信方面，以便于帮助学生树立“人人皆可成才”理念，为未来的职业发展筑起一个坚实的起航支点。

一、学习目标

了解自我意识的结构，掌握自我认识的方法和途径，学会客观地认识和评价自我，悦纳自我。

二、拓展训练

(一)“我是谁?”——20 问法

1. 训练目的

(1)学习如何全面认识自己；

(2)进一步明晰大学生的自我意识。

2. 训练时间

需要 20～30 分钟。

3. 训练步骤

(1)操作指导：现在我们来做一个帮助大家了解自己的心理测试。请你尽量写出 20 个“我是谁”，回答每次提问的时间为 20 秒，如果写不出来，可以略去，继续往下写。由于这是自我分析材料，不会给别人看，所以想到什么就回答什么，不要有什么顾虑。例如“我叫某某某”、“我是一个诚实的人”、“我是大学一年级的学生”等等。

(2)讨论分享：对自己的答案进行分析，内容包括以下几个方面：

①答案的数量和质量。即一共写出几个答案，答案中哪些方面的内容为多。如果能够写出 9～10 个答案，则大体上可以认为没有特别的障碍。如果只能写出 7 个或者更少的答案，或回答时，会以感到无聊、害羞、时间不够等为借口，不能回

答更多的问题，则可以认为是过分压抑自己。

②回答内容的表现方式。有三种情况：符合客观情况的，如“我是女生”、“我是牧业经济学院的学生”等。主观解释的情况，如“我是老实人”、“我是个胆小的人”等。中性的情况，即谁都不能做出判断的情况。如果主观评价和客观评价都有，可以认为取得平衡；如果倾向于主观或客观，则不能取得平衡。在主观评价中，最好是既说到自己好的方面（令自己满意的特征），也说到自己的不足之处（令人不满意的特征）。如果只说到好的会使人觉得是自满；只作不好的评价，又令人感到没有信心。

③回答的内容是否涉及自己的未来。哪怕只有一个答案涉及未来，如“我是未来的兽医师”，也说明自己有理想和抱负，在现实生活中充满生机。如果没有一个答案涉及未来，则可能说明对未来考虑不多，欠缺对未来的信心。

(3)思考提升：根据自己的答案分析情况，进行深入思考，补充完成“我是谁？”20个句子，逐渐形成较为客观的自我认识，并通过此类活动逐步找到全面认识自我的途径。

(二)“神奇的树叶”——我和你一样，也和你不一样

1. 训练目的

(1)认识自己的独特性，接纳自己的不足，学会如何全面认识自己；

(2)在比较中进一步澄清大学生的自我认识。

2. 训练时间

需要10～20分钟。

3. 训练步骤

(1)操作指导：现在我们来做一个小的测验，帮助大家了解自己的特点。请挑选形状类似，却又不完全相同的树叶，每人一片，大约10人一组。请大家仔细端详手中的树叶：色泽、长相、宽窄、纹路、特征如何？将自己手中的树叶交回并组内混合，请大家找出自己的那片树叶，若发生争执，相争同片树叶的人，要能正确描述出自己的那片树叶。

(2)讨论分享：逐一分享每个人的树叶的特点。重点讨论这个游戏给你什么启示？

(3)思考提升：在明白“世界上没有两片完全相同的树叶”的同时，看看你自己的独特印记：你的指纹，你的兴趣爱好，你的性格，你的…… 正如世界上没有两片完全相同的树叶一样，每个人都是独一无二的，有自己独特的风格和特点，每个人的生命都有独特性，世界也因你、因我而精彩。每个人在自己事业上的成功都与他独特的能力和个性品质密不可分。那么，同学们是否根据你的特点思考过自己的

成才之路呢?

(三)“天生我才”——自信提升法

1. 训练目的

(1)学习如何看待自己,悦纳自己。

(2)掌握在不利环境中找回自信的方法。

2. 训练时间

需要 20～30 分钟。

3. 训练步骤

(1)操作指导:现在我们来做一个帮助大家了解自己、树立自信的心理测试。请你在 3 分钟内完成下列题目。注意尽量按题目要求写出答案,如果写不出来,可以略去,继续往下写。怎么想的,就怎么写,如实回答。

我最欣赏自己的外表是____________________

我最欣赏自己的性格是____________________

我最欣赏自己对朋友的态度是____________________

我最欣赏自己对学习的态度是____________________

我最欣赏自己的一次成功是____________________

我最欣赏自己对家人的态度是____________________

我最欣赏自己做事的态度是____________________

(2)讨论分享:写完后与周围的同学交流,并请同学为你补充。通过交流,你会发现每一个人都有很多长处,每个人都很优秀。

(3)思考提升:通过上面的测试,归纳出自己的突出长处,作为今后努力发扬的方面;和其他同学比较,找出 1～2 项自己可以学习的长处,制订模仿学习计划,并请同学监督实施。

对自我的认识看似简单,却影响学生的自信。尤其对初入大学的同学,面对“强手如林”的新的环境,及时找到自己的长处,对于建立自信、开始新的大学生活,关系重大。

三、理论导航

(一)自我意识的结构

自我意识就是一个人对自己以及自己与周围世界关系的认识,尤其是人际关系的认识。它是一个具有多层状、多维度的复杂心理系统,可以从内容和形式等方面对它进行分析。

1. 自我认识、自我体验和自我调控

从形式上看，自我意识表现为认知的、情感的和意志的三种形式，分别称为自我认识、自我体验、自我调控。

自我认识是自我意识的认知成分，指个体对生理自我（如身高、体重、性别）、心理自我（如思维活动、个性特征）和社会自我（如人际关系）的认识。自我认识主要解决“我是一个什么样的人”的问题。

自我体验是自我意识的情感成分，它在自我认识的基础上产生，反映个体对自己的态度，主要集中在“能否悦纳自己”、“对自我是否满意”等方面。

自我调控是自我意识的意志成分，指个体对自己行为与心理活动的自我作用过程。自我调控是自我认识中的最高形式，其核心是“我应该做什么”、“我应该成为什么样的人”和“我可以选择如何做”。

自我认识是自我体验和自我调控的基础，自我体验能强化自我调控，自我调控的结果又会反过来强化、校正、丰富自我认识。以上三者互相联系、有机组合、完整统一，构成了自我意识，成为一个人个性的核心内容。

2. 生理自我、心理自我和社会自我

从内容上看，自我意识又可分为生理自我、心理自我与社会自我。

生理自我是个体对自己生理属性的意识，包括个体对自己的身体、外貌、体能等方面的意识。

心理自我是个体对自己心理属性的意识，包括个体对自己的人格特征、心理状态、心理过程等方面的意识。

社会自我是指个体对自己社会属性的意识，包括个体对自己在各种社会关系中角色、地位、权利、人际距离等方面的意识。

生理自我、心理自我与社会自我是密切联系、相互影响的，它们包含着不同的自我认知、自我体验与自我控制。

3. 现实自我、投射自我和理想自我

从自我观念上看，自我意识又可分为现实自我、投射自我与理想自我。

现实自我是个体从自己的立场出发对现实的“我”的看法，也即对实在的“我”的认识。它是个体对自己现实的观感。

投射自我是个体想象中他人对自己的看法，如想象自己在他人心目中的形象，想象他人对自己的评价，以及由此而产生的自我感。

理想自我是个体从自己的立场出发对将来的“我”的希望，它是个体想要达到的完善的形象，是个体追求的目标。

【相关链接】

卢梭说:“在人类一切知识中,对我们最有用而知之最少的是关于人类自身的知识”。我国现代著名作家毕淑敏也认为:“睫在眼前最难见,人短于自知”。“我是谁?”这个问题由来已久,早在 2 000 年前,古希腊人就把“认识自己”作为铭文刻在德尔菲神庙上。然而时至今日,人们不能不遗憾地说,“认识自己”的目标还远没有实现,不然毕淑敏老师也不会发出上面的感慨。

在我们的生活中,经常有这样一种现象:以同样的努力,做此事可能是忙碌终生、一事无成,而做彼事则很可能游刃有余,功成名就。因此,获得成功的公式可以定为“成功=正确方向+艰苦努力”。韩信认识到自己是胜任大将之人,因而甘受胯下之辱,终成大业;鲁迅痛感国弱民穷,深知自己可用笔做武器拯救国民灵魂,于是毅然弃医从文,永垂史册;胡适早年留学美国康奈尔大学学农科,后来发现自己不适合学农科,继而改学历史、文学,结果功成名就。

所以,只有自知才能自信,才能自强,才能到达成功的彼岸。全面、客观地认识自己,知道自己的潜能、优势,才能扬长避短。如果不能全面、正确地认识自己,就会产生两种心理:一是自卑心理,二是自负心理。原苏联心理学家认为:青年初期最宝贵的心理成果是发现自己的内心世界,这种发现对于青少年来说,等于一场真正的哥白尼式的革命。了解自我、分析自我、达到认识自我,才能使自己走向成功。

那么如何全面地认识自我呢?

(二)认识自我的途径

客观地认识自我、正确地评价自我、积极地悦纳自我、有效地控制自我、科学地发展自我,有助于增强自信心,建立健康的自我形象。自我是认识自己的主体,也是认识的客体,要使认识具有全面性、正确性,就要通过不同的途径。

1. 在实践中认识自我

通过实践活动充分施展自己的才华,体力、智力和品德等方面得以全面发展和展示。自己的优点和缺点、特长和不足在实践中得以发现和验证。王辉是系学生会主席,学习成绩优异,获得过“国家奖学金”。2012 年暑期,王辉参加了学校组织的“筑梦青春,星火支农”社会实践服务队。在活动总结中,王辉写道:社会实践让我正确地认识到了自己,看清了自己。原来一直以为自己很厉害,一直以为很好地掌握了课堂上学习来的知识,这些知识就代表了我的实际能力。但通过这次社会实践,我知道了这些知识并不能很容易地运用到现实生活当中,可以说是知难行易。而社会实践则让我接触到了社会，在与人交流过程中，我获得了大量的感性知识和实践经验，我的知识进行了转变和升华，使我能够把自己所学的理论知识和实际问题结合起来，提升了自己解决实际问题的能力。这对我以后发展的价值是不可估量的。

2. 在听取他人的评价中认识自我

听取他人评价是人认识自我最基本的途径，如自己做某件事时，如果总是得到别人的肯定，总是得到别人的赞扬，那么，自己在这方面就是比较优秀的。相反，就是比较差。当然，我们在听取他人的评价时不能全盘接受或全盘否定，要经过取舍，注意与自己关系密切的人的评价，注意人数众多、异口同声的评价。社会是复杂的，周围的人有其千差万别的态度倾向和行为习惯，由他们形成的反射面是凹凸不平的，如果仅仅以此为镜来认识自己，必然会得到许多歪曲的印象。所以，应注意分析评价者所持的态度、观点，然后有选择地接受他人的评价，形成关于自我的正确认识。

3. 在与他人的比较中认识自我

古人云："以铜为镜，可以正衣冠；以古为镜，可以知兴替；以人为镜，可以明得失。"通过比较，可以发现自己的长处和不足，并由此而扬长避短。但是在与他人比较时，切忌单向比较，应该既要和比自己强的人比，就会觉得"山外有山，人外有人"，进而找到差距，激发自己的动力；又要和比自己差的人比，从而知道自己的优势，重新定位，增强自信心。

4. 在内省中认识自我

古人曰："吾日三省吾身"。就是说，积极地与自我进行内心对话。人们在实际生活中，往往通过自我反思、自我检查来认识自己。从重大事件中获得的经验和教训可以提供了解自己个性、能力的信息，从中发现自己的长处和不足。如某高校一女同学，入校不久就要求调换宿舍，换一次还不行，又换第二次、第三次，总认为同宿舍同学看不起她，大家都歧视她。在学校住宿两年中换了三次宿舍，在每一个寝室都和同学相处困难，达到不得不调换宿舍的地步。在班主任老师和心理咨询老师的帮助下，该女生进行了认真的反思：难道三个宿舍的同学都不行吗？都不如自己吗？是不是自己的个性太强，难以和其他同学相容，是否应该调整一下自己？又经过半年的心理辅导，该女生有了明显的变化，和宿舍同学的关系也逐渐融洽起来。

5. 通过测量认识自我

测量可以分为生理测量和心理测量。通过生理的测量或检查，我们可以了解自己的生理状况，对自己生长发育有正确认识。而通过心理测量可以了解自己各方面的心理特征，如智力水平、性格特征、气质类型、心理适应状况等等。通过具有很高信度、效度的测试来了解自己的心理状况，是一种比较科学、准确的方法。

需要注意的是，现在网络上有很多相关的测试题目，但对施测条件的控制及对测试结果的解释相对不够全面。如果你想客观、准确地认识自我，最好到学校的心理咨询室或社会上正规的咨询机构去，在专业人员的指导下进行。

四、案例分析与思考

李佳的故事

在聊天室里，我的网名叫"花仙子"。我活泼开朗，是一个常常和众多网友"论战"的女侠；在家，姥姥叫我佳佳。我乖巧、懂事，是妹妹的好姐姐、爸妈的乖女儿；在学校，同学有时叫我李佳，有时候叫我"支书阁下"。我成绩优异，大家都认为我很聪明。可是我与妹妹下棋时，却屡次输给她，她经常指着我的鼻子说："姐姐真笨！"爸爸有时也在一旁看着我直摇头。我与同学玩扑克牌，也常常输得一塌糊涂。我到底是聪明还是笨拙？在学校和网上，我很喜欢说话，把班级团支部的活动搞得有声有色；可是在家，我似乎很沉默，常常是听众，他们都说我内向……我究竟是一个怎样的女孩？

思考与分析：

(1)故事中的李佳有很多身份。例如，在网上，她是"花仙子"；在爸爸妈妈眼里，她是个乖女儿。她还有其他的身份，你能把它们都找出来吗？李佳发现自己身上存在很多对矛盾。有时她自己都搞不清哪个才是真正的她。你能帮她找找吗？

(2)你遇到过类似的情况吗？你认为李佳是个怎样的女孩？你心中的自己是什么模样的？

(3)我们该怎样去认识一个人的复杂性、多面性？

【延伸阅读】

培养自信的诀窍

1. 坐在前面的位置上

你是否注意到，不管是会议室还是教室，后面的座位总是先被坐满，大部分占据后排座位的人，都希望自己不会"太显眼"。

但是，坐在前面能建立自信。当然，坐在前面比较显眼，而且你要记住，有关成功的一切都是显眼的。正因为显眼，才会让你不敢放松对自己的要求，天长日久，会形成严格要求自己的习惯，做好每一件事，因而也更容易让自己感到满意，自信就这样在"坐在前面的位置上"的人身上建立起来了。

2. 练习正视别人

一个人的眼神可以透露出许多有关自己的信息。某人不敢正视你的时候，你凭直觉会问自己:“他想要隐藏什么?他怕什么?他是不是干了什么坏事?”正视别人,等于告诉他:“我很诚实,而且光明正大,毫不心虚。”

正视别人,这不但能给你信心,也能为你赢得别人的信任。

3. 挺起胸膛,让步态轻松稳健

心理学家告诉我们,步态的调整,可以改变心理状态。你仔细观察就会发现,那些遭受打击、受到排斥的人,走路时都是懒懒散散,拖拖拉拉,完全没有自信感。

自信的人则是胸背挺拔,走起路来稳健轻松。他的体态告诉别人:“我真的认为自己不错”。挺起胸膛,轻松稳健地走路,你的自信心会慢慢增长。

4. 练习当众说话

当众说话是建立自信最快的手段。在会议中或社交场合要尽量发言,记住,只要敢讲,就比那些不敢讲的人收获大。不用担心别人会反对你的意见,有人反对是正常的,正像总会有人同意你的意见一样。尽管大胆去说。

拓展项目三　分析自己

一、学习目标

了解价值观、性格、兴趣的内涵,分析自己的价值观、性格、兴趣特点,学会客观地认识和对待自己的价值观、性格、兴趣。更加清晰地认识自己,从而更好地发扬自己的长处,弥补不足,获得更加完美的人生规划。

二、拓展训练

(一)明确你的价值观

1. 训练目的

学习价值观的有关知识,澄清自己的价值观。

2. 训练时间

需要 20～30 分钟。

3. 训练步骤

(1)操作指导:现在我们来做一个帮助大家了解自己价值观的心理测试。请你在 5 分钟内完成下列题目。注意尽量按题目要求写出答案,如果写不出来,可以略去,继续往下写。怎么想的,就怎么写,如实回答。

如果我是个百万富翁，我会________

我听过、读过最好的观念是________

在这个世界上我最想改变的一件事是________

我一生中最想要的是________

我在什么情况下表现最好________

我最关心的事是________

我幻想最多的事是________

我的父母最希望我能________

我生命中最大的喜悦是________

我是怎样的人________

熟知我的人认为我是________

我相信________

(2)讨论分享：小组讨论交流。通过讨论交流，逐步明确你的价值观。

(3)思考提升：价值观的澄清有助于大家找到自己的方向，让生命的活水源源不绝，让人生变得充盈、欢畅、意趣无穷。

(二)认识你的性格——“他人眼中的我”

1. 训练目的

(1)学习如何认识自己的性格；

(2)正确看待自己的性格。

2. 训练时间

视情况而定，也可作为课外作业布置给学生，自己找时间完成。

3. 训练步骤

(1)操作指导：写下自己的五个特质，分别找朋友、家人，请他们也列出你的五个特质。看看他们对你的认识与你对自己的看法有什么异同，和他们讨论你自己写出的特质。

(2)思考提升：通过讨论，认清自己的性格特点。哪些是大家都喜欢的，哪些是需要有所改善的。发现自己的性格优势，引爆心中的正能量！

【相关链接】

性格倾向测验

下面有50道题，可以帮助你了解你的性格倾向，请根据自己的实际情况判断是“完全符合”、“基本符合”还是“不符合”。

1. 与观点不同的人也能友好往来。
2. 你读书较慢，力求完全看懂。
3. 你做事较快，但较粗糙。
4. 你经常分析自己、研究自己。
5. 生气时，你总不加抑制地把怒气发泄出来。
6. 在人多的场合你总是力求不引人注意。
7. 你不喜欢写日记。
8. 你待人总是很小心。
9. 你是个不拘小节的人。
10. 你不敢在众人面前发表演说。
11. 你能够做好领导团体的工作。
12. 你常会猜疑别人。
13. 受到表扬后你会工作得更努力。
14. 你希望过平静、轻松的生活。
15. 你从不考虑自己几年后的事情。
16. 你常会一个人想入非非。
17. 你喜欢经常变换工作。
18. 你常常回忆自己过去的生活。
19. 你很喜欢参加集体娱乐活动。
20. 你总是三思而后行。
21. 使用金钱时你从不精打细算。
22. 你讨厌在工作时有人在旁边观看。
23. 你始终以乐观的态度对待人生。
24. 你总是独立思考回答问题。
25. 你不怕应付麻烦的事情。
26. 对陌生人你从不轻易相信。
27. 你几乎从不主动制订学习或工作计划。
28. 你不善于结交朋友。
29. 你的意见和观点常会发生变化。
30. 你很注意交通安全。
31. 你肚里有话藏不住，总想对人说出来。
32. 你常有自卑感。
33. 你不太注意自己的服装是否整洁。

34. 你很关心别人会对你有什么看法。

35. 和别人在一起时,你的话总比别人多。

36. 你喜欢独自一个人在房内休息。

37. 你的情绪很容易波动。

38. 看到房间里杂乱无章,你就静不下心来。

39. 遇到不懂的问题你就去问别人。

40. 旁边若有说话声或广播声,你就无法静下心来学习。

41. 你的口头表达能力还不错。

42. 你是一个沉默寡言的人。

43. 在一个新的环境里你很快就能熟悉。

44. 要你同陌生人打交道,常感到为难。

45. 常会过高地估计自己的能力。

46. 遭到失败后你总是忘却不了。

47. 你感到脚踏实地地干比探索理论原理更重要。

48. 你很注意同伴们的工作或学习成绩。

49. 比起小说和看电影来,你更喜欢郊游和跳舞。

50. 买东西时,你常常犹豫不决。

计分说明:以上50道题目,完全符合你的实际情况的得2分,基本符合的得1分,不符合的得0分。然后计算你的总分是多少,对照下表,查看你的性格倾向。性向指数在0与100之间。由性向指数的数值就可以了解你性格内倾或外倾的程度。

性向指数	0～19	20～39	40～59	60～79	80～100
性格倾向	内向	偏内向	中间型(混合型)	偏外向	外向

(三)探索你的职业兴趣——六岛旅游

1. 训练目的

(1)学习如何认识自己的职业兴趣;

(2)正确看待自己的职业兴趣。

2. 训练时间

需要20～30分钟。

3. 训练步骤

(1)操作指导:如何知道自己的职业兴趣类型,下面是一些帮助你进行自我职业兴趣探索的练习和活动。请按要求进行，完成练习以后，将结果记录下来，它们是你以后选择职业时的重要考虑因素和评价标准。

假设在你度"十一"长假时，有机会让你到以下六个岛屿旅游，不用考虑费用等问题，你最想去的是哪个？可以按照喜欢程度选出三个。条件：至少要在所选择的岛屿上生活半年。

A岛	I岛	C岛
美丽浪漫的岛屿。岛上充满了美术馆、音乐厅，弥漫着浓厚的艺术文化气息。同时，当地的原住民还保留了传统的舞蹈、音乐与绘画，许多文艺界的朋友都喜欢来这里找寻灵感。	深思冥想的岛屿。岛上人迹较少，建筑物多僻处一隅，平畴绿野，适合夜观星象。岛上有多处天文馆、科技馆以及科学图书馆等。岛上居民喜好沉思、追求真知，喜欢和来自各地的哲学家、科学家、心理学家等交换心得。	现代、井然的岛屿。岛上建筑十分现代化，是进步的都市形态，以完善的户政管理、地政管理、金融管理见长。岛民个性冷静保守，处事有条不紊，善于组织规划。
R岛	S岛	E岛
自然原始的岛屿。岛上保留有热带的原始植物，自然生态保持得很好，也有相当规模的动物园、植物园、水族馆。岛上居民以手工见长，自己种植花果蔬菜、修缮房屋、打造器物、制作工具。	温暖友善的岛屿。岛上居民个性温和、十分友善、乐于助人，社区均自成一个密切互动的服务网络，人们多互助合作，重视教育，弦歌不辍，充满人文气息。	显赫富庶的岛屿。岛上的居民热情豪爽，善于企业经营和贸易。岛上的经济高度发展，处处是高级饭店、俱乐部、高尔夫球场。来往者多是企业家、经理人、政治家、律师等，衣香鬓影，夜夜笙歌。

(2)讨论分享：六个岛屿代表着六种典型的职业生涯兴趣类型(其中，第一个是主要兴趣，第二、三个是辅助兴趣)。将自己选择的岛屿的代码集合在一起，从而形成一组编码，按照霍兰德人格类型理论，找到相匹配的职业，作为自己职业选择的参考。

(3)思考提升：需要注意的是，这只是对你兴趣类型的一个初步判断。因为霍兰德理论比较复杂，初学者对霍兰德类型的掌握不深入，再加上社会期望和缺乏自我认识等原因，个人不易准确地判断自己的职业兴趣类型，因此最好通过专业的职业兴趣测试来加以确认。

三、理论导航

（一）价值观

1. 价值观介绍

价值观是指一个人对周围的客观事物（包括人、事、物）的意义、重要性的总评价和总看法。一方面表现为价值取向、价值追求，凝结为一定的价值目标；另一方面表现为价值尺度和准则，成为人们判断人、事、物有无价值及价值大小的评价标准。个人的价值观一旦确立，便具有相对稳定性。但就社会和群体而言，由于人员更替和环境的变化，社会或群体的价值观念又是不断变化着的，传统价值观念会不断地受到新价值观的挑战。对诸事物的看法和评价在心目中的主次、轻重的排列次序，构成了价值观体系。价值观和价值观体系是决定人的行为的心理基础。

美国心理学家洛克奇于 1973 年在《人类价值观的本质》（The Nature of Human Values）中提出 13 种价值观。

（1）成就感：提升社会地位，得到社会认同；希望工作能受到他人的认可，对工作的完成和挑战的成功感到满足。

（2）美感的追求：能有机会多方面欣赏周围的人、事、物或任何自己觉得重要且有意义的事物。

（3）挑战：能有机会运用聪明才智来解决困难，舍弃传统的方法而选择创新的方法处理事物。

（4）健康：包括身体和心理健康，工作能够免于焦虑、紧张和恐惧，希望能够心平气和地处理事情。

（5）收入与财富：工作能够明显、有效地改变自己的财务状况，希望能够得到金钱所能买到的东西。

（6）独立性：在工作中能有弹性，可以充分掌握自己的时间和行动，自由度高。

（7）爱、家庭、人际关系：关心他人，与别人分享，协助别人解决问题，体贴、关爱，对周围的人慷慨。

（8）道德感：与组织的目标、价值观、宗教观和工作使命能够不相冲突，紧密结合。

（9）快乐：享受生命，结交新朋友，与别人共处，一同享受美好时光。

（10）权力：能够影响或控制他人，使他人照着自己的意愿去行动。

（11）安全感：能够满足基本的需要，有安全感，远离突如其来的变动。

（12）自我成长：能够追求知识上的刺激，寻求更圆满的人生，在智慧、知识与人生的体会上有所提升。

(13)协助他人：体会到自己的付出对团体有帮助，别人因为你的行动而受惠颇多。

2. 确定自己的价值观

针对以上 13 种价值观，我们可以分别问自己以下几个问题：

(1)我重视的价值观是什么？(从中选出你认为最重要的 5 项)

(2)我所标示的这 5 个价值观是我一直都重视的吗？如果曾经有所改变是在什么时候？

(3)有哪些价值观是我父母认为重要的，而我却不同意呢？有哪些价值观是我父母和我共同拥有的？

(4)价值观的改变是否曾经改变我的生活方式？

(5)我理想的工作与我的价值观之间有何关联？

(6)预测自己的价值观会在什么时候发生改变？

(7)以前我曾经崇拜哪些人？他们对我有何影响？

(8)我的行为可以反映我的价值观吗？

以上 8 点，是了解价值观的基础。这些问题的回答并不容易，也不是短时间就能有完整答案的。因为价值观的显现有时候并不直接，而是隐藏在深处，动向不明，较难有确切的答案，像是调皮、好动的小孩，不好掌握；有时又像是个文静高雅的淑女，没有明显的动作，但却是人们注意的焦点。

价值观可以是很明显、清楚的，例如对金钱的重视或不重视，但更常发生的情况是，价值观伴随着很多个人主观、莫名甚至无法解释的情绪因素，让人无法琢磨。原本自认为可以洒脱不在乎的，当情况发生时，依然会产生极大的失落感与痛苦，能够做到自知的人不多。而价值观决定着人生的方向，是最需要自我思量的方面，每个人都要认真把握。没有方向的船是遇不上顺风的。

【相关链接】

猴子与豆子

从前有一只猴子，拿着一把豆子，行走时不小心掉了一颗豆子在地上，它便将手中的豆子放在地上，回头去找掉落的那一颗。结果非但没找到那颗掉落的豆子，回头时那些放在地上的豆子，也都被鸟吃光了。请思考：

如果你是猴子，你会如何做？

你是否曾经为了追求某种事物，而把其他都放弃了？

如果你很重视的事物无法得到，你会如何呢？

猴子手中那把豆子，就像每个人能拥有的一切，例如，健康、金钱、声望、地位、面子、尊严、权力、爱情、学位，等等。为了一颗豆子(学位、权位、爱情……)而把其他放弃，这样做到底是因小失大、愚昧无知，还是亦有可取之处呢？

一般人一定认为猴子的做法是愚笨的，但有人却认为是值得的，譬如有人为了爱情，牺牲了财富、声望，最后甚至自杀，但是还是没有得到爱情，你说这是个弥足感人的纯情者，还是个大笨蛋呢？其实，值不值得最主要的关键在于个人的价值观。

(二)认识性格

1. 什么是性格

性格是指表现在人对现实的态度和相应的行为方式中的比较稳定的、具有核心意义的个性心理特征，是一种与社会相关最密切的人格特征。

性格表现了人们对现实和周围世界的态度，并表现在他的行为举止中。性格主要体现在对自己、对别人、对事物的态度和所采取的言行上。

2. 如何认识性格

不同性格的人面对同样的情境，可能会采取截然不同的做法，从而就会产生截然不同的结果。有人说，性格决定命运。的确，性格直接影响了个体处理外部信息和采取行为的方式。但性格本身并没有好坏之分，也没有对与错。外向有外向的优势，内向有内向的长处。乐观和悲观对这个世界都有贡献，前者发明了飞机，后者发明了降落伞。

性格的特点不是先天赋予的，而是在先天素质的基础上通过家庭、教育和社会环境的影响，以及人的自身活动，逐渐形成的。性格也不是一朝一夕形成的，但是一旦形成就比较稳定，而且会贯穿在一个人的全部行动之中。

我们要做的是正确认识你的性格，扬长避短，或是乘势扬优，最大限度地发挥你的性格优势，选择最适合你性格的职业岗位。

(三)兴趣探索

1. 兴趣是什么

兴趣，就是对事物喜好或关切的情绪。心理学对兴趣的定义是个人力求认识、探究某种活动的心理倾向，它以特定的事物、人或活动为对象，并产生积极的情绪。需要是兴趣产生和发展的基础，只有符合人们心理和生理需要的事物才会引发人们的兴趣，产生认识事物的内驱力。兴趣是在需要的基础上产生的，也在需要的基础上发展的。生理需要使人对某种对象所产生的兴趣是短暂的，如饥饿、口渴使人对食物、水产生兴趣，这种兴趣会随着需要的满足而消失。而人的社会需要或精神需要却是持久的、稳定的、不断增长的，例如人际交往、对文学和艺术的兴趣等，则是长期的、终生的，并且不断追求的。这种持续、长久的需求满足，才是我们所说的真正意义上的兴趣。

2. 兴趣与职业发展

爱因斯坦说"对于一切活动，兴趣是最好的老师"。每个人的兴趣不同，选择和能够发挥专长的领域也会不同。有研究表明，一个人如果从事自己感兴趣的工作，可以发挥其全部才能的80％～90％，并且还能长时间工作而不感到疲惫和厌倦。兴趣对于个人的职业发展有至关重要的决定作用。

早在两千多年前，孔子就曾说过："知之者不如好之者，好之者不如乐之者"。这里讲到的就是兴趣问题。兴趣往往是大学生在生活、学习、工作中感到愉快、投入、发展、成就、自信、满足、自我实现等一系列良性循环的起点。所以，大学生在自我探索中必须要做的，是认识自己的兴趣。兴趣既然是一种"心理倾向"，就表明它是有一定稳定性的，不是一时心血来潮。兴趣的形成有一定的先天性生理基础，但主要还是由后天的生活环境和生活实践打造而成的。而且兴趣与职业的关系都是相互关联，相互影响的，兴趣是职业发展的前提，职业是兴趣的归属。职业兴趣的建立与培养，是一个人从事某种职业并且取得一定成就的基础或前提。大学生们在设计自己的生涯时，不仅要从个人的兴趣爱好出发，更要考虑社会的需求，使个人兴趣、职业选择与国家、社会的需求一致起来。除了"选你所爱"，大家也不妨试试"爱你所选"。把"选你所爱"与"爱你所选"相结合起来，可以说是大学在校生们现阶段能做的最佳选择。

【专家解读】

如何发现自己的兴趣爱好

如何寻找兴趣和激情呢？首先，你要把兴趣和才华分开。做自己有才华的事容易出成果，但不要因为自己做得好就认为那就是你的兴趣所在。为了找到真正的兴趣和激情，你可以问自己：对于某件事，你是否十分渴望重复它，是否能愉快地、成功地完成它？你过去是不是一直向往它？是否总能很快地学习它？它是否总能让你满足？你是否由衷地从心里（而不只是从脑海里）喜爱它？你的人生中最快乐的事情是不是和它有关？当你这样问自己时，注意不要把你父母的期望、社会的价值观和朋友的影响融入你的答案。

如果你能明确回答上述问题，那你就是幸运的，因为大多数学生在大学四年里都在摸索或悔恨。如果你仍未找到这些问题的答案，那我只有一个建议：给自己最多的机会去接触最多的选择。记得我刚进卡内基·梅隆的博士班时，学校有一个机制，允许学生挑选老师。在第一个月里，每个老师都使尽全身解数吸引学生。正因为有了这个机制，我才幸运地碰到了我的恩师瑞迪教授，从而选择了我的博士题目“语音识别”。虽然并不是所有学校都有这样的机制，但你完全可以自己去主动了解不同的学校、专业、课题和老师，然后从中挑选你的兴趣。你也可以通过图书馆、网络、讲座、社团活动、朋友交流、电子邮件等方式寻找兴趣爱好。唯有接触你才能尝试，唯有尝试你才能找到你的最爱。

那些敢于去尝试的人一定是聪明人。他们不会输，因为他们即使不成功，也能从中学到教训。所以，只有那些不敢尝试的人，才是绝对的失败者。希望各位同学尽力开拓自己的视野，不但能从中得到教益，而且也能找到自己的兴趣所在。

（资料来源：网络 李开复《给中国学生的第三封信》）

四、案例分析与思考

小张的工作困惑

小张考上公务员已经7年了，一直在县政府机关工作，30出头的她，猛然发现自己常常在算还有几年就可以退休。当初，专科毕业考上公务员，同学们都很羡慕，父母高兴得到处炫耀，上菜市场还不忘带着她去宣传一番。考上公务员，对自己能力是一种肯定，但是到县政府机关上班却是自己始料未及的。小张知道自己一直喜欢和人接触的工作，喜欢扮演大姐的角色，帮大家解决问题。而县政府机关的文秘事务工作她可以做，且做得不错，可是她并不感兴趣。

她喜欢自己有慈善家的精神，从助人的过程中得到快乐。县政府机关的工作和自己的价值观不符合，自己早就心知肚明，只是这半年来升迁上不如意，让她更怀疑这份工作的意义。仔细思量，理智上她很清楚离职是最不明智、经济上最不划算的决定（理想与现实的冲突）。但是，情感上她真的很想换一换工作环境，去当义工都不错。有一天，她从广播上知道某福利院在招募义工，有一连串的助人辅导的训练，有一阶段、二阶段的训练课程……小张想通了，为了现实，她继续待在县政府机关；为了理想，她到某福利院当义工，两全其美。对自己、对家人都有交代。对于过程的辛苦，她相信自己撑得过来。

分析与思考：

（1）从小张的例子，我们可以察觉小张有哪些价值观呢？

（2）这些价值观如何影响工作与心情呢？

（3）如果你是小张，你还有更好的方法吗？

“小张目前的工作困境”，是一个工作内容与自己价值观无法结合的例子。在常人眼里，公务员是一份好工作，社会地位高，稳定，收入也不错，所以现在报考公务员的人数每年都上涨。但对小张来说，却不是自己价值观的最佳体现，而是父母的追求。好在她找到了解决问题的途径，虽然辛苦，但她比过去快乐了许多，她是幸运的。还有一些人却没有小张那么幸运，一辈子都在“工作的困境”中挣扎。期待我们的同学能够多些价值观、性格、兴趣与职业关系的知识，尽早着手做好自己的职业生涯设计。

拓展项目四　职业生涯设计

霍兰德人职匹配理论认为人的人格类型、兴趣与职业密切相关，每个人都有自己独特的能力模式和人格特征，每个人格特征的人都可以找到适合自己的职业，当个人的人格特征、兴趣与职业相符时，可以调动的工作热情和激发其潜力，并能提高工作的满意度。也就是说如果匹配得好，则个人的特征与职业环境协调一致，工作效率和职业成功的可能性就大为提高。反之则工作效率和职业成功的可能性就很低。因此，在明确了你的职业范围与你的性格特点、兴趣爱好，下一步要做的就是对你的职业生涯进行规划，做出适合自己的最佳设计。

一、学习目标

了解职业生涯设计，掌握职业生涯设计的方法步骤，做出适合自己的职业生涯设计。

二、拓展训练

职业生涯设计大赛

1. 训练目的

(1)学习、掌握职业生涯设计的方法步骤；

(2)做好自己的职业生涯设计。

2. 训练时间

大约需要1周。

3. 训练步骤

(1)操作指导：①观摩职业生涯设计大赛或观看职业生涯设计大赛录像。②让每一个学生制定自己的职业生涯规划。③每位学生按规定时间上交职业生涯规划，教师进行初选，选出10份。④请入选的10位同学进行课堂展示，并评选出优秀职业生涯设计方案，予以表扬鼓励。

(2)讨论分享：分析10位同学的职业生涯设计，找出优点与不足，并修改自己的职业生涯规划。

(3)思考提升:职业生涯设计是一项长期的任务,不能一蹴而就,需要根据自己、环境、社会发展等情况的变化不断调整和完善。像对在校的大学生来说,一下子要求所有的同学都能很好地制定出自己的职业生涯设计规划,是不太现实的。那是不是我们就可以不去制定了呢?你可以先尝试制定一个短期的规划,一学期,一学年,大学三年或四年的学习计划,并切实去执行它,相信这种规划设计会对你大学时期的学习、生活有帮助,更会对你一生的职业生涯发展有益处。

【延伸阅读】

大学怎么过?

不少同学认为对自己的专业没兴趣,怎么办?对大多数的同学,转系不是一个好选择,而且读什么专业并不完全决定了毕业后的工作。所以,首先最紧急的事情是你应该尽力地去尝试着把本专业学精学好,培养自己的兴趣。一个专业里有很多不同的领域,你可以多接触,也许会碰到真正感兴趣的方向。有时,困难或偏见会让你看不清楚兴趣,例如,以前我以为自己很不喜欢演讲,但是后来下定决心告诉自己必须学会演讲的技巧,经过多年持之以恒地练习,再通过演讲成功得到的满足感,我发现我原来很喜欢演讲。除了"爱我所选"之外,你也可以尝试着去"选我所爱"。经过开拓视野、接触尝试,如果你发现了你真正的兴趣,这时再去寻觅转系的可能性、尝试课外学习、选修或旁听一些有关的课。你也可以去找一些打工或假期实习的机会,进一步探求毕业后如何能找到这个行业里适合于你的工作。

有些同学问我如何像我一样能找到自己的兴趣呢?首先要客观。不要把社会、家人、朋友认可和看重的事当作自己有兴趣的事。不要对看来有趣但是没做过的事就确定认为这是你的兴趣,需要亲身体验后才知道是兴趣还是憧憬。兴趣不一定就能够当作职业,喜欢玩网络游戏不代表你会喜欢或有天赋来开发网络游戏。有兴趣也不代表你有天赋,不过可以尽量寻找天赋和兴趣的结合点,譬如你在数学方面有天赋但同时也喜欢计算机,那么可以从事计算机理论方面的研究工作。

找到兴趣的最佳方法是开拓自己的视野,尽可能接触众多的领域。唯有接触你才有机会去尝试,唯有尝试你才能发现你的最爱,这正是大学可以提供的独一无二的机遇。把握在校时间,充分利用学校的资源,通过图书馆、旁听、网络、讲座、打工、社团活动、朋友交流、电子邮件、电子论坛等方式接触不同的领域、工作、专家。

当初如果我只是乖乖地到法律系上课,不去尝试旁听计算机课、不去计算机中心打工、不去找计算机系的助教切磋,也绝对不会发掘出自己对计算机的强烈兴趣。同时,在寻找的过程中,我也开拓了自己的视野,并得到不少教益。

人生很长，可以同时拥有很多兴趣。在发展兴趣之外，更重要的是找寻终身不变的志向。有一本书的作者访问了几百个成功者，询问他们有什么是他们年轻时不明白、而今天终于明白的事情？他得到的最多回答是“希望有前辈告诉我、鼓励我去追寻自己的理想和志向。”兴趣固然重要，志向更重要。例如，我的志向是“最大化影响力”，但是多年来我有许多兴趣：语音识别、对弈软件、多媒体、研究到开发的转换、管理学、满足用户的需求、演讲和写作、帮助中国学生……兴趣可以改变，不必把兴趣当作你最后的目标。不必把任何一条兴趣的路断了，可以平行发展，实在必要时再作最佳的抉择。

其次，你要接受现实，回归敬业乐群的态度，发掘出自己独到的才智。希尔顿认为，人的才智各有不同：每个人从事的职业可以相同，别为了要花时间找立足之处而烦恼。希尔顿说，他自己就花了32年的时间去发掘自己的长处，自己人生职业的开始也不过是个小职员，但这没有什么可耻的。华盛顿起初也不过是个验货员，毛姆提笔写作前读的是医学，他们最终都找到了能充分发挥自己才能的事业，从而走向成功。不要因为外在的原因被纳入一条固定的轨道，失掉应当属于自己的天地。别为暂时不知道自己的长处而犹豫不决，勇敢地开拓吧！你就会发现自己到底能干什么。

（资料来源：网络 http：//blog.sina.com.cn/s/blog_6252918701015xvj.html）

三、理论导航

（一）认识职业生涯设计

1. 什么是职业生涯设计

职业生涯是指一个人一生遵循一定的路径，去实现所选定的职业目标，它是一个人一生中一连串不同职位构成的一个连续的过程。

职业生涯设计是西方学者在20世纪50年代提出的新概念。但发展流行迅速，在我国也逐渐推广开来。职业生涯设计是在对一个人职业生涯的主客观条件进行分析、测定、研究总结的基础上，对其性格、兴趣爱好、价值观、能力特长、经历及不足等方面进行综合分析与权衡，结合外部环境特点，依据其自身职业倾向，确定其最佳的职业发展方向，并为实现这一目标做出合理的、行之有效的设计安排。

例如，老师、家长会经常问到你将来想干什么，你会回答“我长大了想……”，这就是最简单的职业生涯设计的萌芽。当然，我们这里讲的职业生涯设计没有这样简单，而是要求你做出个人职业的近期和远期规划、职业定位、阶段目标、路径设计、评估与行动等，是个系列的设计。用我们自己的话来说，职业生涯设计就是明确你打算进入什么样的行业，选择什么样的职业，在不同时期想达到什么样的成就，过一种什么样的生活，如何通过学习和工作达到目标……其实，人生就是计划的过程，计划的主人是你自己，计划做得具体，执行做得确实，胜算必然属于你自己。

但职业生涯设计的目的，绝不只是协助个人按照自己资历条件找到一份工作，达到和实现个人目标，更重要的是帮助个人真正了解自己，为自己定下事业大计，筹划未来，拟定一生的方向，进一步详细估量内、外环境的优势和限制，“衡外情，量己力”，设计出合理且可行的职业生涯发展方向。把自己定位在一个最能发挥长处的位置，以便最大限度地实现自我价值，取得成功。就像美国畅销书作家丹尼斯·魏特利所说：“冬天计划，春天播种，夏天耕耘，秋天收获，原本成功并不神秘，只不过该计划的计划了，按计而行，成功必会适时而至。”

2. 职业生涯设计的意义

科学家爱默生说：“一心向着自己目标前进的人，整个世界都会为他让路！”能够做出一份切合实际的职业生涯设计，将会在以下几个方面对我们起到巨大的帮助，让我们在成功的路上走得更快一些，更顺利一些。

(1)帮助你明确自己的职业发展目标。通过认识自己，了解自己，分析自己的特点，找出自己的性格、能力、兴趣爱好等，明确自己的价值观、长处优势，也清楚地知道自己的不足，从而正确设定自己的职业发展目标并制订相应的行动计划，最大程度发挥自己的才能。

(2)可以鞭策你自己努力工作。在职业工作中，有时难免会出现迷茫、懈怠的情况，但只要想到自己的职业生涯设计目标，很多人还是会再次振作精神，继续努力奔向目标。现在流行的一句话：痛并工作着、痛并快乐着，就是这种情况的现实写照。

(3)有助于你理清自己的工作思路，抓住重点。制定职业生涯设计的一个最大好处就是有助于我们更加清晰自己的工作思路，合理安排日常工作的轻重缓急。通过职业生涯设计，能使我们紧紧抓住工作的重点，加大我们成功的概率。

(4)有利你最大程度发挥自己的潜能。人的潜能是一件很神奇的现象。极度危险的情况下，会有平时无论怎样努力都达不到的结果出现，像为救自己的儿子，父亲能把小轿车抬起来。同样，我们全神贯注于自己有优势并且有高回报方面的工作时，你的潜能会被激发，这样有助于我们发挥最大的潜力，最终获得你想要的结果。

(5)让你客观评估目前工作成绩。职业生涯设计的一个重要功能是提供了自我评估的重要手段，我们可以根据设计的进展情况评价目前取得的成绩。适合自己，可以再接再厉，继续沿着既定的路线前行；有问题、进展不顺畅，可以不断调整，再度完善自己的职业生涯设计。

【相关链接】

小故事，大启示

有三个人要被关进监狱三年，监狱长答应满足他们每人一个愿望。美国人爱抽雪茄，要了三箱雪茄。法国人最浪漫，要一个美丽的女子相伴。而犹太人说，他要一部与外界沟通的电话。三年过后，第一个冲出来的是美国人，嘴里鼻孔里塞满了雪茄，大喊道："给我火，给我火！"原来他忘了要火了。接着出来的是法国人。只见他手里抱着一个小孩子，美丽女子手里牵着一个小孩子，肚子里还怀着第三个。最后出来的是犹太人，他紧紧握住监狱长的手说："这三年来我每天与外界联系，我的生意不但没有停顿，反而增长了200%，为了表示感谢，我送你一辆劳斯莱斯！"

这个故事告诉我们，什么样的选择决定什么样的生活。今天的生活是由我们从前的选择决定的，而今天我们的抉择将决定我们以后的生活。从某种意义上来讲，选择规划比努力更重要。当然，你也可以选择让生活来安排自己。

当人们考虑他们的职业生涯的时候，情况就与故事不一样了，因为工作是我们生活的核心和重要保障。职业生涯设计要求你去探索周围和自己身上正在发生什么，要求你全面了解职业环境，要求你审视自己成为独特自我的个性特征。通过你对自己和职业领域的探究，你可以做出职业生涯决策，使你的生活变得更有意义。

哈佛大学的爱德华·班菲德博士对美国社会进步动力的研究发现，那些成功的人往往都是有长期时间观念的人。他们在做每天、每周、每月的活动规划时，都会用长期的观点去考量。他们会规划五年、十年甚至二十年的未来计划。这一研究成果，对于将要跨入社会职场的大学生来说有着重要的启示作用。

(二)职业生涯设计的分类

职业生涯设计可以按照时间的长短来分类，分为人生设计、长期设计、中期设计与短期设计 4 种类型。

1. 人生设计

人生设计是对整个职业生涯的规划，时间可以长达 40 年左右。主要设定整个人生的发展目标。如我们设定将来创办自己的企业，成为一个公司老总；不想当老总，还可以朝公司技术总监努力等。

2. 长期设计

主要是设定一个较长远的目标，一般是 5～10 年的规划。如 25 岁时成为公司的技术骨干，30 岁时成为技术经理，40 岁时成为技术总监等。

3. 中期设计

主要是做一个相对较长时期的设计，明确目标、任务，一般 3～5 年。如 3 年做到部门的经理，5 年做到大区的经理等。

4. 短期设计

主要是确定近期的目标，明确具体要完成的任务，一般 1～3 年，甚至可以更短，制定年度、月份工作目标。如 1～3 个月熟悉工作环境，学习专业知识，熟练掌握业务流程；1 年内要做到销售排名前 10 位等。

(三)职业生涯设计的步骤

世界上没有完全相同的两片树叶，人与人之间的差异更大，进行职业生涯设计的程序也不尽相同，但总体来讲，可以将其归纳为以下 8 个方面：

1. 认清现实，承担责任

首先要意识到自己在职业发展道路上像迷失了航向的船长，找不到正确的方向，决定要采取行动解决这个问题。

2. 自我评估

收集信息并分析自己的价值观、兴趣、特长、性格、学识、技能等。只有认识了自己，才能对职业做出正确的选择。这部分内容，我们前面已经有过详细的介绍，只要大家认真去做就行了。

3. 职业生涯机会评估

主要是评估各种环境因素对自己职业生涯发展的影响，只有对这些环境因素充分了解，才能做到在复杂的环境中避害趋利。

4. 找出可能的职业选择

确定几个目标，并做出行动计划。正如人们所说的"女怕嫁错郎，男怕选错行"。职业选择正确与否，直接关系到人生事业的成功与失败。据统计，在选错职业的人当中，有 80％的人在事业上是失败者。

5. 收集信息

收集并研究职业选择的准确资料。

6. 设定职业目标

职业生涯目标的设定，是职业生涯规划的核心。

7. 执行职业生涯计划

没有达到目标的行动，目标就难以实现，也就谈不上事业的成功。我们要通过求职活动将职业决策付诸实施。

8. 评估与回馈

俗话说：计划赶不上变化。为使职业生涯规划行之有效，就要不断地对其进行评估与修订。修订的内容包括职业的重新选择、职业生涯路线的选择、人生目标的修正、实施措施与计划的变更等。

(四)职业生涯设计的方法

1. 五“What”归零思考模式

进行职业生涯设计，方法有多种。常常采用的一种方法就是五“What”归零思考模式。从“自己是谁”开始，然后一路问下去，共有五个问题。这五个问题是：

(1)What am I?（我是谁?）：面对自己，真实地写出每一个想到的答案，并按重要性排序，比如自己的专业、家庭情况、年龄、性别、性格、动手能力、思考能力等等。

(2)What will I do?（我想做什么?）：可以从小时候回忆，将自己喜欢做的事情写下来。

(3)What can I do?（我会做什么?）：自己有能力做的，还有通过潜能开发能够做的事。

(4)What does the situation allow me to do?（环境支持或允许我做什么?）：将自己所处的家庭、单位、学校、社会关系等各种环境因素考虑进去。

(5)What is the plan of my career and life?（我的职业与生活规划是什么?）

下面我们就结合一个案例介绍一下这种方法。或许你和她的情况差不多，能够从中得到一些启发。

某校女生，学兽药营销专业，临近毕业，对自己的职业去向难以选择。根据现在的情况，营销专业虽不属于社会中的热门专业，但人才市场上招聘人员，多数的岗位是与销售有关的，所以找一份差不多的工作并不难，但由于是女生，就业时肯定不如同班的男生。她本人对教师职业比较喜欢，想去职业高中当老师。下面我们不妨和她一起进行一次职业设计，以帮助她确定其就业方向。

What am I?

——某校兽药营销专业女生；

——担任团支书，获得“优秀学生干部”，学习成绩优秀，得过“国家励志奖学金”；

——对心理学、管理学的知识感兴趣；

——参加过高校演讲比赛，拿过名次，专业技能竞赛也有良好表现；

——家庭经济状况一般，既不属于有钱之类，也不是拮据的那种。父母打工，收入相对稳定，但身体健康，暂时还不需要有人特别照顾；

——自己身体健康，性格既不内向也不特别活跃，喜欢安静。

What will I do?

——很想成为一名老师，这是儿时的梦想，自己比较喜欢这一职业；

——也可以成为公司的一名技术人员；

——如果继续深造，获得高一级的学历，将来做一名管理人员也是可以接受的。

What can I do?

——假期打工时做过家教，虽然不是自己的专业，但与学生交流有天生的优势，当学生成绩进步时很有成就感；

——担任班级团支书，与同学们相处比较好，组织过几次有影响的大型活动：

——实习时在公司做过一些技术服务工作，虽然没有大的成就，但感觉还行。

What does the situation allow me to do?

——家里亲戚拥有一家兽药公司，可以去做技术服务工作；

——学习成绩班级前列，还参加了自学助考，通过所有课程考试，可以获得本科毕业证。继续考研，家里也支持，但现在研究生也收费，家里会比较困难些。

——已报名参加教师资格证考试，但通过考试还要努力。

——上届同学开了一家公司，希望自己能够加盟，但自己不了解这家公司的具体业务，也不知道它有多大的发展前途。

What is the plan of my career and life?

经过咨询学校就业指导中心老师，给该女生推荐了4个职业生涯设计方案：

其一是：到职业高中当老师。自己有这方面的兴趣和理想，有信心成为学生心目中理想的好老师，在知识和能力方面并不欠缺。与师范类专业相比，自己有专业方面的特长，可以让学生了解更多的专业前沿知识。不足之处是缺乏作为一名教师的基本训练，但这可以逐步提高。

其二是：到亲戚的公司做技术人员。该职业收入上会好一些，人际关系熟悉一些，好适应。但家族企业发展有一定的弊端。通过这几年的发展看，行业变化很快，越来越规范，得随时更新知识，因而压力较大，更何况自己对做这一行信心不是很足，兴趣不是很大。

其三是：丢掉专业，去朋友的公司从最基层做起。这一选择风险较大，与自己求稳的心理性格不符，同时在家庭方面也会有阻力。

其四是：继续升学深造，待研究生毕业后，选择一家大中型企业做一名企业管理人员。这一选择不确定因素较多，自己始终处于被动状态。

单纯从职业生涯设计上看，以上四种选择都有其合理性。就个体而言，可能第一种选择显然更符合她本人的职业取向。从心理学角度看，选择第一种职业能够使得她得到最大的满足，在工作中也最容易投入，做出一定的成绩后会有很大的成就感。就职业前途看，教师这个职业也日益受到社会的尊重，社会地位呈上升趋势。从性格上看，这种职业也比较符合她的职业取向。主要困难是，她并非师范生，而进入这个职业门槛较高，如果确定自己的最终目标，努力弥补与师范生在职业技巧方面的差距，那么，实现自己的职业理想将为时不远。

(五)职业生涯设计的实施

当你确定了人生目标，认真制定完各个时期的计划，你就必须开始行动，如果你不行动，不会有任何成效。只能是“纸上谈兵”，只能是一事无成。

下面，我们对大学生如何开始职业生涯设计的行动给出一些建议，供大家参考。

1. 珍惜大学生活，提高综合素质

大学是每位莘莘学子在求学的道路上追求的一个目标，大学阶段也是为一生奠定基础的黄金时期，是大学生未来职业发展腾飞的基础，影响着大学生未来职业前景的规划。所以一定要珍惜在校生活，把握在校的每一分钟，潜下心来学习，练好基本功。积极参与校园文化活动，重视综合素质的培养，加强职业道德的修炼，努力提高专业能力，学会学习，讲究方法，增强适应力，培养沟通能力，为今后的工作、学习打下扎实的基础。

人的青春是短暂的，时光也是不会倒流的。“少壮不努力，老大徒伤悲”的例子在我们的现实生活中确实太多太多。作为新时代的大学生，一定要珍惜大学阶段，珍惜在校生活，完成职业生涯规划中大学阶段的学习任务，切莫混天过日子，要为职业理想的实现迈出最坚实的第一步。

2. 参与实践活动，提升就业竞争能力

实践动手能力已越来越被人们所重视。尤其是对应用型本科院校的学生，更加重要。无论是从培养目标上、还是具体的培养计划中，都可以看出学校层面对学生实践动手能力培养的侧重。很多专业遵循“理论—实践—理论—实践”的原则，实行“3＋1”、“2＋1＋1”的培养模式，目的就在于加强实践能力的培养，让学生在校期间就参与实际工作的锻炼，掌握未来工作所必需的知识、技能。作为学生个人，一定要理解学校的苦心设计，积极参与其中，逐步提高技能，增强实践能力。不放过任何一次社会实践和职业活动的机会，主动、自觉、全方位地提升自己，如积极参与社会调查、生产实习、社团活动、公益劳动、社区服务、科技文化活动、志愿者行动、勤工俭学等，去了解社会，了解职业，积极参加技能考试，多拿职业资格等级证书，增强就业竞争能力，缩短自身素质与职业要求的差距，实现“零适应期”就业。

3. 关注行业发展，调整职业方向

随着社会的进步和高速发展，各行各业也在发生着迅速的变化。大学生要学以致用，学以够用，就必须随时关注行业、专业、职场发展，不断调整职业方向，弄清职场供求变化规律：分工越来越细、内容不断弃旧更新、职业结构大调整、新型职业不断增加、高素质复合型人才越来越受欢迎等。为此就需要我们不断补充达到目标所需知识，修订职业生涯发展设计，紧随时代、紧跟市场，才会以自己的聪明才智和良好的职业素质，为今后的职业生涯开拓出宽广而又通畅的发展道路，将职业和发展机遇牢牢掌握在自己手中。

调整职业方向有时会涉及职业生涯的转换和跳槽问题。这里提醒同学们一定慎重对待，三思而后行。因为牵涉的问题会比较多，不是轻易能实现的，更不是轻易能达到最初的目的的。俗话说得好“有同行，没同利”，别人能做好、能赚钱的，你不一定能做好，反而可能会不赚钱还亏本。所以切忌盲目转行，盲目跳槽。

【相关链接】

职业生涯设计与“专业对口”

职业生涯的转换俗称“转行”。据调查，有过“在职转行”经历的占 20%；正在考虑“在职转行”的占 45%；“对原行业压根没兴趣”的达到 31.12%；还有 34.04%的人转行目的就是为了薪水。在实施“在职转行”中遇到各种困难的占到 65%，其中：“经验空白”占 34.14%；“专业知识匮乏”占 24.15%；“对转行方向盲目”的占15.39%。此外，转行过程中还有许多的障碍，如缺乏人脉、学历限制、专业对口、年龄门槛、亲属反对以及地域发展等问题的限制。面对这样的状况，有同学则说，与其将来转行，不如现在转专业。

关于“专业对口”问题，由来已久。但专业一定要对口吗？这个问题从客观上说，本身不具有标准答案。

(1)工作和专业能对口是最理想的，但因各种因素造成工作和专业不对口也是可以的。目前职场上很多人实际做的和当初学的专业不对口现象也不少，而且相当一部分人做得也很优秀。当然，各种情况都会存在，有些人扭转不了专业和实际工作的差距，那么势必会影响工作态度，其实学校学的专业是基础的一部分，大部分还是需要在实践中学习的。

(2)如果你目前所从事的职业和你所学的专业是对口的，那么恭喜你。也许正像有些人所说的一样，如果目前所从事的职业和你所学的专业是对口的，你便可以最大限度地去发挥你的潜能，借助你扎实的专业基础对未来的职业发展会更容易一些。不过有一点你必须引起注意，那就是要从你的职业个性上去看你是否真正适合做这样的职业，再结合你本身的外在实力看看你是否真正能够做好目前所从事的工作，如果你目前从事的是专业对口的工作，可是工作起来非常吃力或感到迷茫的话，就要重新考虑给自己作定位了，并非只要专业对口就值得你长远发展下去。

(3)如果你目前所从事的职业和你所学的专业是不对口的，那么请不要盲目地选择职业。你没有从事你对口的职业，也并不代表你不适合做这样的工作。在没有定位好自己的职场道路之前，请先停下来想想自己究竟适合做什么，能够做什么，目前有哪些行业是适合我去发展的，它们的发展趋势如何。在不清楚这些情况之前，不要随意去尝试，那样只会浪费你自己宝贵的时间，一定要找到权威、专业的职业规划专家结合你的实际情况为你做出准确的判断，为自己规划出清晰的职场路线。如果确定要转行，也要慎之又慎，多加思考，权衡利弊。草率行事或被动将就，都是注定要失败的；转行做出决定前，必须有充分的把握，不要看到沙漠上有一片绿洲，就慌忙奔它而去，岂不知，如果自己不是骆驼，就会困死在沙漠。转行，没有必胜的把握之前，最好是先准备、充电，时机成熟，再作行动。

四、案例分析与思考

案例一

小王毕业于 2000 年，学生物制药出身的她并不喜欢所学专业，因而转入销售行业从事销售类工作。做了一年多，感觉压力越来越大，尤其是业绩考核让自己时刻都有喘不过气来的感觉。小王心头有了脱离这个行业的念头，一个偶然的机会让她凭着过去的专业背景进入一家工厂从事技术员工作。一开始感觉不错，工作轻松多了，但时间一长，问题又出来了，小王感觉工作枯燥无味、没有发展前途。于是，她又谋求了一份行政类工作。眨眼间，几年的时间过去了，年龄也快到 30 岁了，看不到出路的小王突然感觉发展真的是好难好难，面对迷茫的前程，她陷入了困惑。

分析与思考：

这样的案例屡见不鲜，而且后继者大有人在。要知道，人生最重要的事，不是你现在怎样，也不是你现在站在何处，而是你今后要朝哪个方向，只要方向对，找到路，就不怕路远。如果经常换工作，那么，我们平时积累的知识、技能、工作经验和圈内的人际关系，可能都将用不上，最终，我们也会像小王一样，找不着定位而陷入困惑中。

案例二

快到毕业的时候，当身边很多同学还在四处找工作时，药工系的学生王春燕早已被郑州的一家知名药业集团公司接收，做人力资源部专员。“我没想到最后能留下来，毕竟竞争激烈。”说到顺利签约，王春燕觉得很庆幸。因为在这家知名企业里，每年都有很多实习生挤着进来，小王所在的分店，效益很好，是实习生们都想去的地方，竞争最激烈的时候，据说一个小小的分店，就有 15 名实习生，其中不仅有中专生、专科生，还有本科生，甚至还有几名研究生。学习中草药专业的的王春燕在学历和专业上并无优势。但是，学校里的课程安排中有一半时间花在实践操作上，她在校时还参加过“传统中药技能大赛”，这让她在工作岗位上能够得心应手，很快适应岗位要求，尤其是中药调剂方面师傅一点拨她就做得很好。果然，实习没多久，她便在与众多实习生的竞争中脱颖而出，给实习单位留下了“动手能力强、上手快”的好印象。另外，她在校担任团支部组织委员，参加过学校的科技文化艺术节演出，有较强的组织管理能力，她还利用业余时间，参加本科自学助考，取得药学本科毕业证。所以，一年的实习期没结束，她就被调到了公司总部，担任人力资源部的专员。

分析与思考：

王春燕的经历让我们知道实践能力的重要性。企业看中的是招来就管用，而不是花工夫培训新人。综合素质较高，也让她有了更大的发展空间，为今后的职业生涯打下了良好的基础。

第二章　职业道德

引　言

道德是调整人与人之间、个人与社会之间关系的行为规范的总和。道德往往代表着社会的正面价值取向，起判断行为正当与否的作用。

职业道德，就是同人们的职业活动紧密联系的符合职业特点要求的道德准则、道德情操与道德品质的总和。它既是从业人员在职业活动中的行为标准，同时又是职业对社会所负的道德责任与义务。

改革开放以后，我国的市场经济飞速发展。真正的市场经济是信用经济，也是法制经济。它包含了经营哲学、企业文化、职业道德、行为规范在内的经济伦理观念，这些形成了市场准入的“游戏规则”。市场经济的高效运行，依赖于其中每一位参与者对于“游戏规则”的自觉遵守和维护。没有道德作为支撑，每一个职业者的职业发展将成为无本之木、无源之水。加强职业道德基本知识和规范的学习，可以帮助大学生提早树立正确的职业观，培养优良的职业素养，坦荡地驰骋于未来的职业疆场。

拓展项目一　职业道德的本质

一、学习目标

了解职业道德的含义、本质及特点，明确职业道德对于大学生职业发展的重要性，树立加强职业道德修养的信心。

二、拓展训练

案例分析

1. 训练目的

(1)加深对于职业道德本质的理解；

(2)明确职业道德对于职业发展的重要性。

2. 训练时间

需要 20～30 分钟。

3. 训练步骤

案例分析采用分组讨论的方式进行，实际完成过程包括讨论准备、讨论实施、总结发言三个阶段。

(1)讨论准备阶段。将学生分成5组，每组推荐一名小组讨论负责人，一名记录人员。要求小组内的每一名成员都要发言，发言内容可以是自身的想法，可以是其他的实例。记录人员准备好统一格式的记录本，采用黑色水笔或钢笔记录。每个小组围绕一个案例进行讨论。为每一位同学准备好讨论材料，发放给学生。

(2)讨论实施阶段。要求小组负责人完成对讨论全过程的主持，并确保记录人员认真记录。小组讨论结束后，由负责人根据记录对小组发言进行归纳总结。

(3)总结发言阶段。小组集体讨论后确定发言提纲。每组推荐一名代表上前发言，本组同学可以在汇报后进行补充。每组发言时间不超过5分钟。

第一组材料：全国敬业奉献模范候选人——徐小平

徐小平，男，汉族，1960年8月生，上海大众汽车有限公司发动机厂维修部门高级经理。

1989年，徐小平应聘进入上海大众发动机厂当了维修工。面对一排排从未见过的进口机床和密密麻麻的德文，他暗下决心，要攻克外国的设备维修技术。他步入夜校，从零开始学德语。他42岁通过“高级德语翻译”考试，能够流利地与德国专家对话，主持中德技术谈判。

身为大众汽车维修工的徐小平深知，业精于专，突破技术垄断才能赢得主动。从业三十多年，他深感维修不能只是简单的换换配件，要能够“深度维修”。进口高速加工中心被誉为制造设备的“皇冠”，其核心部件“电主轴”制造维修被国外垄断，修一根轴要价20万元，花了大笔外汇不说，维修周期还不能保证。徐小平带领团队艰苦探索，突破国外技术封锁，实现自主修理，维修水平接近国际同行，费用仅为外商报价的15%，改变了在这方面受制于人的状况。

徐小平坚信“外国人能做的，我们一定能做，外国人不能做的，我们也要努力做！”面对德方提出“27万欧元解决设备0.7米落差”的方案，他以3万人民币简洁方案取胜。面对老外要求“100万元、七天时间修复机床故障”，他勇挑重担36小时恢复设备运行。面对进口激光设备动辄十几小时的高难调整，他发明出仅用0.5小时完成调焦的“激光可视对焦技术”，获得国家专利。徐小平以坚韧意志和创新智慧，攻克数十项设备疑难杂症，参与进口设备自主升级改造，为企业节省外汇数以亿计。

徐小平勤于思考、善于总结，创造的“徐小平六大工作法”成为维修人员克服疑难杂症的“法宝”。他推行“以预防性修理为主”的设备管理模式，使上海大众发动机厂生产线设备有效工时利用率成为大众集团全球动力总成工厂中的最高纪录。他倡导“人人争当专家”的团队发展思路，培养出一批高技能人才，大大提升了维修团队整体水平和服务能级。徐小平以自己的敬业奉献诠释了他的崇高信念：“劳动的意义在于创造和奉献。当个人的梦想同企业的愿景、国家的目标紧密联系在一起，人生才会出彩！”

第二组材料：全国诚实守信模范候选人——曹伟

曹伟，男，汉族，1978 年 3 月生，辽宁省葫芦岛市连山区站前街“傻子”粮油店店主。11 年前，曹伟开店时向顾客郑重承诺：“我用人格担保，‘傻子粮店’绝不卖黑心粮，绝不挣昧心钱，一定让老百姓吃上放心粮油。”10 年来，他以诚信经营的理念，以货真价实的周到服务，赢得顾客信任，生意越做越好。

2003 年 9 月，曹伟在葫芦岛开办“傻子”粮店。为保证大米质量，他每次验货，都自带电饭锅，煮熟了亲自品尝，挑选质量最好的进货。顾客前来选购，他非常热心地教对方如何辨别陈粮和新粮、什么油掺过假。对待老人，他更是热情有加，还不厌其烦地问家里有几口人，如果人少，就建议只买小袋米面。老人往往疑惑：做生意还怕多卖东西？曹伟解释：“您家里人少，买大包装的一时半会儿吃不完，到夏季就要生虫子。吃完了随时来，又可以吃上新粮、好粮。”曹伟经常说：做生意为了挣钱不假，但必须得讲良心讲诚信，做粮油生意就不能卖劣质产品。

一次，有个餐馆老板找到曹伟，想买陈粮和最便宜的油。曹伟知道这个餐馆的消费者主要是学生，虽然这笔生意会带来不少的收入，但必将危害学生健康，他断然拒绝了。有人说他傻，曹伟说：“任何时候，人都不能被利益冲昏了头脑，我不卖黑心粮，诚实做人，诚信经商。”

粮油生意越做越红火，赚钱了，他想帮助更多的人。10 年来，他资助了 600 名贫困学生、2 500 余位孤寡老人和病残人，捐助款物合计超过 230 万元。

“当代雷锋”郭明义得知曹伟事迹后，很受感动，牵头在葫芦岛成立爱心分队，亲手把分队大旗授给曹伟，葫芦岛市十几支志愿服务队参加了授旗仪式。曹伟说，一定让这杆爱心大旗在葫芦岛高高飘扬，以诚信经营做好生意，并尽力帮助他人、回报社会。

第三组材料：全国人民模范调解员卜祥海——打平良心一杆秤，公道办事促和谐

耐心听、用心查、恒心了，在多年的基层司法调解工作中，滨北司法所所长卜祥海凭着自己对事业的热爱以及对社会发展的强烈责任感，公道办事，认真做好各类调解工作，维护当事人合理诉求和合法利益，促进了社会和谐。

卜祥海2008年开始从事司法调解工作，此前他在管区工作。多年的基层工作经验使卜祥海具备了良好的沟通协调能力。他在工作中总结出了“耐心听、用心查、恒心了”的“三心调节经”和一系列工作技巧方法，凭借过硬的业务技能和灵活多样的调节技巧，卜祥海化解了一件又一件复杂棘手的纠纷。卜祥海说：“只要你有耐心，细心，恒心，再加上你凭良心把心里那杆秤打平，调解案件就事半功倍”。

2011年，以卜祥海姓氏命名的“老卜调解工作室”授牌成立，这也是滨州市首个以个人命名的基层调解工作室，成为全市人民调解工作的标杆和品牌。在卜祥海担任司法所所长的五年期间，共调解处理各类疑难复杂矛盾纠纷386起，为维护社会稳定、促进社会和谐发展做出了积极贡献。五年期间，滨北街道办事处没有出现一例新的上访户，“有矛盾找老卜”，成为当地人人详知的话，卜祥海由此先后获得“感动滨州·2011年度人物”、“全省十佳人民调解员”及“全国优秀人民调解员”等荣誉称号，在2013年8月28日召开的全国人民调解工作会议上，他再次获得最高荣誉“全国模范人民调解员”。

第四组材料：服务群众的模范——夏万举

从当初考上社区居委会主任，到后来因为罹患癌症而退休，夏万举在这一岗位上已经工作了13年。在这13年的居委会主任生涯中，有艰辛，有劳累，还有收获和快乐，只有身处其间，方知个中滋味。

1. 深巷里的“管家”

1999年，渝中区第一次面向社会招聘居委会主任，夏万举的工作生涯就此开始。

理想很丰满，现实却很骨感。清洁卫生、医疗救助、计划生育、青少年教育、安全、治安、帮教、低保、便民服务、政策宣传、居民调解……社区承担的工作至少有20类100余项，每月的检查、评比、考核应接不暇。久而久之，夏万举开始思考：这种见缝插针、万能膏药式的工作费时费力、效率很低，怎样使一个社区富有生机与活力，让居民更有归属感、认同感？他开始尝试着在社区开展改革和创新。

不久，陕西路社区向世人展现出一种新的风貌。2006年，夏万举在全区首推社区服务，建立了由下岗职工和农民工40多人组成的社区服务队，服务队的建立既解决了社区群众的一些生活难题，又解决了一些人的就业问题，后来的街道社区服务中心就是由此过渡而来。2007年成立了社区物业管理部，2008年开始创建爱心社区，揽括了辖区40多个单位和20多名个人参与其中，体现了“社区是个家，建设靠大家”的社区建设理念。

2. 社区"大家长"

社区工作经常要和孩子打交道,不管是青少年的社会实践活动,还是思想道德素质教育,他做起来都得心应手。

社区小姑娘王梦,初中还未毕业便遭遇了父亲去世的打击,原就没有母亲的她一度陷入了绝望。是夏万举为她带去了希望和温暖,对王梦倾注了特别多的关爱。王梦初中毕业时,他帮她考虑专业,到处联系学校;每年新学期,他主动为王梦办理减免学费申请。王梦生病时,他上门看望,并积极为她办理临时救济。元旦、春节时,社区开展爱心活动,他给她送去慰问物品。他还经常与王梦谈心,关心她的身心健康及学习情况。对于夏万举的关怀,王梦非常感激,"夏叔叔在关键时刻支持我,指点我,让我的人生没有失去光彩。"

3. 金牌调解员

社区工作中有一项最麻烦的事就是调解各种矛盾:夫妻不和、婆媳口角、邻里纠纷……辖区内一个商场业委会换届选举,因原业委会的违规行为,业主间产生了巨大矛盾,双方互不信任。夏万举负责着手处理此事。他带人将票箱中的选票一张张拿出来,挨个打电话核实情况,询问业主关于选举的意见。商场的业主分散在主城各个区县,此时已经身体抱恙的他带病坚持调查取证,前后召开了 8 次会议,硬是把这涉及 1 000 多位业主的换届选举落实下来,最终皆大欢喜。

要处理好各种纠纷,除了要有一颗公心,不偏不倚,还得知法懂法,依法办事。为了提高自己的业务水平,夏万举自学了《民法》、《物权法》、《物管条例》等法律法规,调解时力求有法可依,有理有据,因此,许多棘手的事情都能圆满解决。

2012 年,夏万举因身体原因,提出了退休的要求。46 岁,本是一个人事业的黄金时期,可夏万举却带着不甘,被迫离开了为之奋斗了 13 年的社区工作岗位。离开后的夏万举没有消极颓废,在家养病期间,他继续学习、充电。"希望有一天,我的身体好转了,我再重新出发!"夏万举说。

第五组材料:传承文明奉献社会的典范——青岛市出租客运行业"红飘带车队"

青岛出租车行业里有一条"红飘带",她诞生于 2006 年。当时,三位岛城出租车司机先后捡到巨款后主动交还失主,青岛市民自发赠送红飘带向他们表达敬意。之后,岛城出租车行业就将红飘带印制到了那些助人为乐、拾金不昧、见义勇为的出租车司机的车上。从此,"红飘带"成为一种精神,涌动在青岛的大街小巷。长期以来,广大出租车驾驶员识大体、顾大局、争一流,唱响了一曲拾金不昧、救死扶伤、助人为乐的赞歌,全面提升了行业的整体形象,为构建文明青岛、和谐青岛做出了积极贡献。

1. 红飘带车队队长——刘鸿

出租车上随时备着小药箱，免费护送多名困难老人去医院看病……53 岁的岛城的哥刘鸿成了很多人的“儿子”，被同行笑称为“开救护车的”。

“我们一家真的不知怎么感谢刘哥了，有了他，我们省去了多少麻烦。”徐女士的母亲毕老太今年 87 岁，患病做透析已经 8 年多了，因为家里没有汽车，所以每次带老母亲到医院看病总是异常困难。每天早上 6 点 30 分左右要到医院，而由于老人不能走路，还要坐轮椅，所以许多出租车司机都不愿意拉。“有的时候半个小时都打不到车，如果没有刘哥真不知道要多麻烦。”她口中的刘哥就是出租车司机刘鸿。2013 年 6 月 1 日清晨 6 点多钟，刘鸿在开车的路上恰好碰见了焦急的徐女士一家，热心的他不由分说就把老太太抱上车，这一抱就坚持到了现在。每周 3 次透析，每次都是由刘鸿来回接送，还不愿意收钱。而毕老太并不是刘鸿专职接送的唯一“特殊乘客”，这段时间以来，他义务接送了 3 位老人，成了“大众儿子”。

刘鸿的出租车上准备了 50 多种应急物品：速效救心丸、碘酒、纱布、晕车药、藿香正气液、麝香虎骨膏……“别看这些东西小，关键时刻能派上大用场。”刘鸿说，他用这些“宝贝”帮助过近 20 名受伤、生病的乘客，其他出租车司机把他的车笑称为“救护车”。“我怕自己护理得不专业，耽误了病人治疗，还专门去医院学习了护理知识。”而且车上的急救药品每 3 个月就更换一次，为的就是时刻保证药品的效用。

2. 热情服务、香满岛城——的姐刘瑞香

被誉为“热情服务、香满岛城”的的姐刘瑞香在营运中还总结出“事事处处为乘客着想”的行车法则：车上有小孩就主动关上车门锁；有老人孩子时，尽量缓速行驶避免颠簸；乘客行李多的，帮忙拿上拿下；乘客下车时主动提醒客人携带物品；乘客上车之前，检查车内是否有前一位乘客遗失的物品；对紧急情况的伤残疾病不收车费……她的周到服务带动了周围一批人在优质服务竞赛中比、学、赶、帮。2006 年刘瑞香被评为“全国文明出租汽车驾驶员”。

三、理论导航

（一）职业道德的本质

1. 职业道德是生产发展和社会分工的产物

自从人类社会出现了农业和畜牧业、手工业的分离，以及商业的独立，社会分工就逐渐成为普遍的社会现象。随着生产发展的需要以及科学技术的不断进步，社会分工越来越细。分工不仅没有把人们的活动分成彼此不相联系的独立活动，反而使人们的社会联系日益加强，人与人之间的关系越来越紧密，越来越扩大，经过无数次的分化与组合，形成了今天社会生活中的各行各业，并形成了人们之间错综复杂的职业关系。这种与职业相关联的特殊的社会关系，需要有与之相适应的特殊的道德规范来调整，职业道德就是作为适应并调整职业生活和职业关系的行为规范而产生的。可见，生产的发展和社会分工的出现是职业道德形成、发展的历史条件。

2. 职业道德是人们在职业实践活动中形成的规范

认识来源于实践。正是由于人们在各种各样的职业活动实践中，逐渐地认识人与人之间、个人与社会之间的道德关系，从而形成了与职业实践活动相联系的特殊的道德心理、道德观念、道德标准。由此可见，职业道德是随着职业的出现以及人们的职业活动实践形成和发展起来的，有了职业就有了职业道德，出现一种职业就随之有了关于这种职业的道德。

3. 职业道德是职业活动的客观要求

职业活动是人们由于特定的社会分工而从事的具有专门业务和特定职责，并以此作为主要生活来源的社会活动。它集中地体现着社会关系的三大要素——责、权、利。

其一，每种职业都意味着承担一定的社会责任，即职责。职业者的职业责任的完成，既需要通过具有一定权威的政令或规章制度来维持正常的职业活动和职业程序，强制人们按一定规定办事，也需要通过内在的职业信念、职业道德情感来操作。当人们以某种态度来对待和履行自己的职业责任时，就使职业责任具有了该种道德意义，成为职业道德责任。

其二，每种职业都意味着享有一定的社会权力，即职权。职权不论大小都来自于社会，是社会整体和公共权力的一部分。如何承担和行使职权，必然关系着社会道德问题。

其三，每种职业都体现和处理着一定的利益关系，职业劳动既是为社会创造经济、文化效益的主渠道，也是个人主要的谋生手段。因此，职业是社会整体利益、职业服务对象的公众利益和从业者个人利益等多种利益的交汇点、结合部。如何处理好它们之间的关系，不仅是职业的责任和权力之所在，也是职业内在的道德内容。

总之，没有相应的道德规范，职业就不可能真正担负起它的社会职能。职业道德是职业活动自身的一种必要的生存与发展条件。

4. 职业道德是由社会经济关系决定的特殊社会意识形态

职业道德虽然是在特定的职业生活中形成的，但它作为一种社会意识形态，则必然受制于社会经济关系的性质，并随着社会经济关系的变化而变化着。

在人类历史上，社会经济关系归根到底只有两种形式：一种是以生产资料私有制为基础的经济结构，一种是以生产资料公有制为基础的经济结构。与这两种经济结构相适应也产生了两种不同类型的职业道德：一种是私有制社会的职业道德，包括奴隶社会、封建社会和资本主义社会的职业道德；另一种是公有制社会即社会主义社会的职业道德。以公有制为基础的社会主义的职业道德与私有制条件下的各种职业道德有着根本性的区别。社会主义社会人与人之间的关系，不再是剥削与被剥削的职业关系，而是相互服务的关系。不同的职业活动只代表不同的社会分工，而没有高低贵贱的区别，每个职业工作者都是平等的劳动者，每个职业活动都是社会主义事业的一个组成部分。各种职业的职业利益同整个社会的利益，从根本上说是一致的。因此，各行各业有可能形成共同的职业道德规范，这是以私有制为基础的社会的职业道德难以实现的。

（二）职业道德的特点

通过上述分析不难看出职业道德具有适用范围的有限性、发展的历史继承性、表达形式多种多样、强烈的纪律性等特点。

1. 适用范围的有限性

每种职业都担负着一种特定的职业责任和职业义务。由于各种职业的职业责任和义务不同，从而形成各自特定的职业道德的具体规范。

2. 发展的历史继承性

由于职业具有不断发展和世代延续的特征，不仅其技术世代延续，其管理员工的方法、与服务对象打交道的方法，也有一定的历史继承性。如“救死扶伤”，从古至今始终是医生的职业道德。

3. 表达形式多种多样

由于各种职业道德的要求都较为具体、细致，因此其表达形式多种多样。制度、守则、公约、承诺、誓言、条例，以至标语口号等，都可能作为职业道德的表现形式。

4. 强烈的纪律性

纪律是介于法律和道德之间的一种特殊的规范。它既要求人们能自觉遵守，又带有一定的强制性。就前者而言，它具有道德色彩；就后者而言，又带有一定的法律色彩。例如，工人必须执行操作规程和安全规定；军人要有严明的纪律等。因此，职业道德有时又以制度、章程、条例的形式表达，让从业人员认识到职业道德又具有纪律的规范性。（见本章后附件）

(三)职业道德的社会作用

职业道德是社会道德体系的重要组成部分,它一方面具有社会道德的一般作用,另一方面又具有自身的特殊作用,具体表现在:

1. 调节职业交往中从业人员内部以及从业人员与服务对象间的关系

职业道德的基本职能是调节职能。它一方面可以调节从业人员内部的关系,即运用职业道德规范约束职业内部人员的行为,促进职业内部人员的团结与合作。如职业道德规范要求各行各业的从业人员,都要对自己的团队忠诚。成员的忠诚维系了成员与组织之间的稳定关系,能够增强一个团体的核心竞争力,使这个团体或组织充满活力,欣欣向荣。另一方面,职业道德又可以调节从业人员和服务对象之间的关系。如职业道德规定了医生怎样对病人负责,产品的生产者怎样对购买者负责等等。

2. 有助于维护和提高本行业的信誉

一个行业、一个企业的信誉,也就是它们的形象、信用和声誉,是指企业及其产品与服务在社会公众中的信任程度。提高企业的信誉主要靠产品的质量和服务质量,而从业人员职业道德水平的高低将直接影响到产品质量和服务质量。

3. 促进本行业的发展

行业、企业的发展有赖于高的经济效益,而高的经济效益源于高的员工素质。员工素质主要包含知识、能力、责任心三个方面,其中责任心作为职业道德的一项要求是最重要的。责任心是员工做好每项工作的前提条件,责任心越强,员工执行力就会越强。反之,如果缺乏责任心,员工的执行力就会下降,许多企业面对无法完成的任务和工作中出现的失误,都会无可奈何地感叹员工缺乏责任心。

4. 有助于提高全社会的道德水平

职业道德是整个社会道德的重要组成部分。一方面,职业道德是一个从业人员的生活态度、价值观念的表现。它是一个人的道德意识、道德行为发展的成熟阶段,具有较强的稳定性和连续性;另一方面,职业道德也是一个职业集体,甚至一个行业全体人员的行为表现,如果每个行业,每个职业集体都具备优良的道德,对整个社会道德水平的提高肯定会发挥重要作用。

【延伸阅读】

蹿红菜鸟谈如何获湖人首发:职业道德打动教练组

网易体育2014年1月23日报道:

本赛季的洛杉矶湖人因为伤病困扰,致使球队战绩一落千丈。球队一度在训练中都凑不齐人数，但正因为如此，也给了一些年轻人机会。《湖人队官网》报道，新秀莱恩-凯利就是近期蹿红的一名菜鸟，但是他的上位并非偶然。赛季开始时，他只是一个合同还不受保障的二轮菜鸟，而现在已经获得了首发。用自己的努力和职业道德去打动教练组，凯利也给大多数的新人树立了一个很好的榜样。

毕业于杜克大学的凯利是在2013年次轮第18顺位被湖人选中的。但是因为脚伤，他一直到去年8月份才开始进行一些运球训练和定点投篮。在本赛季开始前，湖人队方面甚至还在犹豫是否要与他签约。但是凯利最终凭借自己的努力和汗水，打动了湖人管理层，并最终在这个异常艰难的赛季，打上了首发。

作为一名二轮新秀，没有人期待他能够在比赛中给球队带来多大贡献。但是在上周与波士顿凯尔特人的比赛中，凯利拿到了20分4篮板，比赛末节他独得12分，成为那场比赛获胜的关键人物，并帮助湖人结束了6连败。在与猛龙队的比赛中，凯利职业生涯首次获得首发，并拿到了17分5篮板。这样的表现自然让主帅德安东尼非常满意。德安东尼在谈到凯利时表示："有几件事他让人非常的欣赏，同时这也是我们期望每一个人能够去做的。他努力去拼，他非常聪明，他能够投篮。"

但是尽管拥有这些优点，凯利能够获得机会，并把握住机会，一切都靠的是自己的努力。凯利在接受采访时表示："每一个人都有不同的道路，我的赛季开始的比较晚(因伤)，在早些时候，我并没有太多的机会去展现自己。但是我相信通过自己的职业道德，通过自己的努力，第一个来到训练馆，最后一个离开。一定会让教练组相信我能够帮助球队。"

凯利的努力大家都看在眼里，这样的球员必然深受教练和队友喜欢。加索尔在谈到凯利时也赞不绝口："他在场上打得非常好，他真的很镇定，充分地利用机会，打出关键的表现。"

(四)职业道德的基本规范

《公民道德建设实施纲要》中指出："要大力倡导以爱岗敬业、诚实守信、办事公道、服务群众、奉献社会为主要内容的职业道德，鼓励人们在工作中做一个好的建设者"。即将毕业的大学生应结合自己的专业，系统地了解有关的职业道德规范，培养自己的职业道德情感，树立自己的职业道德意识。

1. 爱岗敬业

爱岗就是热爱本职工作，敬业就是要用一种恭敬严肃的态度对待自己的工作。爱岗敬业作为最基本的职业道德规范，是对人们工作态度的一种普遍要求。爱岗敬业的要求是：认真对待自己的岗位，对自己的岗位职责负责到底，无论在任何时候，都尊重自己的岗位职责，对自己岗位勤奋有加。爱岗敬业是人类社会最为普遍的奉献精神，它看似平凡，实则伟大。

爱岗敬业，是责任意识在工作岗位中的具体体现。责任是一种主动积极的态度。一个富有责任心的员工能以积极的态度对待自己的工作、处理自己的利益与义务、索取与奉献、个人与他人的关系。他能始终保持主动的进取精神，对自己的工作充满激情，总是不断向上。每一份工作，无论是自主选择还是机缘巧合，无论是否是自己的所爱，都是一份责任。“在其位谋其政”，既然在这个岗位上，就必须有正确的心态，必须为这个岗位承担责任，必须抱有爱岗敬业的积极心态。

案例一

永远不要忘记自己的使命

法里斯年少时在父亲工作的地方帮忙，曾碰到过一位难缠的老太太。每次当法里斯把她的车清理好时，她都要再仔细检查一遍，然后让法里斯重新打扫，直到她满意为止。后来法里斯实在受不了了，便拒绝为这个老太太服务。他的父亲告诫他说：“孩子，记住，这是你的责任！不管顾客说什么或做什么，你都要做好你的工作。”从那以后，无论做什么，法里斯都保持着高度的责任感。后来他成为美国的独立企业联盟主席。

永远不要忘记自己的使命，对人对事保持一种高度认真负责的态度，生活就不会亏待我们。

案例二

在生命的最后一分钟

一名公交车司机在行车途中突发心脏病，在生命的最后一分钟里，做了三件事：

——把车缓缓地停在马路边，并用生命的最后力气拉下了手动刹车闸；

——把车门打开，让乘客安全地下了车；

——将发动机熄火，确保了车和乘客、行人的安全。

他做完了这三件事，安详地趴在方向盘上停止了呼吸。这名司机叫黄志全，所有的大连人都记住了他的名字。

案例三

历经 80 年的责任

武汉市鄱阳街有一座建于 1917 年的 6 层楼房，该楼的设计者是英国的一家建筑设计事务所。20世纪末，也即那座叫作“景明大楼”的楼宇在漫漫岁月中度过了80个春秋后的某一天，它的设计者远隔万里，给这一大楼的业主寄来一份函件。函件告知：景明大楼为本事务所在1917年所设计，设计年限为80年，现已超期服役，敬请业主注意。80年前盖的楼房，不要说设计者，连当年施工的人，也不会有一个在世了吧？然而，至今竟然还有人为它的安危操心！操这份心的，竟然是它的最初设计者，一个异国的建筑设计事务所！

案例四

责任感可以创造奇迹

美国一名心理学博士艾尔森曾对100名世界各个领域中的杰出人士做了问卷调查，结果让他十分惊讶——其中61名杰出人士承认，他们所从事的职业，并不是他们内心最喜欢做的，至少不是他们心目中最理想的。

这些杰出人士竟然在自己并非喜欢的领域里取得了那样辉煌的业绩，除了聪颖和勤奋之外，究竟靠的是什么呢？

带着这样的疑问，艾尔森博士又走访了多位商界英才。其中纽约证券公司苏珊的经历，为他寻找满意的答案提供了有益的启示。

苏珊出身于中国台北的一个音乐世家，她从小就受到了很好的音乐启蒙教育，期望自己的一生能够驰骋在音乐的广阔天地，但她阴差阳错地考进了大学的工商管理系。一向认真的她，尽管不喜欢这一专业，可还是学得格外刻苦，每学期各科成绩均是优异。毕业时被保送到美国麻省理工学院，攻读当时许多学生可望而不可即的MBA，后来，她又以优异的成绩拿到了经济管理专业的博士学位。

如今她已是美国证券业界的风云人物，在被调查时依然心存遗憾地说：“老实说，至今为止，我仍不喜欢自己所从事的工作。如果能够让我重新选择，我会毫不犹豫地选择音乐。但我知道那只能是一个美好的‘假如’了，我只能把手头的工作做好……”

艾尔森博士直截了当地问她：“既然你不喜欢你的专业，为何你学得那么棒？既然不喜欢眼下的工作，为何你又做得那么优秀？”

苏珊的眼里闪着自信，十分明确地回答：“因为我在那个位置上，那里有我应尽的职责，我必须认真对待。”“不管喜欢不喜欢，那都是我自己必须面对的，都没有理由草草应付，都必须尽心尽力，尽职尽责，那不仅是对工作负责，也是对自己负责。有责任感可以创造奇迹。”著名词作家乔羽曾在中央电视台艺术人生节目里坦言，自己年轻时最喜欢做的工作不是文学，也不是写歌词，而是研究哲学或经济学。他甚至开玩笑地说，自己很可能成为科学院的一名院士。

因为种种原因，我们常常被安排到自己并不十分喜欢的领域，从事了并不十分理想的工作，一时又无法更改。这时，任何的抱怨、消极、懈怠，都是不足取的。唯有把那份工作当作一种不可推卸的责任担在肩头，全身心地投入其中，才是正确与明智的选择。正是在这种“在其位，谋其政，尽其责，成其事”的高度责任感的驱使下，他们才赢得了令人瞩目的成功。

“热爱是最好的教师”，“做自己想做的事”，这些话已经成了耳熟能详的名言。但是，事实证明，只要有高度的责任感，即使在自己并非最喜欢和最理想的工作岗位上，也可以创造出非凡的奇迹。

启示：

(1)一个人若是没有热情，他将一事无成，而热情的基点正是责任心。——列夫·托尔斯泰

(2)雷锋日记中有这样一段话：“如果你是一滴水，你是否滋润了一寸土地？如果你是一线阳光，你是否照亮了一分黑暗？如果你是一粒粮食，你是否哺育了有用的生命？如果你是最小的一颗螺丝钉，你是否永远坚守你的岗位？”

(3)作为一名学生，无论你是否喜爱自己的专业，认真学习都是你的责任；作为一名劳动者，无论你是否喜爱自己的岗位，爱岗敬业都是你的责任。消极怠工并不能帮助你逃离自己的工作，而认真负责、爱岗敬业的态度却能带给你阳光的心态和真正的成功。

2. 诚实守信

诚实，就是忠诚正直，言行一致，表里如一。守信，就是遵守诺言、不虚伪欺诈。“言必信，行必果”、“一言既出，驷马难追”这些流传了千百年的古话，都形象地表达了中华民族诚实守信的品质。人无信不立，职业无信也不能立，在社会主义市场经济条件下诚实守信是不可或缺的道德要求。市场经济是一种契约经济，保证契约双方履行自己的义务，是维护市场经济秩序的关键。市场经济的健康运行，不仅靠法律对参与者的规范、震慑，对违法者的惩处；更重要的，要依靠道德的力量使大多数的参与者能够自觉地遵守市场秩序。

“诚实守信”是一切职业道德的“立足点”。每一个从业者如果能够树立起“诚信为本”的信念，那么整个行业都将拥有良好的声誉和形象，这将极大地推动行业的发展进步。行业的壮大，对于其中个人的进步又将起到积极的推动作用。这是一个良性循环。反之，个人如果为了追求最大利润而弄虚作假、以次充好、假冒伪劣和不讲信用，尽管也可能得利于一时，但最终必将身败名裂、自食其果，甚至导致整个企业或行业的声誉受损，这是非常得不偿失的。

案例一

无人售报摊演绎诚信故事

一摞当天的扬子晚报，一块写有"无人售报，每份五角，自找零钱，欢迎购阅"字样的小黑板，一只供买报人自付报钱的塑料盆。江苏大学学生公寓管理员张君霞在学生公寓门口摆出无人售报摊以来，半年总共销售了 2 万份报纸，却不曾出现一例拿报不付钱的事。

案例二

郑州"鸡蛋哥"坐守三个月还鸡蛋　卖的不是鸡蛋是良心

郑州市丰产路和政七街交叉口向东 100 米路南的一家粮油店拆迁了，可店里已卖出的 6 000 多斤鸡蛋票还没有兑换给顾客。店老板任庆河不但没"跑路"，而是每天开着面包车带着鸡蛋，守在自己已经被拆掉的门面房前。他并不仅仅为了卖鸡蛋，而是为了让市民将手中没有兑换的鸡蛋票能随时兑换成鸡蛋。而这份守候，他已经坚持三个月时间。

"很多人说我憨，店都被拆了还管那么多干什么。我说做事要凭良心，讲诚信，这样人家才会信你。虽然门面被拆，但现在还有顾客找我订鸡蛋票，这就是诚信。"任庆河乐呵呵地说，"店没了，咱可不能拍屁股走人，这样做，对不起顾客。"

寒风中，一个人、一辆面包车、十几筐鸡蛋，在路边构成了动人场景。

2012 年 12 月 25 日，河南商报以《店拆了，人没跑，他守着鸡蛋等顾客》为题，对其诚信经商行为进行了报道。此举引来众多媒体跟踪报道，中央电视台连续 3 次深入现场拍摄采访。

网友盛赞任庆河为"诚信鸡蛋哥"，他也从此名声大噪。先后荣获央视 3·15 晚会贡献奖和第四届全国道德模范提名奖。2013 年 9 月 26 日，接受了习近平总书记等中央领导的接见。

"诚信鸡蛋哥"的事迹传开后，不断有陌生人来照顾生意，任庆河说：现如今的店里生意比以前好做了，他很感激。

（资料来源：河南商报 2013 年 10 月 30 日）

案例三

全国诚实守信模范——杨正权

杨正权，男，57 岁，山东省威海杨正权实业有限公司总经理。

1972 年，杨正权从安徽参军来到威海，4 年后因工作出色被安排到地方，先后任村党支部书记、企业厂长。1984 年，他背负着企业的 9 万元债务下海创业。为了还债，他千方百计延揽客户，对商品质量不敢有丝毫马虎。“讲诚信”，给杨正权带来了回报，3 年后不仅还清债务，创出诚信品牌，更坚定了他坚持诚信经营的决心。

1998 年夏季，几名游客在杨正权的店里购买 6 千克海米，嚷着要赶长途汽车，要求快点包装。忙中出错，客人刚走杨正权就发现原来准备退货的 1 千克劣质海米不见了，推测可能给了这些客人，便拿上优质海米，打车到汽车站追赶客人，及时更换了货物。

2007 年元旦期间，威海市场上优质海参断了档，杨正权手里恰好有一批货，经营业户们纷纷向杨正权告急求助。为防止个别业户见利忘义以次充好，杨正权立即以进货价开仓出货，解了同行的急，也维护了行业的声誉。

“一看、二摸、三嗅、四掂、五捏”，这是杨正权保证质量的基本方法，他不仅用嘴品尝，还进行化验分析。一旦发现掺杂使假，坚决退货。同时，为使海米品相好，他要求员工一个一个把海米上残留的虾皮虾尾择净。2009 年元旦前，河北的一家企业在杨正权店里一次性定购了 50 千克海米。货要得很急，杨正权也绝不糊弄，一家人和店员们没黑没白一个一个拣，按时保质保量把货发给对方。

对客户讲诚信，杨正权 25 年始终不悔；对国家尽忠诚，25 年主动足额纳税 600 余万元；对社会积极奉献，40 多年他坚持学雷锋做好事，济贫扶危、抚老助残、拥军兴学，捐赠善款善物 600 多万元。

杨正权荣获全国“学习雷锋志愿服务先进个人”、首届全国“道德模范提名奖”、全国“文明诚信先进个人”、山东省“道德模范”、威海市“尚德守信奉献社会好市民”等荣誉称号。

启示：

(1)工作上的信用是最好的财富。没有信用积累的青年，非成为失败者不可。——池田大作

(2)自以为聪明的人，往往是没有好下场的，世界上最聪明的人是老实的人，因为只有老实人才能经得起事实和历史的考验。——周恩来

(3)诚信是人与人相互信任的基础，是一个集体、一个社会运行良好的基本前提。在媒体高喊着“诚信危机”、“道德滑坡”的今天，在人们纠结于“食品安全”、“扶与不扶”的今天，微博声讨是不够的。想要改变现状，需要我们每一个人的实际行动。

【延伸阅读】

商务部官员——诚信危机已影响到各行业健康发展

中国商务部市场秩序司巡视员温再兴称，近年来中国企业和个人的诚信意识单薄，商业信用缺失，假冒伪劣产品屡禁不止，诚信危机已经影响到各个行业的健

康发展。

温再兴是在当日召开的“2013年行业信用评价推广与应用研讨会”上做出上述表示的。他称，“十二五”是中国全面建设小康社会的关键时期，当前中国市场秩序混乱，诚信问题仍然严重制约发展，行业信用建设也面临诸多挑战。

“突出的表现在食品药品领域，近年来发生的瘦肉精、毒奶粉、地沟油，包括蔬菜、水产、胶囊，都出现过很严重的安全问题，所以也有媒体说现在是全民相互下毒的时代，没有什么行业非常干净，都有很多潜规则。”温再兴称。

温再兴指出，如何让消费者摆脱各种不诚信商业行为的困扰，从而放心购买、满意消费，也是扩大经营消费的重要条件之一。为此，加强诚信道德教育和行业信用建设，构建诚信氛围是十分重要而紧迫的。

据知，党中央、国务院一直高度重视信用体系建设，“十八大”报告把诚信作为重要内容之一，国务院成立了由发展改革委、人民银行牵头的社会体系建设联席会，形成统一可共享的信用体系规划。

温再兴介绍，去年，商务部在北京、上海等十个城市开展行业信用评价工作，围绕确保商品质量、提升商品品质、坚持诚信经营、树立诚信品牌四个方面工作已取得明显成效。下一步商务部将把商务诚信建设工作重点，聚焦到批发、零售、著书、餐饮、家政服务、电子商务等28个商贸流通的行业。争取用3～5年时间，形成约束机制，使企业诚信经营意识和信用管理能力不断增强，信用服务业得到健康发展，商务诚信体系基本建立。

中国国际电子商务中心党委书记朱小良出席本次研讨会议并致辞。在他看来，“未来市场经济的发展需要依赖于完善社会信用体系的建立和企业信用意识以及信用管理体系的建立。”

3. 办事公道

办事公道就是指在办事情、处理问题时，要站在公正的立场上，坚持原则，对当事双方公平合理、不偏不倚，始终按照一个标准办事。

公正是几千年来为人所称道的职业道德。人是有尊严的，每个人都希望自己能够受到公平的对待，企盼在法律面前人人平等。我国自古就有“王子犯法与庶民同罪”的说法。因此人们一直歌颂那些秉公办事、不徇私情的清官明主。如宋朝的包拯，家喻户晓，老少皆知。古人云：“治世之道为在平、畅、正、节。天下为公，众生平等，机会均等，一视同仁；物尽其力，货畅其流，人畅其思，不滞不塞；上有正型，下有正风，是非分明，世有正则；张弛疾徐，轻重宽平，皆有节度”。不平行便不平衡，不平衡则人心不平。人心不平便失去社会安定；不通畅便存在蒙蔽、隔膜、压抑；不公正便失去原则，失去是非、失去信任；没有节度，便失去控制，泛滥成灾，从这里可以看到平等原则的重要性。

很多人都会说，办事公道是针对政府官员和管理人员提出的要求，其实不然，办事公道是各行各业劳动者都应当遵循的基本准则。办事公道，就能形成社会风气的良性互动，保证每个人在社会上的地位和平等权利。如果办事不公正，势必会是非不分，善恶不辨，破坏社会秩序，损害社会平等竞争，对社会各方面产生消极的影响。对于行政管理人员，办事公道要求做到照章办事，不徇私情，不偏袒，无私心，坚持制度面前人人平等的原则；对于服务行业的工作者，要求做到诚信无欺、买卖公平，不以劣充优、以次充好。同时，对顾客一视同仁，不以貌取人，不嫌贫爱富。

案例一

苏东坡轶事

一年秋天，被贬黄州的苏东坡到一座山上的寺庙里游玩。他的衣着是淡淡的，接待他的方丈也是淡淡的，说了一声“坐”，又吩咐小和尚“茶”。俩人谈了一会儿，方丈觉得面前的施主谈吐不俗，才华峥嵘，便又恭敬了一回，说“请坐”，又吩咐小和尚“上茶”。俩人又谈了一会儿，当方丈听说面前的人就是大名鼎鼎的苏东坡时，不由大加恭敬，连声说“请上坐”，吩咐小和尚“上香茶”。

后来苏东坡要回去了，方丈便求字。苏东坡拿起毛笔，饱蘸浓墨，在白纸上写下：

坐，请坐，请上坐
茶，上茶，上香茶

方丈满面通红。

案例二

支付公道的价钱

尼希文请朋友到自己家吃晚饭，打算为他们做一个酱汁肉。突然，他意识到家里没有盐了。所以，尼希文把儿子叫过来。

“你去村子里买点盐，但是，你要付一个公道的价钱：既不要太高，也不要太低。”

他儿子感到很惊奇。“我可以明白不应该付太高价钱的原因，爸爸，但是，如果我能讨价还价把价钱压下来，省点钱不好吗？”

“在大城市里，这样做是对的，但是，在我们这种小村子，如果这样做，就会毁了整个村子。”

尼希文的客人们听到他们父子的对话后，都想知道能够买到更加便宜的盐却为什么不买的原因。对此，尼希文回答：

"一个人愿意以低于正常价钱把盐卖掉,其唯一的原因只能是他急需钱。而利用当时这种有利条件的人,表现出的是他对劳动者缺乏尊重,因为劳动者为了生产盐付出了汗水和辛劳。"

"但是,这么一件小事不可能毁了整个村子。"

"开始的时候,世界上只有很少的不公平,但是,由于每个人都认为这是很小的事情,根本无关紧要,这样一来,后来者所做的每一件事累积起来,世界就变成了当今的这个样子。"

案例三

对顾客一律平等

在美国的某个乡村有个小酒吧叫芬格斯酒吧,老板是个犹太人。美国前国务卿基辛格是犹太人的后裔,一次,他想去这个酒吧体会一下犹太人的民风,前一天他打电话给芬格斯老板说会带10个随从去光顾酒吧,到时请老板把其他的顾客都赶走。芬格斯的老板当即拒绝了他的要求,并说自己的酒吧十多年来一直是依靠这些老顾客才生存下来,让他赶走顾客他做不到。基辛格只有遗憾地放下了电话。这件事被当时正在酒吧消费的顾客传为美谈,芬格斯酒吧因此生意更兴隆了,并在当年被评为世界优秀酒吧前十五名,它是其中最小的一个酒吧,获奖理由是:对顾客一律平等!

启示:

(1)一切背离了公平的知识都应叫作狡诈,而不应称为智慧。——柏拉图。

(2)怎么建立一个良性循环,我觉得就三个词:公平、民主、希望或者叫信仰。没有公平,就没有让大家觉得我可以选择自己的生活,不公平它就会有愤怒,他就会有焦虑。——白岩松

(3)中考、高考、工作、评优评先……一路走来,每个人都期望能受到公平的对待,每个人都希望生活在一个充满公平正义的社会。而作为其中的一分子,我们首先要让自己有一颗公平公道的心,要放平自己心里的那杆秤,这个社会才会像我们期望的那样。

4. 服务群众

服务群众是社会主义职业道德区别于其他社会职业道德的本质特征,是为人民服务的道德要求在职业道德中的具体体现,是全社会各行业工作人员都应当遵守的道德规范。赠人玫瑰手留余香。每一个从业人员都是群众中的一员。社会各行各业相互联系,每一个职业和岗位都必须与其他职业、岗位进行有序的合作,共

同维系社会机器的有效运转。因此，服务群众的实质，就是社会全体从业人员之间通过相互服务，来谋求共同的福利和幸福。

要做到服务群众，首先要有服务群众的意识，时刻想着群众，急群众之所急，想群众之所想；其次要有服务群众的能力，服务群众最终还要体现在为群众办事谋利益上，必须具备这种能力才能真正为群众服务；再次要有服务群众的作风，经常深入群众，虚心倾听群众意见，了解群众需要，为群众排忧解难，端正服务态度，改进服务措施，提高服务质量，为群众工作和生活提供便利，处处方便群众，真心实意地为群众谋取实实在在的利益。

案例一

帮助别人就是帮助自己

一个漆黑的夜晚，一位盲人一手拿着一根竹竿小心翼翼地探路，一手提着一只灯笼。路人问他："您自己看不见，为什么还要提个灯笼走路？"

盲人缓缓地说道："我提灯笼并不是为自己照路，而是让别人容易看到我，不会误撞到我，这样就可保护自己的安全。而且，这么多年来，由于我的灯笼为别人带来光亮，为别人引路，人们也常常热情地搀扶我，引领我走过一个又一个沟坎，使我免受许多危险。你看，我这不是既帮助了别人，也帮助了自己吗？所以，每到晚上出门，我总提着一盏灯笼。"

案例二

陈曦——用多点微笑服务群众在岗位上

80后警花陈曦，原贵州省道真仡佬族苗族自治县玉溪镇派出所一名普通民警，自从她穿上警服那天起，她就一直无怨无悔地坚守在户籍窗口，始终以饱满的热情、甜蜜的微笑面对每一位前来办事的群众。

陈曦始终坚持换位思考，从群众的角度出发，想群众之所想，急群众之所急，不论分内分外，对于群众的咨询，她总是能认真、准确、耐心、细致地给予解答，做到不厌其烦，事事有着落，件件有回声。2009 年 8 月 8 日那天，一位家长因孩子上学，着急办理户口迁移，但由于手续不齐，无法办理。这时他觉得陈曦是在故意刁难，于是就无理地在办证台前谩骂起来。面对群众的不理解，陈曦没有与他争吵，而是面带微笑心平气和地给他讲道理，并告诉他补办相关手续的捷径，最后他对陈曦这样的态度心悦诚服，并答应补好手续再来办理，最终没有耽误他孩子的报名时间。

道真自治县玉溪镇是一个大镇，现有人口八万余人，却只有她和一名协警办理相关户籍业务。因此，陈曦从来没有度过一个完整的周末，当别人携同家人在休闲山庄时，她却只能独坐于“热闹非凡”的办公室；当别人熟睡之时，她却随时可能跑到单位上为那些有急用的群众出具户籍证明。2010年7月1日，一位叫韩忠庆的铁路退休职工，为了办理相关手续，前来办理户籍证明。然而当打开系统时，却发现并无其记录。为了弄清情况，在一个星期的时间里，陈曦把7万多人的原始户籍档案翻了个遍，终于找到了老人当年的迁入证明及身份证复印件，及时为他补上了户口。从老人不住口的感激中，陈曦得到了老百姓给予的最高奖赏。

办好小事须务实。为了能让辖区群众清楚了解办事流程，一次性把事情办清楚，陈曦专门设计制作了“便民服务卡”，并公开自己的手机号码，不管是白天黑夜，只要拨通便民电话，她都会不厌其烦地为其解答，真心实意地为群众排忧解难。一直以来，由于辖区的网络不太稳定，给老百姓带来了许多不便。为了不让老百姓往返跑路，她将前来办理二代证的群众带来的回执单收下，同时仔细核对登记项目，确认无误后为其开具临时收据，并且留下联系电话，待有网络后再逐一核对上传。

自从入警以来，陈曦就一直坚守在公安户籍岗位，她虽然没有经历枪林弹雨、血雨腥风，也没有石破天惊的骄人业绩，但是，她却在平凡的工作岗位上，牢固树立了“群众利益无小事”的思想，始终以平和的心态工作，不患得患失；始终保持愉快的心情，不心浮气躁；始终以顽强的意志，不急功近利，真诚地、深切地演绎着警民鱼水情。

启示：

1. 一滴水只有放进大海才永远不会干涸，一个人只有把自己和集体事业融合在一起的时候才最有力量。——雷锋

2. 爱是相互的，恨也是相互的。用什么样的态度对待别人，我们就会收获什么样的态度。帮助别人就是帮助自己，服务群众也就是服务我们自己。

5. 奉献社会

奉献社会是社会主义职业道德的最高要求，是为人民服务的思想和原则——集体主义精神的集中体现。奉献社会的职业道德规范是与社会主义的本质相联系的，是社会主义职业道德的特有规范。奉献社会并不需要有多么巨大的能力或者财富。一个职业工作者，无论他是环卫工人，还是政府官员；是普通工人，还是富商大贾；是医生还是设计师，只要他能够爱岗敬业，努力工作，他就是在创造财富，就是在为社会做贡献，就是奉献社会。

奉献社会并不意味着不要个人的正当利益，不要个人的幸福。恰恰相反，一个自觉奉献社会的人，他才真正找到了个人幸福的支撑点。个人幸福是在奉献社会的职业活动中体现出来的。个人幸福离不开社会的进步和祖国的繁荣。幸福来自

劳动，幸福来自创造。当整个社会进一步繁荣富强的时候，我们每个人的幸福自然就包括在其中。奉献和个人利益是辩证统一的。奉献越大，收获就越多。一个只索取不奉献的人，实质上是一个不受欢迎的个人主义者，纵使一时获利，也无法在社会中长期立足。

案例一

个人价值，在国家发展中升华

中国石油天然气集团公司工程技术分公司副总经理秦文贵，曾连续20年在我国海拔最高的油田——青海油田工作。在昆仑山下的茫茫戈壁，他由一名大学生逐步锻炼成长为高级工程师。

当年，秦文贵大学毕业时是很抢手的，到油田报到后发现，环境的艰苦远远超出了他的想象：高原反应使他头昏脑涨，不住地流鼻血，一夜一夜地睡不着；一次施工作业发生井喷，油水泥浆劈头盖脸浇透了全身……秦文贵有点后悔来到这儿。

但是，“常以青春换成功，常把黄昏当早晨”的石油工人精神，潜移默化地感染着他。慢慢地，秦文贵建立了自己新的人生坐标。

油田钻井需要大量的技术套管，这些套管成本很高。秦文贵的脑海中闪现出一个大胆的想法：能不能做些简化，少用些套管？如果成功，经济效益将相当可观。他查阅了200多口油井资料，反复论证并设计方案，时常通宵达旦。最终，这项课题获得成功，4口实验井共节约成本近700万元。专家们说，“这是青海油田开发史上一个伟大的创举，一个里程碑！”

2010年，组织上选派秦文贵到加拿大学习。临行前，他来到油田烈士公墓，在墓碑前默默站了许久，然后抓了把沙土用白方巾裹好，让这把带着油香的沙土陪他远行。

在加拿大期间，秦文贵如饥似渴地学习石油工业的先进技术。在学习将要结束时，国外一家石油公司以高出国内10倍的薪水，邀请他去工作，并承诺为其办理爱人和孩子定居海外的手续。然而，秦文贵毫不犹豫地拒绝了。“烈士墓前带来的那一把沙土时刻提醒我，建设油田需要新一代奋斗者，完成他们未竟的事业。”

回国后的几年里，秦文贵主持并参与了20多项技术改造、科研课题，解决了大大小小上百个生产技术难题。他实实在在地体会到了科学技术转化为生产力的巨大威力，体会到了一个科技工作者的价值。

秦文贵说：“只有为社会创造价值的人，他的人生才会有价值；只有自强不息，努力奋斗的人，他的人生才会闪耀出灿烂的光辉。越是艰苦，越要奋斗，越要奉献！”

案例二

点燃大山深处的希望——徐本禹

1999年,徐本禹成为华中农业大学的一名学生。2003年,徐本禹以372分的高分考取了本校农业经济管理专业的硕士研究生。然而,2003年4月16日,徐本禹却做出了让所有人大吃一惊的决定:放弃攻读研究生的机会,去贵州省大方县大水乡大石村支教。

"一步一步走过来的。"徐本禹这样形容自己的支教。大概只有他自己知道,这一步步是怎样的艰难。

经过一个多月的奔走募捐,2002年7月15日,徐本禹和四个同学带着三箱子衣服、一口袋书及500元钱前往贵州。虽然有所准备,当他第一次走进狗吊岩的岩洞小学时,他还是被眼前的情景惊呆了——"岩洞里的教室仅仅是用两堵一人多高的墙隔开的,中间是过道,一、四年级的黑板是用两根棍子搭在岩洞上的木板",没有照明,从黑乎乎的洞里仅能看到一小块天空。

半个多月的教学和调查,临别时,孩子们怯生生地问他:"徐老师,你还回来吗?"他看着孩子们的眼神,说会的。

"有的人一辈子收获不了一滴眼泪,可这一个暑假,我几乎每天都被感动包围,收获着泪水。"这是徐本禹支教写在日记本上的话。他的学生在信中写道:"徐大哥,我真的太想你啦!我每夜都梦见你。在梦里,你在教我们解答难题,带我们爬山玩水,教我们唱歌、做游戏,但每次刚梦到好玩的时候就醒了,点灯一看却不见你,只有我一个人坐在床上,这时我流下了眼泪。"

2003年4月,在学校没有保留研究生学籍的先例的情况下,徐本禹决定放弃学籍,实现他再次回去的承诺。之后,学校破天荒做出决定,为他保留两年学籍。同年7月16日,徐本禹带着3 000册图书和七个志愿追随的同学,再次回到了狗吊岩。

也许他没想到,伴随他的不仅是艰苦的条件,还有长久的孤独。

狗吊岩几乎是一个封闭的孤岛。不通公路、不通电话,晚上只能点油灯照明,寄一封信也要跑18公里崎岖的山路;晚上,跳蚤几乎让他们无法入睡,被咬得到处是包;粗糙的玉米渣和酸菜汤是他们的主食,还要忍受无处不在的苍蝇。

由于生病等原因,同去的七个同学最终都陆续离开。8月1日这天,最后一个同来的志愿者也坐上了返校的汽车。只剩下自己一个人,而且时间有限,他试图把知道的一切都统统灌输给这些渴望知识的孩子。除了教他们常规的语文、数学以外,还特意安排了英语、体育和音乐。他说他也急过,孩子们开始连普通话都听不懂,没有见过楼房,没听说过电脑,讲课听不懂也不敢提问,有时讲了10遍20遍的东西,学生还是听不懂。有几次他火起来,把粉笔一放(他舍不得扔,因为粉笔很贵），说不讲了，然后自己走出去。学生们不敢动，也不敢说话，他自己在外面站了一会儿，消消气儿，仍然是回来继续讲。

“我问了一下全班40名学生中有多少人听说过雷锋的名字，结果只有四个人知道；有一个同学听说过孔繁森，我问他孔繁森是什么样的人，他说孔繁森就是毛泽东！我笑过后，心中有一种钻心的痛。”

徐本禹说，他终于知道了什么叫作“诲人不倦”，也开始感到了压力。

“如果不点蜡烛，一年可以节约120元钱，是三个学生的学费钱。”徐本禹算这笔账的结果就是，他又资助了三个学生，而在煤油灯下看书，他的眼睛近视得更加厉害了。

课后的时间是最难熬的，除了他当作“娱乐活动”的家访，写信、读信是最大的愉悦，有时候他一天能写十几封信；他开始自修研究生课程，想利用支教的课余时间把研究生课程学完。“在没有电和信的日子里，我非常孤独，只能靠收音机获取外界信息。我一遍一遍翻看以前的照片和信件，与照片上的家人、同学和朋友说几句话，只有这时我的心里才会舒坦些。”

“我愿做一滴水/我知道我很微小/当爱的阳光照射到我身上的时候/愿意无保留地反射给别人。”徐本禹说。在徐本禹精神的感染下，社会各界对山区的孩子伸出了援手。在政府、各界帮助下，大石小学的孩子们搬进了新盖的教室，后来的支援者接过了徐本禹手中的接力棒，一棒一棒传下去。

启示：

（1）人生价值的大小是按人们对社会贡献的大小来衡量的。——向警予

（2）希望你们年轻的一代，也能像蜡烛为人照明那样，有一分热，发一分光，忠诚而为人类伟大的事业贡献自己的力量。——法拉第

（3）一句“只要人人都献出一点爱，世界将变成美好的明天”至今耳熟能详。因为在这首歌里面唱出了我们每个人的义务与责任——奉献。或许我们不会头顶“无私标兵”的光环；或许我们默默所做的不会为人知晓为人称道。但是最起码，我们会收获一份心灵的安宁。认真对待自己的学习吧；热爱自己的工作吧；善待每一个陌生人吧。点滴汇聚，便是人间温情。奉献社会，才能充实自己。

拓展项目二　大学生职业道德的养成

一、学习目标

掌握大学生职业道德养成的方法。

二、拓展训练

给自己的承诺

1. 训练目的

敦促同学们自觉地加强职业道德的修炼。

2. 训练时间

大约50分钟。

3. 训练步骤

(1)邀请企业优秀的普通员工以及企业的负责人,从不同的角度向同学们讲述职业道德在职业生涯中的重要性,以及职业道德的养成方法。

(2)每一位同学将自己的所想所得,编辑一小段话,发在自己的微博中。要求包含可实施的行动方案和可达到的预期目标。

三、理论导航

市场已经向求职者发出明确的信号,良好的职业素养已经成为职业准入的一道门槛。大量事实表明,现代企业的用人更看重学生的综合素质。因此,大学生只有不断加强职业素养和职业道德的培养,才能立足岗位,服务社会。但是,如何提高当代大学生的职业素养和职业道德是目前比较棘手的一个问题。

(一)学习职业道德理论与参加社会实践活动相结合

学习职业道德理论与参加社会实践活动相结合是提高职业道德修养的根本方法。学习理论,首先,要学习社会主义核心价值观,树立为中国梦的实现而奋斗的先进思想。只有学习和掌握了科学理论,才能坚持职业道德修养的正确方向。其次,要学习职业道德基本理论和原则规范,明确职业道德的目的、方向、原则,提高职业道德修养的主动性和自觉性,培养起相应的职业道德情感、意志、信念,形成良好的职业道德行为习惯。

参加社会实践,是提高职业道德修养的根本途径。人的道德品质不是与生俱来的,是在长期的社会实践中逐步形成和发展起来的,实践是人们形成道德品质的源泉,也是进行职业道德修养的目的和归宿。大学生在学习职业道德理论的基础上,只有不断融入社会,把自己的学习和社会实践活动联系起来,才能更深刻地认识自身的价值所在,正确审视自己的不足,并在社会实践中锻炼自己,陶冶自己,完善自己,最终完成职业道德品质的提高。此外,不同类型的职业道德规范由相应的职业道德规则和标准组成,内有相关道德责任和义务的具体规定。大学生应该结合自己的专业实际，重点加以掌握。

（二）向新时期涌现的职业模范人物和身边的榜样学习

新时期，社会主义精神文明建设呈现出积极健康的良好态势，先后涌现出了一大批诸如孙玉斌、王朝敏、袁隆平等楷模，为大学生树立了职业道德修养的榜样。大学生不但要向这些模范人物学习，还要向身边的老师、同学、企业的优秀职工学习，改正自身的缺点，树立正确的职业道德观念。

（三）自觉地进行内省和慎独

内省，就是内心省察检讨，树立正确的道德观念，使自己的言行规范符合道德标准的要求。古人云，吾日三省吾身。一个人只有在内心严于解剖自己，行为上善于反省自己，才能不断进步，成为一个拥有高尚道德情操的人。大学生正处在价值观形成的不稳定期，应该经常内省，善于认识自己，敢于自我批评，自我检讨，并勇于改掉缺点，在实践中不断完善自己的职业道德品质。

所谓慎独，是指个人在独处的时候也能坚持道德原则，自觉使自己的言行符合道德规范。它是我国伦理思想史上一个特有的范畴，既是一种道德修养方法，又是在修养中达到的一种崇高境界。《礼记 中庸》中写道："道也者，不可须臾离也，可离非道也。是故君子戒慎乎其所不睹，恐惧乎其所不闻。莫见乎隐，莫显乎微，故君子慎其独也。"其大意是，驾驭本性的道是时刻不能离开的。那些可以离开的束缚，都不能称之为道。因此君子会因为担心有自己看不到的地方而更加严谨，会因为担心有自己听不到的地方而更加小心。慎独要求不仅在他人面前、领导面前能够按照职业道德行事，而且在别人不知道的情况下，也能自觉地做好事。细微之处方显一个人的本质。作为当代大学生，应当将慎独作为修身的标尺，在纷乱的时代下保持一颗正直、高尚的内心，做一个具备高尚职业道德品质的劳动者。

四、案例分析与思考

案例一

杨震拒礼

杨震字伯起，弘农华阴人也。震少好学，明经博览，无不穷究。诸儒为之语曰："关西孔子杨伯起。"大将军邓骘闻其贤而辟之，举茂才，四迁荆州刺史、东莱太守。当之郡，道经昌邑，故所举荆州茂才王密为昌邑令，谒见，至夜怀金十斤以遗震。震曰："故人知君，君不知故人，何也？"密曰："暮夜无知者。"震曰："天知，神知，我知，子知。何谓无知！"密愧而出。

案例二

深山信使王顺友

王顺友，苗族，四川省木里藏族自治县邮政局马班邮路乡邮投递员。1985 年以来，王顺友一直从事乡邮投递工作，负责木里县城与白碉乡、三桷垭乡、倮波乡、卡拉乡之间的邮件投递。途中的必经之地察尔瓦山气候恶劣，一年中有 6 个月冰雪覆盖，气候达到零下十几度，凛冽的寒风吹在脸上像刀割一样，积雪在高原太阳的反射下灼得眼睛直疼。尤其是从白碉乡到倮波乡，还要经过当地老百姓谈之色变的"九十九道拐"。在这里，拐连拐、弯连弯，抬头是悬崖峭壁，低头则是波涛汹涌的雅砻江，马帮踩出来的羊肠小道下面是万丈深渊。山路异常狭窄陡峭，有的地方需要手脚并用才能通过，稍有不慎，就会连人带马摔下悬崖掉进滔滔江水中，"连尸首都找不到"。人们能够看到的天只有簸箕那么大，紧跟在马后面的人只能看见马的尾巴。马粪直接掉在后面的马和人的身上，想躲都躲不开……路上，王顺友难得遇上一户人家。当万家灯火、家人团聚时，王顺友常常只能一个人蜷缩在山洞、牛棚、树林里或露天雪地上，与心爱的骡马相伴。"冬天一身雪，夏天一身泥，饿了啃糌粑面，渴了喝几口山泉水，甚至是吃几口冰块。"王顺友说，相比之下，蚂蟥区的"吸血虫"已经算不上什么。"最恼火的莫过于雨季，几乎没有穿过一件干衣服，睡过一个安稳觉。本来就难走的烂石路变成泥浆路，连马都打滑，我常常摔得浑身是泥，夜里也只能裹一块塑料布睡在泥水里。"

20 多年来，王顺友每年都有 330 天以上独自行走在往返里程 584 公里的马班邮路上，总行程 26 万公里，每月平均投递报纸 700 份，杂志 28 份，信函 45 封，印刷品 25 件，包裹 5 件。尽管生存环境和工作条件都极其恶劣，但是 20 多年来，他没有延误过一个班期，没有丢失过一封邮件，投递准确率达到 100%。他说："保证邮件送到，是我的责任。"

分析与思考：

1. 兰生幽谷，不为莫服而不芳；舟在江海，不为莫乘而不浮；君子行义，不为莫知而止休。——《淮南子·说山训》

2. 在我们的现实生活中，常有这样的现象：在众人面前讲究卫生，独自一人时就随地吐痰，乱扔废弃物；有警察时遵守交通法规，一旦路口无人值守就闯红灯；在自己熟悉的集体中谦恭有礼，一旦置身于陌生的环境就不再遵守公德。我们在大学生中提倡慎独，因为它可以净化心灵，升华人格，教会大学生道德选择，承担道德责任，在多元价值冲突的时代，做出自己正确的价值判断，提高大学生的内在道德素质和道德修养。

附件　员工守则之思想道德篇

一、中国石油化工集团公司《员工守则》摘录

遵循道德规范，是公司对员工的基本要求之一。

1. 您需遵守中华人民共和国及业务所在国家(或地区)的法律法规和公司的各项规章制度，做到守法依规。

2. 您应遵守社会公德、职业道德、家庭美德，尊重社会主流文化，与社会、自然和谐相处。

3. 诚信规范是对您从业的要求，您应“当老实人、说老实话、办老实事”。

4. 倡导并践行绿色低碳、厉行节约的生产和生活方式，认真履行节能环保等社会责任。

5. 公司是您体现自身价值的平台，作为公司的一员，您应自觉维护公司的利益与形象。

二、海尔集团《员工行为规范》摘录

第一章　倡导的行为

第一节　诚实可信(共 29 条)

遵纪守法

1.1.1　海尔是从中国走向世界的民族企业，要求每一个员工都要热爱自己的祖国，在任何时候、任何地点都不做对不起祖国和民族的事情。遵纪守法是每个公民应尽的义务，所以公司希望您能够遵守国家政策法令法规以及公司的一切规章制度，并坚决抵制所有违法违规行为。一旦触犯此底线将违法必究。

1.1.2　公司的各项规章制度，您需要严格遵守。同时公司也会根据时代与用户的变化不断地进行修正，使之更加合理、完善，也欢迎您随时向直线经理或制定该制度的部门提出合理化建议。但在正式修改之前，您必须严格遵守。

廉洁自律

1.1.3　君子爱财，取之有道。美好的生活要靠您自己勤劳的双手创造。请尊重公司赋予的职权，不要利用职务之便做出任何有损公司利益的行为。

1.1.4 公司希望每一个员工都能捍卫住自己心底的道德底线，不要因对物质的欲望而迷失了自我。

1.1.5 每个人都渴望被公平公正的对待，这样的氛围需要每一个人的共同努力，因此公司坚决反对任何形式的贪污受贿及行贿行为，同时如果您发现以上行为，请及时与公司法务部联系。

信息安全

1.1.6 保守公司的商业机密是每一个员工的职业道德，公司机密关系着公司的利益，有时甚至关系着公司的生死存亡，您必须严防死守。这就要求您有高度的保密意识。对所掌握的有关公司的信息、资料和成果等严格保密，不得向其他任何公司或不相关的个人公开或透露。

1.1.7 （以下略）

客观公正

1.1.18 实事求是是每一个员工的行为准则。凡事需以客观事实为依据，真实反应实际情况。这样您才能客观公正地将问题分析得更加清楚与准确，能够摒弃个人私利，避免各种可能影响其履行职能的利益冲突。

1.1.19 公司希望您能秉着严谨求实的态度对待所有工作，诚实地做出可行的承诺，并百分百兑现您的承诺。

1.1.20 （以下略）

1.1.22 每一个员工都希望得到别人的尊重，因此希望您在工作中也能尊重同事的人格，互相信任、虚心倾听与接受别人的建议并积极改正。

1.1.23 （以下略）

第二节 热忱敬业（共52条）

工作态度

1.2.1 战略上能自觉与公司保持一致，与公司同心同德，全心全意为用户和员工服务。

1.2.2 公司就像个大家庭，所有员工都是大家庭中的一员。您要从自身做起，营造健康、积极向上的组织气氛，保持真诚的人际关系。

1.2.3 团结友爱，同舟共济，同事之间和睦相处。

1.2.4 关心同事，乐于助人，襟怀坦荡，包容他人。

1.2.5 乐于沟通、协作、共享，积极支持和配合他人工作需要，提高团队凝聚力。

1.2.6 （以下略）

第三节　主动负责(共23条)

公司利益

1.3.1　公司与员工唇齿相依，公司的利益实际上就是全体同事的共同利益，所以维护公司利益、形象和尊严是每一个员工的义务。

1.3.2　公司以您为荣，您也以公司为荣。公司会为双赢竭尽所能提供相应的资源与平台，努力为您争取相应的权益，但并不能保证能够满足到所有人的利益。所以当您碰到个人利益与公司利益有冲突的时候，也请您能够顾全大局以公司为重。因为公司是所有员工的根本，公司好了，员工才能真正受益。

1.3.3　(以下略)

主动担当

1.3.5　责任意识、创新精神、敬业精神与团队合作精神是公司文化的精髓，这就要求每一位员工都必须有高度的责任心和使命感。没有责任心，很难做好自己的工作；没有使命感，很难做对自己的工作。

1.3.6　工作中不可能不存在困难，不能因为困难而逃避工作，或者为自己做不好而找借口。

1.3.7　要具备"将工作一次就做对"、"一票到底"的意识，方便别人的同时能够体现您对用户的增值，也会收获他人对您的尊重与感激。

1.3.8　(以下略)

团队协作

1.3.19　海尔将会在全球一流公司的行列里占据重要位置，这样的位置是几代海尔人共同努力的结果。所以您必须走团队协作的道路。

1.3.20　团队意识与强烈的事业心是公司保持活力的源泉。您会发现个人的聪明才智只有融入团队才会获得更好的发挥，取得更大的成就。

1.3.21　(以下略)

第四节　为用户创造价值(共11条)

1.4.1　企业家精神就是创造用户资源的精神，公司希望每一个员工都创造用户资源，有勇气"否定"过去的成功，在成功的基础上探索创新的方法，树立自动负责、热忱敬业、为用户不断优化和创新的意识。

1.4.2　(以下略)

第二章　抵制的行为

第一节　诚实可信的负向行为(共44条)

第二节　热忱敬业的负向行为(共26条)

第三节　主动负责的负向行为(共27条)

第四节　为用户创造价值的负向行为(共8条)

三、华为技术有限公司《华为人行为准则》摘录

2.1　华为人行为准则

2.1.1　前言

先辈世代繁荣的梦想,民族振兴的希望,时代的革命精神,我们之义不容辞的责任,铸造了华为人。要认真学习美国人民的创新精神,日本人民优秀的管理与团队精神,德国人民的一丝不苟、兢兢业业。只有在开放的基础上,吸纳一切优秀的品质,我们的民族精神才能继往开来,发扬光大。

华为人应贯彻以结果为导向的目标责任制;为达此目标的相互沟通应不拘泥形式与级别;要实行严格的工作纪律,没有纪律任何目标都难以有效实现,商场如战场,如果没有纪律,就不可能胜利;我们鼓励员工不断改进工作,不断创新,勇于尝试风险,任何经过策划的试验失败了,都不会受到指责;我们坚持干一行,爱一行,精一行,人人都要实事求是定位自己;我们看重工作绩效,注重工作质量,品质永远是企业的生命线;我们任何时候都是为别人服务的,工作的目的就是为了推进下一道工序。公司的最后一道工序是客户,因此要永远尊重您的客户,虚心听取下一道工序的批评。

2.1.2　基本原则

第一条　爱祖国、爱人民,爱事业、爱公司,爱家庭、爱生活。

第二条　遵守国家法律、法规,自觉维护国家和民族尊严。

第三条　遵守社区法规,遵守社会公德,自觉维护良好的社区关系。

第四条　遵守公司规章制度,不断提高自身的职业道德水平。

2.1.3　尽职尽责

第五条　坚持原则,一切从工作出发,不感情用事。

第六条　脚踏实地,一丝不苟地做好本职工作。

第七条　对工作目标及结果负责,积极努力去实现既定目标。

第八条　勇于承担工作责任,把解决问题作为首要任务。

第九条　强化服务意识、市场意识和成本意识,工作精益求精,追求高品质。

第十条　主动学习业务知识和技能,提高自身的工作能力。

第十一条　提倡雷锋、焦裕禄精神,讲贡献和奉献,不计较个人得失。

2.1.4　团结协作

第十二条　小我融入大我,在团队的平台上发挥个性。

第十三条　从自身做起,积极营造团结向上的团队气氛。

第十四条　襟怀坦荡，包容他人，积极支持和配合他人工作。

第十五条　自觉运用公司的沟通渠道，主动与他人沟通。

第十六条　积极求助于他人，同时无私地帮助他人，在互助中共同进步。

第十七条　尊重个人人格，不干涉他人隐私，不歧视他人。

2.1.5　开放创新

第十八条　学习有益于公司发展的一切优秀的东西，提升工作思想。

第十九条　坚持思想上艰苦奋斗，勇于批评与自我批评，不断进取。

第二十条　结合公司实际，追求技术与管理的不断进步。

第二十一条　拓宽与深化本职业务技能，提高工作适应性。

2.1.6　道德情操

第二十二条　上班时间不从事与工作无关的个人活动。

第二十三条　不利用工作机会和便利谋求私利，不损公利己。

第二十四条　未经公司授权，不对外从事超越职权范围的活动。

第二十五条　保守公司的技术秘密和商业秘密。

第二十六条　自觉维护公司形象，不传播或散布不利于公司的言论。

第二十七条　珍惜他人劳动、节约公司资源，爱护工作和生活环境。

第二十八条　生活作风检点，严格遵循社会道德标准。

第二十九条　言行得体，仪表大方，讲文明，倡礼仪。

第三十条　重伦理，爱家人，将在华为的第一个月工资寄回家里，孝敬父母。

第三十一条　关注国家、民族的命运，乐于向遭受各种灾害的地区或急需经济援助的同胞捐献钱物。

四、企业文化集萃

（一）河南省康星药业集团企业文化

企业使命

为了人类健康，致力动保事业。

企业发展愿景

让全世界人都能在“健康之星”光芒照耀下，健康、快乐的生活。

我们康星人要经过几代人的努力——致力动保事业，去清除世界上不健康的食品源，让世人都能享用着健康食品，健康、幸福、快乐的生活。

如何清除不健康的食品源——通过康星人的努力，使康星事业发展壮大，使康星的绿色产品遍布全世界，惠济全人类！

企业管理理念

以人才为核心、以文化为导向，以情感为基础、以信任为前提。

企业发展理念

以创新改善服务，以服务培养人才，以人才促进发展。

企业核心价值观

我们的资源是生生不息的生命，唯有健康、快乐才能让生命有价值，一切事物都是人类智慧创造的。康星药业只有依靠创新和绿色科技才能把提高人类生活质量的事业做好。我们坚信精神创造物质的理念，只有通过共同奋进、共同创造、共同拥有才能完成自我的超越、价值的传递。

员工理念

认真负责和管理有效的员工是康星药业最大的财富，专业、投入、敬业、合作和谦虚是我们对员工的要求。

利益理念

康星药业是在满足顾客、员工合理的利益要求下来获得企业的利益，我们坚持按市场经济规律进行利益分配的原则，通过企业目标的实现成就员工的梦想。我们要建设能者多劳、多劳多得的机制，要让优秀的人在承担责任和展示才华的同时拥有财富，要让普通的人在踏实勤劳中变得富足。

质量理念

产品即是我们的人品，我们生产货真价实的产品，质量是我们的道德范畴，我们谨记，不遵守质量要求就会付出沉重的代价。

服务理念

康星药业以产品为载体，以高素质的团队为根本，以提供专业化的知识和有价值的信息来创造引领市场的需求，从而满足客户显在的和潜在的正确需求，并帮助其成为局部市场的强势经营者。

竞争理念

感谢同行给我们成长的机会，是竞争使我们更努力工作，领跑者的压力是最大的，我们要勇于创新，发展，同时希望与行业携手共赢。

技术理念

主动靠学习和交流来获得知识技术，我们尊重知识技术，力争把知识技术转化为生产力，推动人类文明的进程。

员工守则

遵纪守法，恪守公德；敬业爱岗，务实创新；公司利益，至高无上；团结协作，诚信自信；服从领导，廉洁高效；整洁文明，作风严谨。

员工自我修炼格言

我今天要远离消极的，痛苦的，失败的人。我今天要做积极的，快乐的，成功的人。我今天要追求效率和效益，时间就是最大的财富。我今天要学习创新，只有学习才能提高，只有创新才能发展。我今天要创造价值，要成就自我。行动吧，只要行动就能成功。

（二）河南牧翔动物药业集团企业文化

公司核心价值观

追求领先

核心能力：专业、创新

专业、创新是公司追求卓越、实现持续发展的路径和手段。

工作标准

高标准要求，确保高品质工作。

工作态度

用心

决策机制

A. 由下而上

B. 民主集中制

C. 科学分析后决策

布置工作的方式

沟通、协商、理解、认同、自愿

短期利益与长期利益之间的关系

重视长期利益，兼顾短期利益，保证公司可持续发展。

事与人之间的关系

在确保做成事的前提下，追求人与人关系的和谐。

人与人之间的关系

A. 诚实守信

B. 与人分享

C. 尊重，对等

D. 善待每一位员工、客户、其他社会相关人员

E. 以自我成长为主体

过程与结果之间的关系

追求过程以确保结果实现。

公司习俗

上请下,节日清静恬淡。

工作格言

我们的工作标准是:高品质　高效率

我们的工作信念是:成功的人找方法,失败的人找借口

我们的思维方式是:事事操之在我

我们的成长理念是:严格是大爱　每天都进步

我们的工作目标是:提升业绩　推动进步　赢得荣誉

我们的执行理念是:用心　没有借口　马上行动

我们的学习理念:小成靠学　大成靠悟　极成靠碰撞

我们坚持先慢后快

我们提倡四个意识:目的意识、价值意识、竞争意识、问题意识

公司文化

“文化是全体牧翔人的指导思想、工作标准、行为准则,牧翔药业要人人、时时、处处以此为指导,在日常工作中长期坚持践行,文化必将落地。”

——牧翔药业总裁　逄建英

员工誓词

我灿烂　我自豪　我是牧翔人

“共翔无忧”是我肩负的使命

牧翔文化是我成功的信念

领导品牌是我不懈的追求

企业制度是我行动的准绳

今天　我要拼搏　今天　我要进步

我要用全身心的爱来迎接今天

我坚信:我要的一切都在我体内

绝不说不可能

绝不找借口

保证完成任务!

文化理念之歌

作词:牧翔人

牧翔员工人人要牢记　　企业灵魂　文化体系

第一理念系统铸核心　　引领发展凝聚牧翔人

第二行为系统建准则　　引导行为时时求精进

第三形象系统展风貌　　Ⅵ形象大家共遵照
文化体系我们要知道　　理念内容切莫忘记了
第一追求领先创先进　　专业改进创新有信心
第二制度规范要遵守　　彰显大爱更须严要求
第三品德修养得认可　　自动自发用心履职责
第四沟通协商得理解　　认同自愿工作赢和谐
第五讲求品质和效率　　追求过程确保好成绩
第六端正工作好态度　　学习碰撞天天求进步
第七诚信尊重与对等　　追求利益长短要共行
第八提升业绩推进步　　赢得荣誉共享美誉度
遵守理念文化要自觉　　互相监督贯彻勇跨越
制度规范条条要记清　　牧翔员工处处爱牧翔
团结合作永远向前进　　中国牧翔展翅永翱翔

(三)河南后羿药业集团企业文化

企业使命

提高人类生活质量

企业愿景

通过提供一流的产品和服务不断强化核心竞争力，成为动保行业的一流企业，后羿成长为全国著名品牌。

企业精神

诚信、创新、合作、尊重

企业宗旨

全心全意为人民服务

企业理念

先做人、后做事、才成业

经营理念

以人为本、与时俱进、求实创新、报国为民

用人理念

能力决定岗位，贡献决定价值。

工作原则

不为失败找理由，只为成功想办法。（方法总比困难多）

行为准则

真诚、主动、合作、责任感、创新、感恩

(四)洛阳惠中兽药有限公司企业文化

公司使命

提高中国兽药研发水平,关注健康,关爱生命,致力于高效、低残、无公害绿色兽药的研发;提高中国兽药在国际市场的地位与竞争力;以科技为用户创造价值。

公司愿景

树立行业典范,引领行业发展。

核心价值观

重视社会责任,注重员工价值,提升核心竞争力。

经营理念

诚信、创新、协作

企业精神

开拓创新,务实高效

企业目标

现代化、国际化、专业化

管理信条

正派稳健经营是企业发展之基石,创新成就未来。

员工信条

公司靠我发展,我靠公司成长。

用人观

以人为本,以德为先

管理理念

现场管理——规范化;质量管理——标准化;
成本管理——市场化;营销管理——网络化;
综合管理——人本化

行为理念

观念变则态度变,态度变则行为变,行为变则习惯变,习惯变则成规范。

(五)雏鹰集团企业文化

公司定位

中国安全食品供应商

发展愿景

让国人吃上安全肉

经营理念

创新为魂　富民为本　扎根农村　艰苦奋斗

合作理念

优势互补、合作共赢、风险共担、成果共享

企业价值观

让国人吃上安全肉！让合作伙伴分享成长价值！

(六)大北农集团企业文化

核心理念

报国兴农　争创第一　共同发展

企业愿景

创建世界级农业科技企业

精神

谦虚　协作　勤俭　创新

作风

雷厉风行　点滴做起　追求完美　勇创第一

誓词

我是大北农人，肩负报国兴农伟大使命，融入时代潮流，融入全球竞争，融入国家崛起。大北农的事业是我们大家的事业，我们充满激情，争创第一，乐于奉献。为创建世界级农业科技企业而努力奋斗！

(七)大连三仪动物药业集团企业文化

企业精神

思维一流；描绘一流；开拓一流；创造一流

企业理念

诚挚服务，矢志承诺

企业宗旨

以人为本，以义取利，共享资源，积累财富，造福社会

三仪人的价值观

三仪人永远关注和支持您的事业！

三仪人的座右铭

我在三仪很重要，三仪对我很重要。

企业目标

科研目标——重构动物非特异性免疫屏障，致力于畜禽疫病防治的最前沿。

产业目标——为健康牧业发展加油，致力于人类生存环境的生物安全事业。

(八)华西希望集团企业文化

企业精神：诚实做人　精明做事　勤奋工作　追求美好

诚实体现品德，精明体现才能。企业经营讲诚实，企业管理要精明。二者兼备，再经过勤奋的阶梯，我们就能最大限度地实现自身的价值，最终到达美好的顶峰。

诚实为根，精明为干，勤奋为叶，美好是果。诚实而精明，再加上勤奋，“希望之树”才会结出累累的美好之果。

企业使命：客户满意　商家赚钱　企业发展　员工增值

只有在“客户满意，商家赚钱，员工增值”的良性互动中，才能真正实现“企业发展”。应当说，四者之间实际上是一条环环相扣的价值链，是一个互利共生的“生态系统”。

发展观：积极稳健地发展就等于高速度

发展是企业的第一要务。我们所要的发展是全面、协调、可持续的发展。在实践中，要实现企业发展的“高速度”，就必须正确处理“积极”与“稳健”的关系，也就是我们常说的强与大、快与好的关系。

管理理念：知人善用　大胆放权　强化监督

“知人善用，大胆放权，强化监督”是华西希望企业管理思想的精髓。

没有“知人善用”，“大胆放权”就是盲目而危险的，“强化监督”就容易添乱；没有“大胆放权”，“知人善用”和“强化监督”将失去意义；没有“强化监督”，“知人善用”就会障碍重重，甚至于就会有“人心难测”的感叹，“大胆放权”也会行之不远。

管理要求：问题导向　现场主义　无遗漏检查

1. 问题导向

最挑剔的客户成就最优秀的企业。最挑剔的客户与最优秀的企业之间的良性互动，可以给企业一个明确的方向和巨大的张力，从而使其能够迅速驶上发展的“高速公路”。正因为如此，我们才将“客户满意”放在企业使命的首要位置。

“客户满意”要求我们必须站在客户的角度来考虑问题，必须站在极端的情形下来考虑问题，并以此作为衡量我们工作的标准。为了不断满足客户的需求，在企业内部，就应当不断寻找问题，不断寻找解决问题的办法。这既是不断推进工作、持续满足客户需求的重要方法，也是员工成长的重要途径。

因此，不断通过批评与自我批评发现问题、分析问题、解决问题，并在“不断创新”中创造性地解决问题，进而在这一过程实现自我蜕变与自我提升，应当是企业和企业管理者不断进步的主要途径。

问题导向首先要求领导干部有很高的管理需求，并以此来要求自己和下属，不断提高工作水平，不断改进工作方法。

2. 现场主义

领导干部的管理需求又是从哪里来的呢?

从实践中来，从现场中来。

我们相信“实践出真知”，我们倡导“现场主义”。成天坐在办公室里夸夸其谈、高谈阔论，我们就会离客户和员工越来越远，就会离真理和规律越来越远。

人才标准：身体健康　心态积极　能力过硬　知识丰富

“身体健康，心态积极，能力过硬，知识丰富”是我们用人的四大标准。四者之间，前者是后者存在的基础和依据，后者是前者价值的延伸和体现。如果用电脑做比喻的话，身体就是硬件，心态就是操作系统，能力就是应用软件，而知识则是用来处理的信息。

行为准则：堂堂正正做人　勤勤恳恳做事

“堂堂正正”就是指做人要光明磊落。一个人是这样，一个企业也是这样。

因为我们是在“诚实做人，精明做事，勤奋工作”中“追求美好”，是在通过“企业发展”来实现“客户满意，商家赚钱”和“员工增值”，所以，我们的所有行为都光明磊落，都经得起客户、同行、专家和政府的检验。

“勤勤恳恳”是“诚实做人”在具体工作中的体现。没有“勤勤恳恳”的工作，再美好的理想都只能是空谈。

对待工作，等待领导分配任务是一种状态，把工作当作享受又是一种状态。对很多人而言，工作首先是谋生的手段，是不得已而为之。如果一个人能够在工作中找到乐趣，并把工作当成了一种享受的时候，他就找到了事业的方向，找到了成功的起点，也找到了“勤勤恳恳”的源泉。

干部标准：战斗员　指挥员　教练员

在我们的企业里，干部既是出色的战斗员，又是优秀的指挥员，还是合格的教练员。是战斗员，就必须是本部门、本公司最有效率的办事员，具备优秀的业务素质和工作作风;是指挥员,就必须要指挥若定、管理有方、决策民主、员工拥护;是教练员,就必须以身作则,就必须知人、识人、用人、育人,指目标、压担子、教方法,手把手、心对心地培养员工的业务能力和思想素质。

干部作风:批评与自我批评

批评和自我批评就是在企业内部,尤其是在管理干部之间,通过相互提意见和诚挚的批评帮助,来改正错误认识和错误行为,以保持企业凝聚力和战斗力的这样一种工作作风。批评与自我批评是我们解决内部矛盾的基本方法,也是我们保证企业机体健康的重要手段。在企业内部,那种平衡式、安慰式的批评并无多大的实际意义。陈育新董事长严肃指出,只有勇于并善于拿起批评与自我批评的武器,我们的事业才能永葆青春。

在实践和认识的反复循环中,由于受到主观和客观条件的限制,错误总是难免的。任何人,任何企业,都不可避免地存在着这样那样的错误、失误和疏漏。历史越久,企业越大,发展越快,要求越高,犯错误的机会也会越多。成绩不说跑不掉,错误却很容易被忽略,久而久之,就会造成难以挽回的后果。

一个敢于深刻检讨的人才是最有希望的人,一个敢于深刻检讨的企业也才是最有生命力的企业。检讨越深刻,表明越有自信;问题越多,改正之后的潜力也越大。勇于并善于开展批评与自我批评,是我们保持企业健康最有效的方法。

开展批评与自我批评,重在效果。批评是为了启发自我批评,是以批评为手段,达到自我批评的目的。

那么,在开展批评与自我批评的过程中我们应当注意些什么呢?

(1)批评与自我批评要先从自我批评开始。没有认真的自我批评,也就不能正确对待批评,批评的目的就不能达到。衣服穿脏了,就要洗一下。人的思想也是这样,每过一段时间,都应当自我检讨一下。从内因与外因的关系讲,批评只是条件,自我批评才起决定性作用。批评别人容易,自我批评则比较难,接受别人的批评更难。因此,批评与自我批评,首先应当是自我批评。

事情做错了,会怪的怪自己,不会怪的怪别人。只有那些自信的人、自信的企业才敢于正视自己的问题,才敢于进行批评与自我批评。一个敢于深刻检讨的人才是最有自信的人,一个敢于深刻检讨的企业也才是最有前途的企业。

(2)批评与自我批评要先从领导做起。“我们不革自己的命,市场就会革我们的命。”企业中的所有问题,最终都会投射到领导干部身上。领导干部对自身的问题认识得越深刻、纠正得越彻底,企业发展就会越顺利。

“正己而不求于人,则无怨。”在一个团队中,没有不合格的下属,只有不合格的干部,因为不合格的下属可以培训,培训不成还可以淘汰。如果工作依然做不好,就只能怪自己。工作中一旦出现问题，管理干部的第一反应应当是自责。工作中出现了差错，无论具体原因如何，领导都应当是第一责任人，你必须首先站出来承担责任，然后再与大家一起冷静地分析研究具体情况，而不应该忙于责怪下属，抱怨他人。

(3)取得成绩的人和企业也需要进行批评与自我批评。“成绩不说跑不掉，问题不说不得了”，因为问题不说很容易被忽略。如果停滞不前，沾沾自喜，本身就需要给予批评。对一个追求高远的企业来说，所有成绩都是有限的，所有成功都是暂时的。优秀与否、成功与否，关键看是与谁比。我们不但要与本企业、本行业的优秀者相比，还要与全国乃至国外的优秀者相比。比就是找差距、找问题，找到了新的坐标，也就能找到新目标、新动力。

(4)无论是批评还是自我批评都要实事求是。因为我们都是为了共同的事业才走到一起来的，批评与自我批评的出发点和落脚点，都应当是提高大家的思想觉悟和工作水平，都应当是不同意见在更高水平上的统一，都应当是为了解决问题，最终目的都应当是为了企业又好又快地发展。因此，在批评与自我批评中，一是要严于律己，与人为善，不打棍子，不扣帽子，不抓辫子，不纠缠于历史，不纠缠于枝节；二是要鼓励批评与自我批评，对说得不准确、不全面的，也要有“有则改之，无则加勉”的雅量。

(5)要特别重视客户、员工和政府的意见。客户是企业源源不断的活水，员工是企业生生不息的活力，政府是企业息息相关的环境。我们不但要注意听取领导的意见、同事的意见，还要注意广泛收集客户、员工和政府的意见，虚心接受他们的批评和监督。

(6)批评与自我批评要成为制度和文化。从表面看，一些问题是偶然发生的，但认真分析起来，偶然性背后都有其必然性，即执行不到位、督促检查不力等。因此，只有从制度和文化层面着手，让批评与自我批评成为风气与习惯，才能从根本上解决问题。

治企方针：用钢铁般的纪律严管企业　以慈母般的关怀善待员工

“钢铁”和“慈母”说的都是管理力度，一个强调对纪律的执行要铁面无情，一个强调对员工的关怀要细致入微。一个是严父的爱，一个是慈母的爱，看似矛盾，但从有利于企业管理和员工成长的角度来说，二者其实是一体两面。

工作方针：廉洁　高效　优质　低成本

我们要靠廉洁的人，做高效的工作，提供优质的产品和服务，并以低成本的竞争优势，来实现企业“积极稳健地发展”。

工作路径:功能　规范　优化　简化

在日常工作中,我们无论做什么事,首先应当考虑功能,在满足功能之后,再逐步形成规范。优化是对规范的提升,简化则是优化到极致时的一种状态。实际上,这一过程也是发现问题、分析问题、解决问题、创造性解决问题的过程。在企业经营管理实践中,沿着功能、规范、优化、简化的路标攀登,我们的工作质量、工作效率就会大为提高。

第三章　职业心理

引　言

良好的职业心理素质，可以弥补自身能力、学识方面的某些不足，在职场中获得更多的机会。正确的职业态度可以引导从业者积极乐观地接受工作中的挑战，良好的职业情商可以积极调动情绪，应对职业压力，融洽人际关系。对于在校的大学生来说，及早了解学习职业心理知识、训练增强职业心理素质，会为将来从容应对来自职场的各种成功与挫折、挑战与机遇，以及未来的就业、创业奠定良好的心理基础。

拓展项目一　职业态度培养

一、学习目标

了解职业态度的概念及影响因素，认识积极的态度在职业发展中的重要性，树立主动培养积极的职业态度的意识，掌握培养积极心态的方法和途径。

二、拓展训练

毕业生的故事

1. 训练目的

(1)了解职业态度对工作的影响；

(2)学习如何用积极的态度对待学习与工作。

2. 训练时间

大约需要30分钟。

3. 训练步骤

(1)操作指导：采用角色扮演的方式，将下面的故事搬上课堂。事先选好扮演角色的人选(也可让同学们自愿报名)，进行简单排练，然后在课堂演出。

故事梗概：小韩、小孔和小李是大学的同班同学，学的都是畜牧兽医相关专业。在校期间三人学习成绩相差无几。在实习的时候，小李和小韩选择了到兽药公司，而小孔则选择了到养殖场。小韩毕业后继续留在了实习时的公司就业，工作中他尽职尽责，不辞辛苦，得到了公司领导的赏识，在工作的第三年就被提拔成了部门经理，不久后就在郑州买了房和车。小孔在养殖场任劳任怨，工作之余注重对养殖技术和管理经验的学习和总结，在养殖场实习和工作两年后，选择了回乡自主创业。由于养殖技术扎实、管理模式先进，两年内就收回了成本，并且养殖场在朝较好的方向发展。小李毕业后，由于畜牧业行情好，市场急需相关专业的人才，他不断地跳槽找工作，为的就是在换工作后的头几个月，公司没有业绩的要求。当毕业5年后，小韩已经成了公司白领、小孔也成了大老板，而小李却还在时不时地充当着"啃老一族"。

(2)讨论分享：第一步：扮演者为大家讲述自己的排练、演出感受；第二步，观看者讲述自己观看的体会。第三步，对参加演出同学的表演进行讨论。

(3)思考提升：结合演出的情况，围绕"认真的态度对演出效果的影响"、"积极的工作态度对工作效果的影响"的话题，引导大家深入思考，进而达成共识——在许多成功的条件中，态度决定你的行为，行为成就结果！从现在开始，塑造积极的职业心态，将来才会有好职业。

三、理论导航

(一)态度与职业态度

1. 什么是态度

态度作为一种心理现象，既是指人们的内在体验，又包括人们的行为倾向。一般而言，态度是潜在的，主要是通过人们的言论、表情和行为来反映的。人们的态度对象也是多种多样，诸如人物、事件、国家、集团、制度、观念等等。人们对这些态度对象，有的表示接受或赞成，有的表示拒绝或反对，这种在心理上表现出来的接受、赞成、拒绝和反对等评价倾向就是态度。因此，态度又可以看成是一种心理上的准备状态，这种准备状态支配着人们对观察、记忆、思维的选择，也决定着人们听到什么、看到什么、想些什么和做些什么。

研究和实践都证明，态度对于一个人的行为具有重要的影响作用，它不仅会影响一个人的知觉与判断，还会影响一个人的工作和学习的速度与效率。

2. 什么是职业态度

职业态度主要是指从业人员对自己所从事职业的看法以及所表现的行为举止。职业态度包括选择方法、工作取向、独立决策能力与选择过程的观念。简而言之，职业态度就是指个人对职业选择所持的观念和态度。就其本质而言，职业态度就是工作态度。

3. 影响职业态度的因素

(1)自我因素:自我因素包括个人的兴趣、能力、抱负、价值观、自我期望等。职业态度的自我因素与职业发展过程有相当密切的关系,因为个人因素的形成多与其成长背景相关,个人价值观是在成长过程中一点一滴慢慢养成的。个人若能对自我的各项因素有深入的了解,将能了解何种职业较适合自己,做出明确的职业选择。个人在选择职业时所表现出来的态度,也是个人兴趣、能力、抱负、价值观、自我期望的一种反应的表现。但若只是依照自我因素来选择职业,有时难免会产生与社会格格不入的感觉,因此,在选择职业时仍必须考虑其他相关因素。

(2)职业因素:包括职业市场的需求、职业的薪水待遇、工作环境、发展机会等。就理想而言,兴趣、期望、抱负,应该是个人选择职业的主要依据,但事实上,却必须同时兼顾自我能力,以及外在的社会环境、职业市场动态等。对职业世界有越深的认识,就越能够掌握正确的职业讯息,也可以获得比较切合实际的职业选择。相反地,对职业认知有限的人,甚至连何处有适合自己需求的工作机会都不清楚,就难以做出明确的职业选择。因此,个人对职业的认知会影响到个人的职业态度。

(3)家庭因素:包括家庭的社会经济地位,父母期望、家庭背景等因素。由国内外研究看来,家庭教育对个人发展影响的数据并不明显。但是,不论父母的学历高低、社会经济地位如何,大多数的父母都希望自己的子女能拥有比自己高的学历,从事比自己有发展的工作。因此,在做职业选择时,家人的意见通常会影响的个人的职业态度。

(4)社会因素:包括同僚关系、社会地位、社会期望等因素。在职业发展的过程中,个人的最终目标是在其职业上能有所表现,有更多的人希望自己能成为社会中有身份、有地位的人,以目前的社会现象为例,一般人认为医生、律师、艺术家有较高的社会地位,清洁人员好像就是不入流的工作,虽然这并不是正确的观念,但或多或少也影响了个人的职业态度。

(二)职业态度与工作成效

职业态度就其本质而言,就是工作态度。人的很多决定和行为决定于人的工作态度。工作中,你的工作态度就决定了你的前景。

工作态度作为工作的内在心理动力,影响对工作的知觉与判断、促进学习、提高工作的忍耐力等。这些功能,直接关系到工作绩效的大小。一般说来,积极的工作态度对工作的知觉、判断、学习、工作的忍耐力等都能发挥积极的影响,因而能提高工作效率,取得良好的工作绩效。这表明积极的工作态度与工作绩效之间有着一致性的关系。但是,消极的工作态度,由于要取得很高的工作报酬,也可能引发积极的工作行为,取得良好的工作绩效。由于中介因素的影响,使得工作态度与工作绩效的关系十分复杂。

人们普遍认为工作态度第一,能力第二;工作态度决定一切,工作态度评价就是一切的评价;工作可以平凡,态度不能平庸。现实生活中,不乏以工作态度来做最终评判的事例。世界首富比尔·盖茨自己曾说,每天他都工作到深夜。正因为他对工作的狂热,才缔造了今天庞大的微软帝国。工作态度影响我们的行为,一个工作态度非常积极的员工,无论他从事什么工作,他都会把工作当成是一项神圣的天职,并怀着浓厚的兴趣把它做好;而一个态度消极甚至扭曲的员工,只会把工作当成累赘,当成让自己不快乐的源头,当成敌人一样地去对待,如此,工作的效果可想而知。工作态度评价决定命运的评价。当我们思考人生如何走向成功的时候,首先必须考虑的就是自己的工作态度,然后致力于升华气度和夯实厚度。态度偏误、气度促狭的人,上帝也帮不了他成功!

总之,无论做什么事情,在什么岗位,有什么样的远大理想,你的态度决定你将要达到的高度。你的工作态度决定你的职业高度,而你的人生态度决定的是你的人生高度,有什么样的态度,就有什么样的人生。改变心态,你将会拥有一名优秀的员工所应具备的工作态度:忠诚、敬业、负责、主动、勤奋、敢于创新、善于学习,以这样的态度去工作,这个世界上就不会再有做不好的事情了。不管你做什么样的工作,在什么样的岗位,都会成功。

【相关链接】

名人论态度

“人与人之间只有很小的差异,但这种很小的差异却往往造成了巨大的差异!很小的差异就是所具备的心态是积极的还是消极的,巨大的差异就是——成功与失败。”

——成功学大师拿波仑·希尔

工作本身没有贵贱之分。而对于工作的态度却有高低之别。收获是成功还是失败,在于你拥有怎样的态度。

——微软公司董事长比尔·盖茨

如果你有自己系鞋带的能力,你就有上天摘星的机会!一个人对待生活、工作的态度是决定他能否做好事情的关键。

——美国著名成功学家格兰特

在公司里,员工与员工之间在竞争智慧和能力的同时,也在竞争态度。一个人的态度直接决定了他的行为,决定了他对工作是尽心尽力还是敷衍了事。是安于现状还是积极进取。

——NTL公司总裁罗伯特·威尔兹

不必等待他人的安排。自觉而出色地把工作做到位，世界将会给他巨大的回报，无论是金钱还是荣誉。

——美国知名作家阿尔伯特·哈伯德

(三)良好职业态度的培养

良好职业态度的培养和形成不是一蹴而就的，而是一个循序渐进的过程。因为态度具有稳定性和持久性的特征，态度的形成总是要经过一段相当时间的孕育过程。心理学家凯尔曼通过研究，提出态度的形成过程主要经过三个阶段，即服从、同化和内化。

服从，是指个体为了获得奖励或逃避惩罚而采取的与他人表面上相一致的行为。服从不是个体自愿的，而是迫于外界的强制性压力采取的暂时性的行为。在态度形成的过程中，服从是很普遍的现象，在个体早期生活中，态度的形成很大程度上依赖于服从。

认同，是个体自愿地让自己的态度和行为与心目中榜样的观念和态度相一致。实际上，我们很多时候都是依照社会中其他角色的态度来指导我们自己的思想和行为。

内化，是指个体真正从内心相信并接受他人观点，使之纳入自己的态度体系成为有机组成部分。内化在个体态度形成的过程中起着非常重要的作用。我们知道，每个团体都有其一定的规则，有的明确，有的模糊，但团体不可能对所有的行为都制定一定的规则，这就要求成员在大多数场合下都自觉地按照社会的期望来行动。

职业态度的形成也同样如此。学校是学生受教育的主要场所，学生的许多行为、价值观都是在校园中养成的，学生在选择职业之前的时间也大多是在学校度过，这就为我们探索培养良好的职业态度提供了理论依据和工作重点。因此在校的大学生们应从大处着眼、小处着手，日积月累，培养良好的职业态度，长期坚持，积极的“学校人”就有可能变成积极的“职业人”。

1. 养成认真做事的习惯

一个人做事的态度，决定了他日后成就的高度。我们不能延伸生命的长度，但可以拓展生命的宽度。我们改变不了环境，但可以改变自己。

把每一件简单的事做好就是不简单，把每一件平凡的事做好就是不平凡。能把自己所在岗位上的每一件事做成功、做到位就很不简单了。海尔的总裁张瑞敏曾经说过:“什么叫作不简单?就是把简单的事千百遍都做对,就是不简单。什么叫不容易,就是把大家公认的非常容易的事情非常认真地做好,就是不容易”。同一件小事,不同态度的人会有不同的体会和成就。与其浑浑噩噩浪费时间,不如从我们经手的每一件琐事做起,建立工作无小事的职业态度,养成认真做事、精细工作的习惯,从中使自己得到成长。

2. 工作中常怀责任心

我们每个人都肩负着责任,对亲人、对家庭、对朋友、对集体、对个人,我们都要负一定的责任。要想生存,必须在享有权利的时候想到责任。据说美国前总统杜鲁门的桌子上摆着一个牌子,上面写着:“The Buck stop Here”(责任到此,不能再推)。由此看来,无论大人物还是小人物,责任心都是做好工作的前提。

有个故事很值得我们深思。乔治做了一辈子木匠,兢兢业业,很受老板的信任。当他上了年纪后准备退休了,于是向老板提出辞职。他告诉老板,他不想再盖房子了,想和他的老伴过一种更加悠闲的生活。老板依依不舍,感到非常惋惜,请求乔治最后一次为老板建一栋房子,就算是给他个人帮忙。木匠答应了。可是,此时的乔治归心似箭,无心工作,不仅手艺退步,而且还偷工减料,做出的活全无昔日的水准。木匠完工后,老板来了。他拍拍木匠的肩膀,诚恳地说:房子归你了,这是我送给你的礼物。老木匠愣住了,悔恨和羞愧溢于言表,但一切已经无法挽回。要是他知道他是在为自己修建房子,他干活儿的方式就会完全不同了。

其实我们就是那个木匠,每天钉一颗钉子,放一块木板,垒一面墙,但往往没有竭尽全力。终于,我们吃惊地发现,将不得不住在自己建的房子里,如果可以重来……但一切无法回头。人生就是一项自己做的工程,我们今天做事的态度决定了明天住的房子。所以对别人负责,其实就是对自己负责。

3. 积极主动,快乐工作

面对工作任务,良好职业态度要求我们做的是自动自发自觉地去完成,而不是被动等待。只有具备这种工作态度,才能以积极的心态、创新的思维、不懈的努力,去创造性的完成工作任务。

其一是“自觉”。只有自觉,才会认为这些事情我该做,才能自觉地做自己力所能及且对事业、对他人和对自己有帮助的事情,在给别人带来快乐的同时自己也得到快乐。

其二是“自信”。只有自信,才会认为这些事情我能行,才能在工作中放开手脚,大胆果断地做好每件事。但也要做到自信而不固执,主动沟通,学会协作,学会宽容,学会赏识,学会分享,学会创新,如此才能使自己和所在的团队发挥最大的能量,出色地完成工作。

其三，自动自发还体现在主动和发自内心。只有主动和发自内心，才能全身心地投入、全方位地付出，才能尽职尽责、无怨无悔，才能超常发挥，促进事业发展和个人的成长。

其四，快乐工作，快乐生活。有的人每天愁眉苦脸，讨厌手中所做的工作，视其为惩罚，于是人生就是一场漫长难熬的苦役……有的人每天欢欢喜喜，热爱他所做的一切，视其为享受，于是，他的生命就是一支悠扬动听的歌谣。你呢？是选择前者，还是选择后者？快乐工作是一种于己、于人、于单位、与社会都有益的职业态度，是一种高效的工作状态，更是一种通往成功的捷径与方法。你的笑容会感染你的上司、同事与客户，为此你和你所在的企业都将获益良多。

4. 比别人多做一点

在工作或生活中，我们总是渴望成功。可是，在竞争激烈的今天，我们凭什么成功？答案是："比别人多做一点！"

"比别人多做一点！"是无数卓越人士和组织极力秉承的理念和价值观，被许多著名企业奉为圭臬。"比别人多做一点！"是指：在工作中，要比别人"看得更远一点、做得更多一点、动力更足一点、速度更快一点、坚持的时间更久一点"。它体现的是一种勤奋、主动的精神，一种坚忍不拔、永不放弃的意志，一种行动迅速、做事准确的能力。在现代社会中，我们需要的正是这种人：他们不仅能很好地完成分内的事，还会想尽办法比别人多做一点！美国标准石油公司曾有一位小职员叫阿基勃特。他在出差住旅馆时，总会在自己签名的下方写上"每桶 4 美元的标准石油"字样，在书信及收据上也不例外，他因此被同事们叫作"每桶 4 美元"。董事长洛克菲勒听说了这件事，"竟有职员如此努力宣扬公司的声誉，我要见见他。"后来，阿基勃特成了第二任董事长。

能够比别人多做一点，自己就多一个机会，因为这一点体现出来的正是老板最看重的责任感。

【专家观点】

工作是一种态度

工作是一种态度，不同的态度带来不同的结果。

每个人到了一定的年龄之后，都会获得一份职业，获得谋生的权利和发展的机会，由于景况的千差万别和个人需求与理想的各不相同，每个人的职业观和工作态度也各有差异，形成了组织的不同阶层，每个人都在组织的金字塔上占据了各自的位置。

由于人们在职业态度和职业观念上的差别，形成了职业地位和职位价值的差异。工作态度好，努力程度高，积极开拓，敢于创新的人，在金字塔上的位置获得了提升，获得了比较好的职位，自主权和自我实现的空间都获得了拓展，向上发展的空间和工作机会越来越多。而那些态度不好，工作不努力，积极性、主动性较差的员工则被竞争选择掉了，在前进的道路上遇到了发展的障碍，而自己又不能突破，最终要么低层次徘徊，要么离开组织或被组织遗弃，在职业发展过程中呈曲线上升态势，明显落后于那些有着明显职业观和鲜明态度的员工。

这里涉及一个职业态度问题。许多管理学者将职业态度看成了职业发展的一个重要的方面，甚至有人认为是态度决定了职业的成败，他们认为管理者可以教会员工做任何事情，却教不会他如何做人。人的态度是很难转变的，除非他自己愿意改变，否则，是很难说服他放弃自己许多年来形成的观点和态度。

一点一滴地关注自己的职业，精心培育职业的发展，在职业获得拓展的同时，我们的心情也会不断保持良好的状态，不断产生成就感和超越感，这些良好的感觉和状态能够帮助我们不断克服前进中的困难，获得良好的人际关系、职位的提升、更大的发展空间。

职业不仅仅是养家糊口的饭碗，更是实现自我价值的出发点和归宿，自己精心经营的职业才是有生命力的职业，做好职业生涯规划必须先经营好职业。只有以经营的理念和态度工作，才能使我们在未来的职业道路上越走越宽，越走越有信心！

——明星经理人赵日磊

（资料来源：http://blog.ceconlinebbs.com/BLOG_ARTICLE_442.HTM）

四、案例分析与思考

案例一

一个名牌大学的毕业生，被分配到了一个山区当小学教师，为此，他感到非常失落。他不断地托人找关系，投送求职书，希望能够找到一份理想的工作。然而，不管他的求职书写得多么漂亮，但却没有一家单位接纳他，因为所有的用人单位都不相信一个没有积极的工作态度、一个不能把本职工作做好的人的能耐。无奈之下，他只好立足现在，调整心态，勤勤恳恳地工作。数年之后，他真正地融入了山区小学的教学工作中，而这时候，他的教学能力也彰显出来了，他教的学生期期都很优秀，他的教学论文也频频在权威杂志上发表。这时候，很多教育机构向他发来了邀请函，电视台和报纸都纷纷报道他的故事，高度称赞他的教学水平和工作态度。最后他被评为省里的优秀教师。

案例二

两个同龄的年轻人约翰和汤姆同时受雇于一家零售店铺，并且拿同样的薪水。可是做了一段时间后，名叫约翰的小伙子青云直上，而那个名叫汤姆的却仍在原地踏步。汤姆很不满意，终于有一天，汤姆忍不住跑到老板那里发牢骚。老板一边耐心地听着他的抱怨，一边在心里盘算着怎样向他解释他和约翰之间的差别。

“汤姆，你到集市上去一下，看看今天早上都有什么货。”老板安排道。汤姆回来向老板汇报说：“集市上只有一个农民拉了一车土豆在卖。”“有多少？”老板问，汤姆赶快又跑到集市上，然后回来告诉老板：“一共 40 袋土豆。”“价格是多少？”老板又问，汤姆再次跑到集市上问了价格。

这时，老板让汤姆坐到椅子上，叫来约翰去做同样的事情。约翰很快从集市上回来了，他汇报说：“到现在为止，只有一个农民在卖土豆，一共 40 袋，价格是每斤 0.75 元，质量还不错。”他还带回来一个土豆让老板看，约翰又告诉老板说，昨天那个农民铺子里的西红柿卖得很快，库存已经不多了，他想老板可能要购进一些，所以不仅多带回了一个西红柿样品，还把那个农民带来了。

此时，老板转向了汤姆说：“现在你肯定知道了约翰的工资为什么比你高了吧？”

其实，约翰的优势，就源于比别人多做了一点。多做一点，收获就会更多一点，成功只因做得更多更彻底，卓越来自于多做的那一点，赢也赢在比别人多做那一点上！

【延伸阅读】

职业化必备的 18 种职业心态

1. 积极的心态。这是职业心态的首位，两个重要的表现：一是不轻言放弃；二是不怨天尤人。塑造积极心态的 12 种方法：构筑正确的价值评估体系；要有开悟的精神，把生命和生活看透而不是看破；增强抗挫折的耐力；树立正确的思维方法；学会享受过程；活在当下，全身心投入；学会感恩；不要自责，相信自己；学会压力管理；培养远大的志向和宽广的胸怀；培养热心生活和乐观的生活态度；培养坚定的信念。

2. 主动的心态。职业化员工有 4 件事情要学会主动：一是本职工作要主动；二是协助他人要主动；三是对公司、对团队有利的事情要主动；四是提升能力和素质的事情要主动。

3. 空杯的心态。就是要有谦逊的心态。如果想学到更多学问，先要把自己想象成“一个空着的杯子”,而不是骄傲自满。“空杯心态”并不是一味否定过去,而是要怀着否定或者说放空过去的一种态度,去融入新的环境,对待新的工作,新的事物。

4. 学习的心态。就是要有一种“三人行必有我师”的心态,要想着学习是没有止境的。

5. 双赢的心态。双赢心态就是利己利人的心态,就是为自己着想的同时而不忘他人的权益,使双方都能受益。双赢心态是达到合作的必有心态,也是走向成功的必由之路。有人形象地用喜欢的娱乐活动来反映人们的心态:喜欢桥牌——具团队合作精神;喜欢围棋——具大局观念;喜欢麻将——则是相互拆台的人的爱好。

6. 包容的心态。有一句古话说“大肚能容,容天下难容之事”,包容是一门学问,学会包容的人,就学会了生活;懂得包容的人,就懂得快乐。世界上最宽阔的是海洋,比海洋更宽阔的是天空,比天空还要宽阔的是人的胸怀;能包容的人不会有斤斤计较之心,不会为生活的小小坎坷烦恼,因为他们的豁达能藐视这一切的阻挠。要学会严于律己,宽以待人。

7. 自信的心态。做人、做事都要有信心。相信自己的人,别人才会相信你。培养自信心的八种方法:破除自卑;开始抬头挺胸;要微笑面对生活;自信心的自我暗示;自信从行动开始;当众发言,学会大声讲话;下定决心;正确地、发展地、全面地看待自己。

8. 行动的心态。凡事都要实践而不只是学会理论。

9. 老板的心态。所谓老板心态指的是一种使命感、责任心、事业心,指的是一种大处着眼、小处着手的工作精神,指的是对效率、效果、质量、成本、品牌等方面持续的关注与尽心尽力的工作态度。像老板一样思考,像老板一样行动,像老板那样执着,像老板那样奉献,你尽管现在不是老板,但你已具备了老板的素质和能力,只要你想,你总有一天会成为名副其实的成功的老板。

10. 方圆的心态。“方”讲的是做人的原则,“圆”讲的是处事的原则。

11. 舍得的心态。舍得,是一种豁达的心态。看起来是给人,实际是给自己。舍得舍得,有“舍”才有“得”;有付出,才会有收获。

12. 反省的心态。反省,是一种最优秀的品质,只有经常反省的人才能进步,反省是成功的加速器。

13. 服务的心态。是指职业交往中所体现的为交往对象提供热情、周到、主动的服务的欲望和意识。包括内部与外部服务。

14. 服从的心态。服从是一种习惯,上级要培养下属服从的习惯;下级要养成绝对服从的习惯。如西点军校法规、校训，就要求学员首先要服从。军规1：无条件执行，军规2：工作无借口。

15. 奉献的心态。是一种道德要求，付出和奉献在先，不要斤斤计较眼前的利益与得失。

16. 竞争的心态。两个重要方面：要有不服输的精神和上进心。

17. 专注的心态。专心注意、精神贯注、心神专一。

18. 感恩的心态。学会感恩，知道不是一切都理所当然，知道不是每一个人都理所当然地对我们好。

拓展项目二　职业压力管理

随着中国社会的飞速发展，人们的生活水平和生产能力得到了极大的提高，但随之而来各种职业人员也有了巨大的职业压力。作为大学生，即将走上工作岗位，成为一名职业人，有必要对职业的压力有所了解，以便能更好地适应未来社会的挑战。

一、学习目标

了解压力与职业压力的概念及影响，认识管理的压力的重要性，树立主动管理压力的意识，掌握自我管理压力的方式方法。

二、拓展训练

心有千千结

1. 训练目的

(1)了解压力对人的影响；

(2)学习如何减压，促进学习与工作。

2. 训练时间

大约需要30分钟。

3. 训练步骤

(1)操作指导：①成员手拉手，看清楚自己的左手和右手是谁。②确认后松手，在圈内自由走动。③指导者叫停，成员定格，位置不动，伸出右手拉刚刚右边人的左手，左手拉刚刚左边人右手，从而形成很多结或扣。④成员不能松手，但可以钻、跨、绕，要求成员设法解决难题，恢复到起始状态。⑤当排除困难、解决问题时，请成员分享活动的感受。

(2)讨论分享:①一开始面对这个复杂的"结"的时候,感觉是怎样的?在解开了一点以后,你的想法是否发生了变化?②当努力了很久"结"都没有被解开时,你的感觉是怎样的?③打不开"结"时,你想到放弃了吗?④运用了哪些方法来解开这个"结"?

(3)思考提升:①在日常生活中,你是以何种心态来面对工作或学习中的这些"结"的?②在现实生活中,当你因工作或学习中的问题产生了强烈的冲突,很久都没有能够解决的迹象时,容易产生什么念头?③联系现实生活,这对你解决压力有何启示?

通过上面几个话题,引导大家深入思考,进而树立压力自我管理的意识,注重提高应对压力的心理承受能力,学习压力管理的方式方法,以便应对职业压力的挑战。

三、理论导航

(一)压力与职业压力

1. 压力

这里所说的压力是指心理压力,是个体在生活适应过程中的一种身心紧张状态,源于环境要求与自身应对能力不平衡,这种紧张状态倾向于通过非特异的心理和生理反应表现出来。

2. 职业压力

由工作或与工作直接有关的因素所造成的生理、心理和行为反应的综合模式,通常又叫工作压力。例如,工作负担过重、变换生产岗位、工作时间过长、工作责任过大或改变等,都会引起人们的压力感。

(二)职业压力的主要来源

21 世纪最牛的一个字是什么?"囧"!"囧"字的本意是光明,却被网民们赋予了完全相反的意思:悲伤、沮丧、郁闷,如果把"囧"字看成是一张人脸,那么"八"就是两道因郁闷而下垂的眉毛,"口"则是张口结舌的那个口。从这个字的流行,就可基本探知这个世界上人们的压力有多么大了!

下表列出了人们在职业工作中通常感到压力的主要来源。

压力源	主要因素	可能后果
工作条件	工作超负荷或负荷不足	生产线歇斯底里症
	工作的复杂性及技术压力	精疲力竭
	工作决策与责任	生物钟紊乱
	紧急或突发事件	健康受到威胁
	物理危险	烦恼和紧张增加
	时间变化	
角色压力	角色模糊	焦虑和紧张增加
	角色冲突	低工作满意度与低绩效
		过于敏感
人际关系	缺乏接纳与支持	孤独、抑郁
	钩心斗角,不合作	敏感
	领导对员工不关心	人际退缩
职业发展	降职	失去自信
	工作安全性与稳定性降低	焦虑增加
	抱负受挫	工作满意度与生产力降低
组织系统	结构不合理,制度不健全	动机和生产力低下
	派系争斗	挫折感
	员工无参与决策权	对工作不满意
家庭工作交互影响	引起压力的生活事件	焦虑和紧张增加
	(如婚姻、家庭问题等)	身心疲惫

(三)职业压力的影响

职业压力可以是积极工作的一种驱动力,也可以成为妨碍工作的一种阻碍力。它可能对人们的工作产生积极或消极的影响。

1. 积极影响

如果没有风浪,海燕便无法高飞;如果没有风雨,树木便无法生长;如果没有压力,人们便不能前进。前进需要动力,前进需要压力。就像人们常说的“没有压力,就没有动力”。适度的职业压力,可以使人集中注意力、提高忍受力、增强机体活力、减少错误的发生,从而可以促使个人或组织取得更好的工作绩效。

2. 消极影响

过度的职业压力对个人身体会造成伤害。如长期精神紧张,焦虑,失眠,颈椎病、肩周炎、腱鞘炎,长期坐办公室导致的肥胖,喝酒应酬导致的"三高"等等。除此之外,对于组织的消极影响也是巨大的。因为,如果员工的压力过大,会引起工作者的不满、工作态度消极,对工作的不负责任,工作质量明显下降,另外会出现流动性加大,高离职,还有缺勤等等问题。需要引起组织足够的重视。这些情况大多源于组织给予员工的压力不适当,同时缺乏良好的压力疏导和缓解。

(四)职业压力自我管理

职业压力是一个多维度的概念,它包含了那些在职业工作中使人感到紧张的事件或环境刺激,是个体的一种主观的心理状态,是个体对压力事件的一种生理反应。这种压力可以说是机体对外界的一种调节需要,而调节则往往意味着成长。在压力情境下学会应付的有效办法,可以使应付能力不断提高,工作效率也会随之上升,所以压力是提高人的动机水平的有力工具。职业压力管理包括组织对压力的管理和个人对压力的自我管理。我们这里所说的职业压力管理主要是指压力的自我管理,即采取一些方法来增强个体应对压力情景或事件和由此引起的负性情绪的能力。

1. 认识职业压力,增强心理承受能力

现代职场就像一个巨大的高压锅,每个身处职场的人都能感受到压力的存在。工作量大,担心公司倒闭、裁员、减薪、人事复杂、工时过长、工作方向常常转变、职位角色含糊等,这些状况都使我们时刻感受到压力,严重时可导致出现精神问题。

但是据有关研究发现,多数人对于职业压力的认知很不全面,他们多把职业压力等同于压力事件,很少意识到个体主观心理状态以及个体对压力事件的生理反应,并且没有主动意识到个体主观认知在压力的产生中起到的中介作用。当人们没有识别到压力时,他们就很少能主动有效地去管理,只有当压力积累到一定程度时才会想着去应对。所以进行压力管理的第一步就是认识压力,了解压力的本质是什么,认识压力的必然性与必要性。尤其是不仅要认识到它的消极面,还要认识到它的积极面。同时,认真分析压力产生的根源,懂得如何识别压力,充分认识个体认知在压力应对中的重要作用。

对于将要进入职场的大学生来说,在对职业压力管理时,一个成熟的策略是压力地图技术:在一张空白纸的中央写出自己的名字,然后把自己在工作中感受到的压力事件分别像气球一样连在自己的名字上,在连线上以 0～10 分(0 表示压力值最低,10 分表示压力值最大)标出压力的主观值。这个小小的技术可以帮助人们对自己的职业压力有一个直观的认识,同时也可以帮助大家提高他们的职业压力认知,会在一定程度上增强他们对压力的掌控力。

2. 用积极思维取代消极思维

思想决定了我们的行为，我们要改变行为，就必须在行动前先改变我们的思维。当面对压力时，如果个体对自己的应付能力作消极评价，压力会增加；如果这时自我鼓励一下，压力水平会降低。

假设我们提交了一个项目计划书给经理，但却迟迟没有得到回应。这时，如果内心的对话是：一定是我写得太烂了，经理都懒得给我回馈。那他下一步的自我暗示就很可能是：我是不受领导喜欢的，也不会被重用，我很失败。行为的表现则会垂头丧气。但我们不妨用另一种内心对话：经理最近忙，计划书可能不够完美，他想找时间再和我一起修改一下。那我们完全可以重新看一下计划书，再做一些修改来完善它。当修改完毕，我们完全可以主动找经理探讨计划书的事宜。

3. 学会管理时间，随时处理每天的压力

压力是可以累积的，当我们在忙忙碌碌的一天之后，躺在床上回顾今天所做的事情：呀！一周前的约稿明天就到期了，今天又忘了写；呀！邀请的客户还没有落实，明天就要交时间表了；呀！经理布置的策划案还没有头绪；呀！呀呀呀！太多的任务没忙完……我们会发现，每天我们的精力都被一些无关紧要却又十万火急的事件所消耗了，我们真正重视的事情，却一再拖延，甚至无力完成。压力便由此而生。

以下这张事物分类表，形象地列出了四类事件及重要程度。仔细分析，我们会发现，往往(二)类事物是我们最重视却又最容易忽视的。如果长期没有做这些重要的事情，我们自然会生出压力。一个会管理时间的人，是能够每天坚持从事(二)类事物，哪怕仅有 20 分钟；并且会预防(一)类事物，避免或授权他人去做(四)类事物，尽量减少(三)类事物。

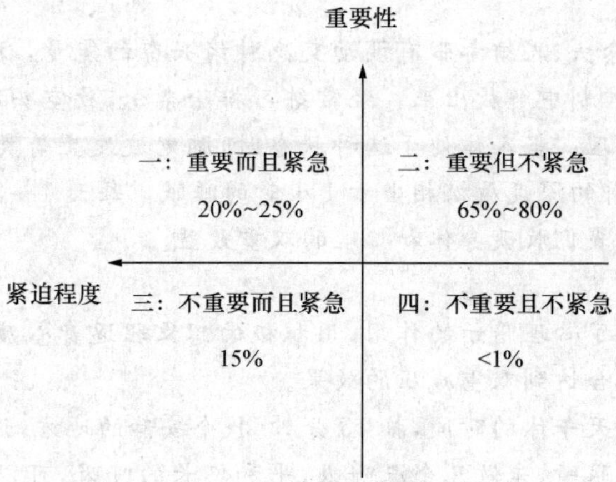

成功的时间分配管理

另外,管理好工作时间之外,还要管理好我们的生活时间,让愉快地生活为工作减压。回顾一下我们是如何度过过去的一个月的。我们给自己安排了时间来娱乐、交际、放松、和家人在一起了吗?如果不是,排出先后次序,下个月安排足够的时间给它们。别把时间表填得太满,要学会经常给自己一些放松的机会。即使再大的压力也是暂时的,甚至是已经过去的,而人生的道路还在我们脚下向前延伸。

4. 学会放松

我们体内的很多功能都受制于交感神经系统和副交感神经系统。交感神经系统与肾上腺素相联系,受到刺激和压力时,它能使呼吸急促、心跳加快、血压升高,将血液输送到肌肉组织,为身体做好应对挑战的准备。副交感神经系统与乙酰胆碱类激素相联系,它负责人体休息和功能恢复,使心率减缓、呼吸平稳、肌肉放松,促进消化系统的工作以吸收食物中的养分。当交感神经系统的作用超过副交感神经系统的作用时,人一般是处在压力中,需要拼搏、创造、工作、运动;反之,人则处在轻松平和状态中,在休闲、休息、恢复中。

长期处于压力之下,交感神经系统长期支撑着身体的应激状态,虽然能够不断地追求更大的挑战,收获更多的荣誉和成就。但会加速身体各器官各系统的消耗和衰竭。因此,为了事业有成和人生精彩,我们需要学会逐渐找到兴奋与放松的平衡点。像冥想、催眠、深呼吸等,就是很好的减压放松方法。

【相关链接】

深度放松

1. 排除杂念

我们的思维、念头、思绪都带有调动交感神经兴奋的能量,我们要学会保护自己,从交感神经的控制中解放出来。经常练习排除杂念,放空头脑,把身体交给副交感神经系统来管理。当人体处于这种状态时,脑电波发生着类似睡眠状态下脑电波的变化,几分钟的深度放松相当于1小时的睡眠。每天1～2次,每次15～20分钟的深度放松让我们收获身体和心理的双重效益。

2. 意念气流

这个方法利用了心理暗示的作用,用积极的想象驱逐身心疲惫。通过自主想象和呼吸调节的配合达到双重减压的效果。

我们可以在每天午休的时间,抽15分钟,找个安静的地方,让自己舒适地平躺或坐定下来。闭上眼睛,先做几个深呼吸;平和悠长的呼吸,可以将富含氧气的血液送至大脑,让我们在调节呼吸的过程中,释放压力,达到精神放松。然后,体察最近一直在困扰我们的负性的情绪，有愤怒、焦虑、忧郁、委屈等，想象它们分别变成了一个个气泡，在面前漂浮；用鼻子深长地吸气，用嘴轻轻地吹气，想象中，那些气泡被我们吹起，一个接一个地越漂越远，几分钟后，这些气泡已不见踪影。心里顿时轻松了许多。

同样的方法，我们可以想象将清澈、透明的气体吸入体内，污浊的气体排出体外；想象被激荡与温柔的水流所持抱，充分放松身体；想象沉浸在一片绿意盎然的树林中，去体验和感受大自然的律动和生机。

3. 肌肉放松

精神紧张会导致身体的僵硬——慢慢地，我们对身体传达的精神压力不再敏感。做肌肉放松练习，可以帮助释放精神压力。

在一个静室中，让自己舒适地平躺下来，衣服宽松，脱掉鞋子，闭上眼睛，深长呼吸，让身体和精神都平静下来。用力握紧双拳，绷紧两臂肌肉约5秒钟，然后缓缓松开，伸展手指，放松几秒钟；再缓缓收拢手指，握紧双拳，重复以上的步骤2次。这时，想象两只手臂变得透明，像可以流动的液体。接着用同样的方法按顺序放松脚部、臀部、腹部、颈部的肌肉。当肌肉紧绷时，我们会不自主地屏住呼吸；肌肉放松时，同时做深呼吸，想象着浊气从体内排出，身体越来越透明，越来越柔软。

其实，皮肤的接触，是人类进行交流和放松情绪的本能。婴儿哭闹时大人轻抚其身体，可以很快止住其哭闹的例子，我们很多人都有亲身体会，道理就在触觉可以帮助人们放松身体和精神，所以应该自主地利用它来释放生活的压力。养成自我按摩的习惯，随时随地放松自己。例如，临睡前、起床后双手干搓面部、颈部；休闲时按摩手臂，敲打腿部、腰部；餐后按摩腹部；疲惫时指压太阳穴、头皮，都会起到放松的效果。

（资料来源：骆易.自我压力管理.大众心理学，2006年第11期）

5. 提升个人修养

有一国内知名的学者说道：人之竞争，初拼技巧，再拼学养，最后拼的还是一眼看不见的人格。在各方面提升个人的修养，在面对压力的时候，就有“底气”来从容面对。“机会总是垂青于时刻有所准备的人们”说的也是这个道理。那些认为命运掌握在自己手上的人，比那些认为命运由天注定的人能够更好地对待压力。那些认为努力和执着能够获得成就的人，就是那些所谓的有内在的“控制场”的人。这种类型的人喜欢自己采取措施去解决问题，把成功看作是设计的结果而不是运气的结果。

生活保持平衡能够提高健康和处理压力的能力；关注目前正在发生的事情可以避免产生压力；如果你对生活的目标很清晰，你就会很快乐，没有压力；如果生活缺乏目标，就赶快花点时间列出所有你想得到的东西吧。想要从压力中获益，你需要做好承受压力的准备。如果你是积极的、有条不紊的、容易沟通的、懂得照顾自己的健康的，那么压力会带来一个最棒的你。

【专家观点】

压力的减轻与排除——如同治水，对压力不要硬堵，要疏导，要化解，要放下。放下而不放弃，争气而不斗气，紧张而不慌张，随和而不随便。

个人的减压努力——

1. 重新安排时间与积极行动；
2. 改变说话态度与生活习惯；
3. 松弛身体，建立平衡关系；
4. 优化业余生活：培养爱好，适度休息，参加社团，学习提高；
5. 寻求主管、亲朋好友的支持与鼓励；
6. 隔离琐事，变换视野，改变行为习惯。

（资料来源：摘自管理培训专家，教育专家余世维《压力管理》）

四、案例分析与思考

案例

一杯水

在一次上课时，老师拿起自己的茶杯，然后问台下的同学：各位认为这杯水有多重呢？有人说是半斤，有人说是一斤。老师又问大家：你认为你能拿多久？有人说是十分钟，有人说是半个小时，还有一些同学不明白老师的真正目的，表现出迷茫的样子。

其实这杯水的重量并不重要，重要的是你能拿多久？拿一分钟，谁都可以；拿一个小时，可能觉得手酸；拿一天，可能就得进医院了。其实这杯水的重量是一样的，但是你拿得越久，就越觉得沉重。这就像我们承担着压力一样，如果我们一直把压力放在身上，不管时间长短，到最后就会觉得压力越来越沉重而无法承担。我们必须做的是放下这杯水，休息一下后再拿起这杯水，如此我们才能拿得更久。所以各位应该将承担的压力于一段时间后适时地放下，并好好地休息一下，然后再重新拿起来，如此才可能承担得更久。这则故事阐明了一个简单的道理：无论什么样的压力，唯有科学面对，才能获得解决之道。

【相关链接】

职场减压

1. 量力而行

对事业心重的朋友来讲，他们总是对自己有过高的要求。标准定得越高，自己的压力就越大，往往这种标准就像一座大山似的压得人透不过气，结果还适得其反。如此情形，就要懂得量力而为，根据自己的能力，能做到什么程度就做到什么程度。不要高估自己的能力，也不要低估自己的能力，这样才能做到压力的均衡、适度，有力发挥最好水平。

2. 讲究方法

做事要分轻重缓急，不要什么事情都一把抓，毕竟人的精力是有限的。正确客观地评价工作的绩效比，给自己找寻一种合理的工作方法，这样才能信心满满，心情愉悦。

3. 忙里偷闲

学会科学、合理地安排时间，忙而不乱，该休息的时候就休息，要相信别人也能将事情做好。

4. 规律生活

规律的生活，能保持乐观的心态。休息日陪陪家人，享受生活的乐趣，可以舒减心理的压力。

5. 情绪宣泄

情绪积累到一定程度，一定要注意及时进行宣泄。宣泄的方式可以去健身、远足、唱歌、跳舞，或三五好友下棋、聊天，也可以去找自己感兴趣的事情来做。这样积极地进行心理的调适，才能保持心理的舒畅。

【延伸阅读】

大学生自我压力管理

大学生面临着许多压力问题。一般认为导致大学生压力问题的直接原因是家庭、学校、社会环境中的各种因素。从高中到大学，面临的压力是越来越大，有学习上的，感情方面的，处事为人方面等等。下列这些方法可以有效地管理自我压力。一是善于整体规划。“一切尽在掌握”，这种感觉本身就能很好地缓解压力。有选择地而不是被动地接受能所面临的各种事情，或许使人感到轻松很多。最好的办法就是根据事情的轻重缓急列出清单，既能有一个整体规划，又能帮助将看似无绪的一堆问题分解成若干具体的小事，一件件应付起来就容易多了。完成一件，就在清单上划去一件，这样做带来的成就感足以鼓舞你将这一做法继续下去。二是困惑时及早倾诉。我们在感到困惑、棘手或难过的时候,可以毫不掩饰地寻求朋友的帮助。当事情变得非常困难或身陷焦虑的时候,向朋友吐露诉说,仅仅是倾诉本身,也能使人获得释放,或许还会得到好的建议。三是尽量保持乐观。我们要深信,事情总能朝着所期望的方向发展。所以,总是以最乐观的心情想象最好的结果。需要做的所有事都已经在进展当中,即使遇到麻烦,也一定会以最快的速度重新调整状态。四是从不耽搁迟延。能在今天办完的事不会拖到明天,能在当时办完的事不要拖到数个小时之后。因为很多事情搁着未做,本身就能造成巨大的心理压力。五是善于分配任务。当一堆事情压在身上时,不要认为任何事都非得亲力亲为不可。分配任务,很多人都会认为是上司对下属的事。其实,除了对下级分配任务以外,还可以分配给自己的同学、室友。六是每天都做深呼吸。日常的深呼吸能将感觉到的压力水平减半:挺直后背,两肩放松,由鼻将空气深深地吸入肺部,集中精力感受空气渗透到每个细胞,然后全力将空气呼出,想象体内的压力也随着气流一起排到体外。七是经常幻想美好前景。用度过这次难关以后的美好前景来鼓励自己。“一个月以后,我还会为这事而懊悔吗?”“一周以后,我还会为错过了这次会议而自责吗?”“5 分钟以后,我还会为同事刚才给我难堪而恼火吗?”这种将情景推向将来的假设,一定能让眼前的压力逐渐释放。八是知道适时说“不”。当我们感到力所不能及时,要会坚定地说“不”。“我很想帮你,但我手头还有另外的事要办。”在分身无术或无能为力时,不要一味逞能。在拒绝别人的时候,不一定要把原因解释得一清二楚。九是拥有自己的娱乐方式。适时安排出一定的时间尽情去做和工作无关而又一直想做的事。娱乐方式各种各样,但效果却非常相似,即让自己释放压力,领略到生活中美好的、值得享受的内容,从而恢复对生活和工作的激情和热爱。十是合理宣泄。当感到压力让自己很累时,我们可以选择一些合理的宣泄方式,比如打篮球,跑步,对着天空大声叫(要注意不要在公共场合)等等。当代大学生都会和压力打交道,但不管有什么压力,我们只要合理地管理好自己的压力,运用合理的方式排压,我们总能轻松释压,以最佳心态投入学习和生活。

(资料来源:http://wenku.baidu.com/view/e45ffd3c0912a21614792938.html)

拓展项目三　职场情绪调控

随着生活节奏加快,工作压力增加,人际关系日益复杂,家庭生活也存在越来越多的变数,各种不良情绪正日益困扰着现代人,这些情绪若不及时有效地排解,很容易影响到正常的工作,还会引发种种心理问题。

一、学习目标

了解情绪及作用，学会觉察自己的积极情绪与消极情绪，懂得调控情绪对个人行为、工作以及自身发展和取得成功的重要性，排除头脑中的非理性观念，学会恰当表达自己的情绪，学会运用理性情绪疗法来调节情绪，培养自我调适、自我控制情绪的能力。

二、拓展训练

"想法"与情绪

1. 训练目的

(1)了解情绪对人的影响，了解 ABC 情绪理论；

(2)学习改变非理性观念，掌握管理情绪的方法，学做情绪的主人。

2. 训练时间

大约需要 30 分钟。

3. 训练步骤

(1)操作指导：假如你的好友说周末会找你去逛街，但整个周末他都没有和你联络。请就以上事件，尽可能多地写出你的想法，并注明每一种想法下的情绪。

想法 1：　　情绪 1：

想法 2：　　情绪 2：

想法 3：　　情绪 3：

想法 4：　　情绪 4：

(2)讨论分享

①进行分组讨论、发言。由各组组长记录主要观点。

②组长汇报本组主要观点。

③指导老师举例分析

想法 1：这个人一点都不讲信用。　　情绪 1：讨厌、生气

想法 2：他根本不当我是朋友。　　情绪 2：气愤

想法 3：他可能突然有急事来不及通知我。　　情绪 3：谅解

想法 4：他不会是来找我时出了什么意外吧？　　情绪 4：担心

(3)思考提升

①为什么对同一件事，不同的人会有许多不同的想法？

②即使同一个人也会对同一件事有不同的想法？

③不同的想法引起的情绪相同吗？

我们通常认为“某某事情”使我产生了“某某情绪”。可是从上面的分析我们可以看出“怎么想”会使我们产生不同的情绪。其实，影响我们情绪的不是“某某事情”这个事件本身，而是我们对事情的看法。说到底情绪其实操控在我们自己手中。请记住：“换个想法，快乐自然来”。

三、理论导航

（一）情绪概述

1．情绪

按照心理学的解释，情绪是人对一系列主观认知经验的通称，是多种感觉、思想和行为综合产生的心理和生理状态，是对外界刺激所产生的心理反应。

最普遍、通俗的情绪有喜、怒、哀、惧、惊、恐、爱等，也有一些细腻微妙的情绪如嫉妒、惭愧、羞耻、自豪等。

2．情绪的功能

（1）情绪影响健康。情绪可通过神经系统、内分泌系统和免疫系统对各器官的作用而对人体健康发生影响。生活中常见的心身疾病或身心疾病，大体就是情绪的这种影响人体健康功能的具体表现。

（2）情绪影响工作效率。积极的情绪、适当的紧张能提高工作效率，消极的情绪则降低工作、学习的效率。这在人们的工作、学习中非常常见，情绪好，干工作或学东西就快，干得好，记得牢。情绪不好，无心工作，无心学习，即使勉强工作，也不能保证集中精力去做好工作，工作质量、效率自然就低。

（3）情绪影响人际交往。情绪是人际交往的重要手段，情绪和语言一样，具有服务于人际沟通的功能。在社会生活上，情绪帮助我们表示善意，与其他人交流感情，同时，情绪也影响其他人对我们的态度。谁都愿意接近热情好客的人，老板着脸的人，人们往往不愿接近，只会躲着他、绕着他走，也就谈不上会有密切的交流，自然就影响到良好人际关系的形成。

（二）情绪的 ABC 理论

情绪 ABC 理论是由美国心理学家埃利斯创建的。艾利斯认为：人的情绪不是由某一诱发性事件的本身所引起，而是由经历了这一事件的人对这一事件的解释和评价所引起的。

在埃利斯情绪 ABC 理论模式中，A 是指诱发性事件；B 是指个体在遇到诱发事件之后相应而生的信念，即他对这一事件的看法、解释和评价；C 是指特定情景下，个体的情绪及行为的结果。

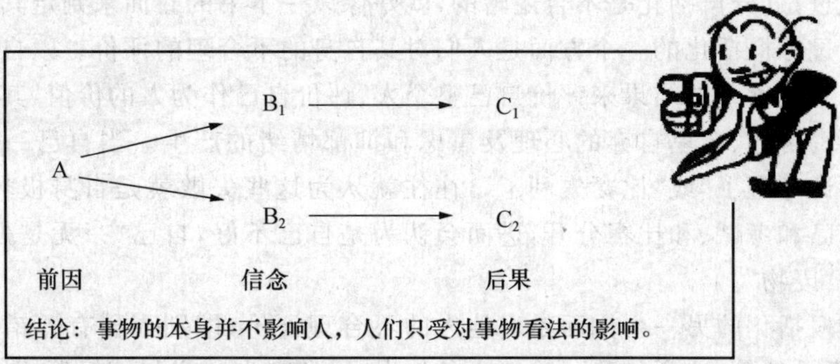

结论：事物的本身并不影响人，人们只受对事物看法的影响。

通常人们会认为，人的情绪的行为反应是直接由诱发性事件A引起的，即A引起了C。ABC理论则指出，诱发性事件A只是引起情绪及行为反应C的间接原因，而人们对诱发性事件所持的信念、看法、解释B才是引起人的情绪及行为反应C的更直接的原因。

例如：两个同学一起去上课，在路上迎面碰到他们的辅导员老师，但对方没有与他们打招呼，径直走过去了。这两个同学中的一个对此是这样想的："老师可能正在想别的事情，没有注意到我们。即使是看到我们而没理睬，也可能有什么特殊的原因。"而另一个同学却可能有不同的想法："是不是上次的工作没做好，老师批评我还顶撞了他一句，他就故意不理我了，下一步可能就要故意找我的岔子了。"两种不同的想法就会导致两种不同的情绪和行为反应。前者可能觉得无所谓，该干什么仍继续干自己的；而后者则可能忧心忡忡，以至无法冷静下来干好自己的工作。

从这个简单的例子中可以看出，人的情绪及行为反应与人们对事物的想法、看法有直接关系。在这些想法和看法背后，有着人们对一类事物的共同看法，这就是信念。这两个人的信念，前者在合理情绪疗法中称之为合理的信念，而后者则被称之为不合理的信念。合理的信念会引起人们对事物适当、适度的情绪和行为反应；而不合理的信念则相反，往往会导致不适当的情绪和行为反应。当人们坚持某些不合理的信念，长期处于不良的情绪状态之中时，最终将导致情绪障碍的产生。那么，不合理的信念都有哪些特征呢？

(1)绝对化要求。是指人们以自己的意愿为出发点，对某一事物怀有认为其必定会发生或不会发生的信念，它通常与"必须"，"应该"这类字眼连在一起。比如："我必须获得成功"，"我对她好，她也必须很好地对待我"，"我入学时成绩全班第一，现在也必须考第一"等等。

(2)过分概括化。这是一种以偏概全、以一概十的不合理思维方式的表现。艾利斯曾说过,过分概括化是不合逻辑的,就好像以一本书的封面来判定其内容的好坏一样。过分概括化的一个方面是人们对其自身的不合理的评价。以自己做的某一件事或某几件事的结果来评价自己整个人、评价自己作为人的价值,其结果常常会导致自责自罪、自卑自弃的心理及焦虑和抑郁情绪的产生。当自己一件事没做好,如"考试考砸了"或"比赛失利了",往往就认为这些失败就是自身极坏的结果,不能把自己和考试、和比赛分开,进而会认为是自己不好,自己"一无是处"、"一钱不值"、是"废物"。

过分概括化的另一个方面是对他人的不合理评价,即别人稍有差错就认为他很坏、一无是处等,这会导致一味地责备他人,以致产生敌意和愤怒等情绪。

(3)糟糕至极。这是一种认为如果一件不好的事发生了,将是非常可怕、非常糟糕,甚至是一场灾难的想法。这将导致个体陷入极端不良的情绪体验如耻辱、自责自罪、焦虑、悲观、抑郁的恶性循环之中,而难以自拔。糟糕至极常常是与人们对自己、对他人及对周围环境的绝对化要求相联系而出现的,即在人们的绝对化要求中认为的"必须"和"应该"的事情并非像他们所想的那样发生时,他们就会感到无法接受这种现实,因而就会走向极端,认为事情已经糟到了极点。

(三)职场情绪及影响因素

在这里,我们所说的职场情绪主要是指在职业活动当中,表现出来的各种情绪反应。即人对一系列来自职业工作的刺激所产生的心理反应,包括对职业及职业工作的主观认知、思想、经验、感受和行为综合产生的心理和生理反应。

职场情绪和职业心态有着千丝万缕的联系,但也有自己独特的范围。其影响因素可以分为五个方面:

1. 个人因素

情绪是因人而异的,每个人的情绪变化也不一样,每个人的情绪波动就与其个人因素有关。与情绪相关的个人因素包括个人的健康状况、心理成熟度、思维状况、性格特质等。个人的情绪管理能力对于职场人员的成长、成熟是十分重要的。

2. 工作硬件环境

影响职场情绪的一个最基础的层面是工作的硬件条件。进入职场工作,人们首先要考虑的是生理和安全问题,使自己免于情绪受到伤害。工作的硬件条件如环境条件,包括灯光、温度、湿度、噪声、工作场所的大小、颜色的变化、工作工具和机器的适用性、办公设备的空间位置等等因素。这些都对工作人员的情绪有重要的影响。舒适的工作条件对工作人员的正面情绪有积极的刺激作用,无论是在工作满意度上还是生产效率上都会有很积极的反应,大大提高工作效率,工作人员就会轻松完成工作,出现异常情绪的概率就减小。如果各种设备布局不合理,工作人员负荷增加,则抱怨不满情绪就会随之而来,相应的生产和管理水平就会下降。

3. 工作性质和行业特点

除了工作的硬件条件外还有一个很重要的方面,就是工作本身的性质和行业特点。工作的硬件条件是可以进行人为改进的,但是行业的特点、工作的属性是没办法人为改变的。有的工作如车间工人,他们的工作性质是高重复和高体力活动等,有的工作如科研人员,他们的工作性质是脑力劳动强度大、科研结果的不确定性,像农林牧医类,总体来说,条件艰苦,工作压力大,这些行业和工作的本身属性对工作人员的职场情绪也有很重要的影响。

4. 工作的软环境

这里所讲的工作软环境,是指工作人员在工作中产生关系需求时需要的一种人际环境,这种工作软环境主要包括企业或者团队文化氛围、同事间关系、与上级的关系、与下级的关系、组织赋予的权利地位等等因素。工作人员处在一个工作环境中,时时刻刻会受到这种软环境的影响,而且这种软环境还发挥着十分重要的作用。当工作人员的行为因工作的软环境而受到强化时,产生的是正面情绪;反之,当行为与工作软环境冲突时,反面情绪也就表现更为强烈。

5. 生活因素

生活因素引发的情绪问题,也会影响到职场情绪。原因是情绪具有传递性和扩散性,这些情绪不仅会表现在其个人的生活中,还会进一步传递到其工作当中,并且会扩散到同事之间,影响工作人员的绩效水平,因此关注影响职场情绪的生活因素也是很有必要的。一些生活因素如夫妻关系、子女问题、生病等都会严重影响工作人员的情绪。假如工作人员在一天工作之前就具备了某些反面情绪的话,这对绩效水平的影响来得更持久、更具有破坏性。来自美国俄亥俄州立大学费希尔商学院教授斯蒂芬妮·维尔克在对一家大型保险公司呼叫中心的工作人员的研究中发现,工作人员刚上班时的情绪比其他任何变量和因素都将会对其一天的工作绩效产生更加激烈与持久的影响。因此,有人提出每天上班前,对着镜子"微笑",一天都会有好心情,道理就在于此。

(四)职场情绪调控

情绪是一种极其普遍、复杂而又重要的心理现象,它如影随形地陪伴着我们,如同人的心理状态的晴雨表,时刻反映出我们的心理状态。并且会渗透到我们生活、工作的各个方面,影响着我们的身心健康和事业成就。但是情绪的产生和发展是有规律可循的，我们要做的就是按其产生和发展的规律来掌控和调节情绪，而不被情绪所控制。

有效的情绪掌控和调节，是健康的“护航者”，是良好人际关系的“润滑剂”，是智力活动的“激发器”，更是提高工作效率的“助推力”。正像人们熟知的拿破仑·希尔所说：“成功者与失败者的最大不同在于，前者是情绪的主人，后者是情绪的奴隶。”因此我们应该不做情绪的奴隶，而要做情绪的主人：“我的情绪我做主”。

1. 全面认识情绪，建立管理情绪的意识

情绪无好坏之分，一般只划分为积极情绪、消极情绪。但由情绪引发的行为则有好坏之分、行为的后果有好坏之分。然而情绪不可能被完全消灭，因此，为了充分发挥积极情绪的作用，尽可能地避免或减小消极情绪的影响，我们要对情绪进行调控，进行有效疏导、有效管理、适度控制。

情绪管理，就是用科学的方法，用正确的方式，认识自己的情绪，理解自己的情绪，然后调整自己的情绪，管理自己的情绪。可以尝试使用“三步法”来掌控情绪。

(1)what——我现在有什么情绪?

由于我们平常比较容易压抑感觉或者认为有情绪是不好的，因此常常忽略我们的真实感受。情绪管理第一步就是要先能察觉我们的情绪，并接纳我们的情绪。情绪没有好坏之分，只要是我们真实的感受，就要正视并接受它。只有当我们认清自己的情绪，知道自己的感受时才有机会控制情绪，也才能为自己的情绪负责，而不会被情绪所左右。

(2)why——我为什么会有这种情绪?

我为什么生气？我为什么难过？我为什么这么做？我有什么感觉？只有找出原因才知道这样的反应是否正常，只有找出原因才能对症下药。

(3)how——如何有效处理情绪?

想想看，可以用什么方法来缓解自己的情绪？平常当你心情不好的时候你会怎么处理？什么方法对你比较有效？也许可以通过深呼吸、肌肉松弛法、运动、听音乐、外出旅游、和朋友聊天等方法让心情平静，或者大哭一场、用笔抒情、涂鸦等方式来宣泄，或者换个乐观的想法来改变心情。

2. 体验积极情绪，快乐工作

现代社会，工作节奏越来越快，工作压力无处不在。但你可以选择愉快地工作，享受工作。这听起来好像不可能，因为快乐工作是一种选择，但是往往说起来容易做起来难。人人都希望碰到世界上最好的老板，但问题是，并不是所有人都有这个好运气。因此，持续地保持积极的心态，关注好的方面，想想你当初挑选这份工作时，喜欢这份工作的哪些地方。远离低标准的同事和流言蜚语。寻找和你谈得来的同事,结交高标准的朋友,多跟他们在一起,取人之长,补己之短。你对待工作的态度很大程度上决定了你的历练与成就。聪明的你一定会选择开心地工作!最简单也最有效的方法是每一天做一点你喜欢的事。

你也许喜欢,也许不喜欢你现在的工作。你或许不相信你可以从无味的工作中发现一些你喜欢做的事情,但是请你相信,你可以做到!好好审视你的技能,你的兴趣,尝试从每天的工作中寻找乐趣,挖掘你所喜欢做的事情。如果你每天都做一点自己喜欢的事情,体验积极情绪,那么你目前的工作就不会看起来那么糟糕。当然,你随时可以选择继续你的工作,也可以决定该不该另谋高就。

3. 克服倦怠情绪,积极工作

一个人长期从事某种职业,在日复一日重复机械的工作中,渐渐会产生一种疲惫、困乏,甚至厌倦的心理,在工作中难以提起兴致,打不起精神,只是依仗着一种惯性来工作。这就是职业倦怠。

职业倦怠因工作而起,直接影响到工作准备状态,然后又反作用于工作,导致工作状态恶化,职业倦怠进一步加深。它会形成一种恶性循环,成为对工作具有极强破坏力的因素。来自中国社会科学院政治学研究所郑建君博士的《中国基层公务员心理状况调查报告》显示,中国基层公务员的工作倦怠现象很严重。79.89%的基层公务员或多或少存在轻度工作倦怠的现象,而表现出重度工作倦怠的基层公务员比例为6.40%。2014年1月23日的《时代周报》也以“女公务员工作3年辞职:没技术含量 初中生就可胜任”报道女公务员刘茜因工作倦怠而辞职。

在倦怠感面前,人们可以有不同的选择:有人变得被动,变得没有反应、漠不关心,或者是退缩到一个幻想的世界当中,甚至变得对生命毫不珍惜——这是一种在生理和心理上放弃的选择;也有人埋怨环境,埋怨他人,以为一切都是自己以外的原因造成的——这不仅会增添自身的烦恼,也更无力摆脱这种倦怠的生活;更多的人会寻找生活的意义,重新为自己定方向,努力寻求新的改变,同时尽力去打破固有的生活模式,在从消极走向积极的过程中,找回安宁的心情、振奋的精神,充分显示出工作的意志——这是一种寻求复苏的选择、一种反击的选择。大学毕业生应该做什么样的选择,显而易见。

(1)运用心理暗示。当千头万绪、不知所措时,绝不要抱怨、退缩、自怨自艾,否则人就很容易陷入倦怠,不可自拔。这时要用言语反复提醒自己:“一次一件事,我一定能做完所有的事”,“与其痛苦地做,不如快乐地做”,坚信“苦乐全在主观的心,不在客观的事”,“因为我觉得快乐,所以我快乐”……学会随时对自己说:“太阳每天都是新的,即使是阴天也是别样的美好”,“积极的生活态度比生活本身更重要”。当面对孤独、寂寞的、缺乏成就感的工作环境时,要学会奖励自己、为自己喝彩，哪怕是自己的一丁点的进步，都不要忘记对自己说一声："哦，我做得真不错，明天继续努力哦！"。在经常的这样的言语的自我暗示下，个体就会由急躁、泄气、灰心变为情绪稳定、有条不紊、信心十足，自信有能力控制各种应激。他们的心理状态得到调节，心理活动水平得到提高，从而无论在顺境还是在逆境中，都能始终保持乐观向上的心态，不断在苦难中寻找新的乐趣，成为一个热爱生活、善待生命、对生活充满激情的人。

(2)打破固有的生活方式。在感觉倦怠时，打破固有的生活方式，重新寻找生活中的新意义，寻求不同的新体验，是十分有效的。当新的一天到来又开始工作时，不妨从自己最有信心、绝对能做好且比较有新意、自己比较喜欢的工作开始。完成了它会自觉有成就，会觉得今天过得值得，感觉积极，充满愉悦的好心情，倦怠感自然就消失殆尽。

(3)加强身心锻炼。情绪紧张和心理的疲倦之间也有着密切关联。因此，根据自身的身体、工作条件，选择比较合适的健身方式，让自己变得更有朝气；改变日常紧张、僵硬的姿势，让自己舒坦下来，舒坦的心情也就随之而至；常听些节拍快速、令人振奋的曲子，激发身体和精神的跃进。总之，用积极的心态去挖掘职业和生活的新内容，催化内心的积极性，就能摆脱倦怠感并凝聚起向着更新的目标努力的能量。

(4)改变认知。认知调节是摆脱职业倦怠的有效策略。前面介绍过的情绪ABC理论告诉我们，认知是情感和行为反应的中介，对于事件的扭曲的解释是引起人们情绪和行为问题的原因，而负面的认知和情绪困扰、行为障碍之间会互相强化，形成恶性循环，最终导致在困扰之中越陷越深。识别、矫正曲解的认知，改变不合理的思考，用理性的观念置换非理性的观念，人们的职业倦怠困扰会在很大程度上得以改善。比如，改变"非黑即白"的绝对性思考，容忍每个人的缺点，承认自己的不完美，不去盲目追求完美；改变"应该倾向"，不去苛求自己实现诸多的"应该"和"必须"，对自己的要求保持合理的弹性；改变"选择性概括"，摆脱只根据局部甚至更小范围的问题推及整体的"以偏概全"的倾向；改变"个人化"，不去承担那些原本就不应该由自己承担的责任。

另外，更积极地表达自己的意见，尽最大努力地去改变环境，建立良好的人际关系，以及合理的饮食，都有助于你逃离职业倦怠的困扰。

4. 提升职业情商

有企业管理专家建议大家：当我们遇到事情的时候，放弃那些让你感到不愉快的不合理的观念和想法，不要过分苛求别人和自己，人就会从那些不愉快的情绪中解放出来，从而达到减轻心理压力、提升职业情商目的。

提升职业情商主要从三个方面着手：

(1)心态修炼。了解自己在工作中的情绪是为了控制自己的情绪，保持良好的工作心态。职业情商对职业情绪的要求就是保持积极的工作心态。对工作要有强烈的自信心，相信自己的能力和价值，肯定自己。只有抱着积极的信念工作的人，才会充分挖掘自己的潜能，为自己赢得更多的发展机遇。

(2)思维修炼。对工作中消极的情绪要学会掌控。掌控情绪就是掌握情绪和控制情绪两个层次的含义，而不是单纯的自我控制。因为控制情绪说起来容易，往往做起来很难，甚至遇到对自己情绪反应激烈的问题时，根本就忘了控制自己。要驾驭自己的情绪，还必须要从改变思维方式入手改变对事物的情绪，以积极的思维方式看待问题，使消极的情绪自动转化为积极的情绪，从而实现自我控制自己的情绪。

(3)习惯修炼。通过心态、思维方式、行为的修炼培养出良好的职业习惯，是提升职业情商和实现职业突破发展的唯一途径。要想成功，就必须有成功者的习惯。改变不良习惯的关键，是突破自己的舒适区。一个人形成的习惯就是他的舒适区，要改变不好的习惯就要突破自己的舒适区，要有意识为自己找点别扭，要敢于为自己主动施加点压力，努力突破自己以往的心理舒适区，培养出积极的职业化习惯。

四、案例分析与思考

演讲稿的故事

小丽大学时学的是中文，后来，进入了一家广告公司，拥有优越的工作环境和丰厚的年薪。按说，小丽应该过得不错，不会有跳槽的念头。

一天，小丽为老总写一个活动的演讲稿，怎么也不能让老总满意。小丽硬着头皮改了七八次，可总被老总批得体无完肤，还说她完全不是搞文字的料。委屈的小丽不停地哭，想到了要跳槽。

她认定是老总有意为难她。自己怎么碰到这么个挑剔的老板呢？真是命苦啊！一连几天，小丽都陷入这种痛苦又无法摆脱的情绪中不能自拔，当然，老总的发言稿也没再让她写，而是让比她早一年到公司，跟她毕业于同一所学校的师姐代劳了。

对此，小丽很不高兴。一方面觉得老板针对了她，另一方面又觉得师姐代劳她的工作伤了她的自尊。一连几天都陷于苦恼之中无法自拔。后来，小丽联系了母校做心理咨询的吴老师，吴老师劝她说：工作上的困难，谁都遇到过。遇到了困难谁都不会高兴，关键是你自己怎么看待这个困难。没有一个老板会无缘无故地处处为难一个员工，他大不了可以开除你。这对你倒是一个磨炼的好机会，我们生活中的很多本领都是在特定的情况下逼迫学到的。你不妨这样想想，并虚心一点跟你的师姐好好学习一下。小丽听从了吴老师的意见，主动向师姐请教。

几天后，师姐和她共同完成了演讲稿，老板很满意，并拍着她的肩膀说："小丽，你还是有潜力的，工作的时候要勤于把它们挖出来呀！"听了老板这样的肯定，她顿时又觉得老板是个和蔼的老头了。小丽的认知改变了，情绪改变了，结果也改变了。

因此，当你情绪不好的时候，不妨问问自己，为什么这么不开心，是不是自己把有些事情想得太严重了，或是会错了意。换个想法，就能换个心情！

【相关链接】

沙子与珍珠

有一个年轻人，自我感觉很有才华，但在生活上遇到很多波折，于是便觉得活着没有意思。有一天他决定跳海，但他刚跳下去就被一个老渔民用渔网捞了起来。

他很生气，冲着老渔民嚷道："你什么意思，把我捞起来干什么？"老渔民说道："年轻人，为什么跳海呀，你这么年轻多可惜呀！"于是年轻人就对老人诉说了他怀才不遇的苦衷。

老渔民听完，说道："哎呀，你今天遇到我，运气来了。我正好是治怀才不遇的专家，我帮你治治吧。"

年轻人很诧异，急忙问老渔民医治之法。

老渔民说："我有秘诀，如果你想知道，就必须答应我一个条件。"老渔民说着，顺手从沙滩上拣起一粒沙子，往旁边一扔，说："年轻人，帮我去把我刚才扔掉的那粒沙子拣过来，然后我就告诉你。"

年轻人听了很生气，说道："你想耍我呀？这么多沙子，我怎么知道哪粒是你扔掉的呀？"

老人听了，笑着说："别生气，我这还有个条件，如果你满足了我这个条件，我也告诉你。我这里有一颗珍珠，我把它扔到沙滩上，你去给我找回来。"

很显然，年轻人轻而易举地把珍珠拣了过来，交给了老渔民，并很虔诚地说："老人家，我把珍珠拣过来了，可以告诉我秘诀了吧？"

老渔民一脸安详，说道："年轻人，秘诀我已经讲完了。"

这个故事告诉我们：有些人之所以有怀才不遇的感觉，是因为自己是无数沙子中的一粒，跟旁边的沙子没有太大的区别；但如果自己是一颗珍珠，那么伯乐就会很容易地发现我们。所以说这个世界上不是没有伯乐，而是因为自己不是一匹真正的在万马丛中能够让别人一眼就能辨认出来的千里马。

【延伸阅读】

远离职场不良情绪

职场人，好的情绪可以使人乐观向上，服务坚决，富有创造性和灵感。不良的情绪则使人易发生疲惫感乃至导致疾病，同时也会熏染周围的人，进而，你也会徐徐成为办公室不良情感的发源地，害得许多同事不得不远离你。

假如你一旦陷入了不良情绪的泥潭，你该怎么办呢？不妨试试以下几种方法：

(1)改变自我。人在安逸的工作中，每每会变得沉闷、没有朝气、提不起精力，假如能对当今一成不变的风格，做一些小的变换，就会有一种新鲜感。如对办公室或居室进行一些小的调整，改变一下装饰，试着交个新朋友，投入一种新的喜爱，写一篇关于情绪的漫笔等，都是一种很是不错的做法。

(2)换换装扮。假如你一往办公桌前一坐，看到自己本身衣冠不整，蓬头垢面，没有扮装的脸，不良情绪大概会暗暗地涌上心头。同时，当有领导或同事到你跟前的时候，也会使你处于忧伤的状态，不妨找一个空档，去打扮一下，换换装扮，说不定，你的好精神、好情绪也随之而来了呢。

(3)巧用颜色。为了保持本身精彩、向上的情绪，应积极去探索，尝试采用那些温顺、柔和而优雅，又具活力的颜色，如绿色、粉赤色、浅蓝色等。

(4)走进大自然。大自然的奇山秀水常能震撼人的心灵。登上高山，会顿感气度坦荡。放眼大海，会有超脱之感。走进丛林，就会感觉世界那么清爽。这种柔美的感受每每都是精彩的情感的诱导剂。

(5)欣赏音乐。工作之余，午休之时，假如你还在被坏天气影响得不能自拔的话，不如放一首喜欢好听的音乐，戴上耳麦，在抒怀美妙的音乐中，让你的魂灵穿过音乐的海洋，去观光吧，你必然会变得精力振奋，情感丰满，信念倍增。

(6)亲近阳光。由研究表明，在阴雨天人每每呈现情感低沉的征象，这是人受阳光折射太少而引起的，所以应该多晒晒太阳。在阳光下，人的心情也会阳光起来。

第四章　职业礼仪

引　言

随着社会的不断发展，人们对自己的礼仪形象越来越重视，好的形象不仅可以增加一个人自信心，而且对个人的求职、工作、晋升和社交都起着至关重要的作用，对企业服务、企业形象也有着重要作用。但职业礼仪往往是大学生的弱项，因此大学生加强职业礼仪的学习与训练，对于塑造良好的自我形象、走好职业之路、取得事业成功等，都具有重大的实际意义。

拓展项目一　职业形象塑造

一、学习目标

使学生了解职业礼仪的概念，认清学习礼仪的重要性，掌握职业礼仪基本知识，提高学生的礼仪文化修养，塑造良好的个人职业形象，成为具有高雅的气质、得体的举止、娴熟的人际交流技能的高素质人才。

二、拓展训练

自我形象设计

1. 训练目的

(1)了解最基本的礼仪；

(2)了解在不同的场合个人所要注意的仪态和形象。

2. 训练时间

需要30～50分钟。

3. 训练步骤

(1)操作指导：针对自我形象设计、自我形象塑造，通过模拟演示形式进行。具体过程如下：①设置不同的场景，如办公室里、朋友聚会、外出郊游等，随机抽取学生进行角色扮演，并设计自身的服装搭配。②对他们的言谈举止做出正确的分析，按教学中涉及的各种礼仪规范进行正确的和错误的对比演示。

(2)讨论分享：①通过自我形象的分析，有什么样的感悟？②针对错误的言谈举止，我们应该怎么去改正？③个人形象或个人行为发生改变，我们会面临什么样的问题？

(3)思考提升：在今后的日常生活和工作中，自身的形象设计和言谈举止我们应该注意哪些细节？

三、理论导航

(一)礼仪概述

1. 礼仪的概念

礼仪是人们在社交活动中要遵循的礼节，是一种约定俗成的行为规范，是社交活动中对人的仪容仪表和言谈举止的普遍要求。它是人们在社会交往中由于受历史传统、风俗习惯、宗教信仰、时代潮流等因素而形成，既为人们所认同，又为人们所遵守，是以建立和谐关系为目的的各种符合交往要求的行为准则和规范的总和。

所谓“礼”，是一种道德规范。“礼”的基本要求，就是以尊敬自己、尊敬他人，来协调人际交往与人际关系。所谓“仪”，则指的是“礼”的具体表现形式，即具有可操作性的“礼”的规范化做法。简言之，礼仪是一系列律己、敬人的规范化的具体表现形式。

从个人修养的角度来看，礼仪可以说是一个人内在修养和素质的外在表现。从交际的角度来看，礼仪可以说是人际交往中适用的一种艺术、一种交际方式或交际方法，是人际交往中约定俗成的示人以尊重、友好的习惯做法。从传播的角度来看，礼仪可以说是在人际交往中进行相互沟通的技巧。

2. 职业礼仪

职业礼仪，是指人们在职业场所中应当遵循的一系列礼仪规范。学会这些礼仪规范，将使一个人的职业形象大为提高。职业形象包括内在的和外在的两种主要因素，而每一个职场人都需要树立塑造并维护自我职业形象的意识。

3. 学习职业礼仪的意义

子曰：人无礼，无以立。中国自古以来就是一个重视礼仪的国度，礼仪是一个人是否有道德的基本评价标准。在现代社会中，职业礼仪可以帮助一个人更好的立足于社会，得到更好的发展。

学习职业礼仪就是为了“美”，为了拥有美好的职业形象和声誉。职业形象是我们在职场的立身之本，也是赢得他人了解、理解、支持、信任的基础和条件。仅对个人而言，职业形象也是我们获取职业成功的一件法宝。从某种意义上说，职业礼仪是一个人职业素质最为直观、最为形象的外在表现。我们要获得事业的成功，必须非常注重自己的职业形象。而我们学习职业礼仪就是为了从某些方面提升我们的职业形象。

对于即将步入社会、步入职场的大学生，学习职业礼仪知识的重要性可以反映在以下几个方面：

(1)有利于建立良好的人际关系，形成和谐的心理氛围，促进身心健康。

任何社会的交际活动都离不开礼仪。人类社会越进步，就越需要礼仪来调节社会生活。职业礼仪是职场人际交往的前提条件，是交际生活的“钥匙”。

渴望友谊和情感交流是当代大学生心理的一个重要特点。大学生一般都远离家乡父母，过着集体生活，与其他同学处在平等位置，失去了以往那种对父母“血缘上的”、“无条件的”依赖。因此，通过人际交往活动，并在交往过程中获得友谊，是适应新的生活环境的需要，是从“依赖于人”发展成“独立”的人的需要，也是大学生成功地走向社会的需要。实践表明，在大学期间，能否与他人建立良好的人际关系，对一个人的成长和学习有着十分重要的影响。良好的人际交往将有利于大学生形成和发展健康的个性品质。

职业礼仪作为人际交往的“钥匙”，得体与否会直接影响到一个人职业社交能力的高低。通过对社交礼仪的学习，帮助学生掌握交往技巧，积累交往经验，在交往过程中学会遵循相互尊重、诚信真挚、言行适度的原则，他们就能凭借这把“钥匙”去顺利地开启各种交际活动的大门，建立和谐融洽的人际关系。这不仅是形成良好的校园以及社会心理氛围的主要途径，而且对于大学生个体来说，也具有极其重要的心理保健功能。

(2)有利于促进大学生的社会化，提高社会心理承受力。

职业礼仪教育是一个人在社会化过程中必不可少的重要内容。任何一个生活在某一礼仪习俗和规范环境中的人，都自觉或不自觉地受到该礼仪的约束。自觉地接受社会礼仪约束的人，被人们认为是“成熟的人”，符合社会要求的人。反之，一个人如果不能遵守社会生活中的礼仪要求，他就会被该社会中的人视为“异端”，往往会受到人们的排斥。此外，一个人的社会心理承受力将直接影响到交际活动的质量。一个具有良好心理承受力的人，在各种情况下都能够做到处事不惊，从容应对，“泰山崩于前而不变色”，从而占领先机，掌握主动权。

对大学生进行职业礼仪教育，让大学生掌握符合社会职场要求的各种行为规范，不仅满足大学生走向社会的需要，更好地促进大学生社会化；而且，通过帮助其树立不卑不亢、进退有度、处变不惊，“坐看云卷云舒”的精神境界，还可以培养大学生适应社会生活的能力，提高他们的社会心理承受力。

(3)有利于对大学生进行思想道德教育，提高思想道德素质。

职业礼仪是一种社会规范,是调整社会生活成员在社会中相互关系的行为准则。社会规范主要包括法律规范和非法律规范两大类别。职业礼仪作为一种非法律规范,反映了人们在职场生活、彼此交往中最一般的道德关系,是职业交往活动顺利进行和社会生活正常运转的必要保障。对大学生进行系统的职业礼仪教育可以丰富他们的职业礼仪知识,使其掌握符合社会主义道德要求的职业礼仪规范,并指导他们在实际生活中按照职业礼仪规范来约束自己行为,真正做到“诚于中而行于外,慧于心而秀于言”,把内在的道德品质和外在的礼仪形式有机地统一起来,成为有较高道德素质的现代文明人。

(4)有利于强化大学生文明行为,促进社会主义精神文明建设。

个人的言谈举止反映出的不仅仅是自身的精神风貌,更是一个社会文明程度的体现。通过职业礼仪教育,引导大学生自觉遵循社会主义道德规范以及相应的社交礼仪形式,提高文明意识,养成文明的行为习惯,从而促使良好的社会道德风尚的形成,使人与人之间、人与社会之间达到高度的和谐与有序,让文明之花生根于校园,开放在全社会。

(二)职业礼仪的基本原则

1. 宽容

即人们在交际活动中运用礼仪时,既要严于律己,更要宽以待人。要豁达大度,有气量,不计较和不追究。宽容具体表现为一种胸襟,一种容纳意识和自控能力。

2. 敬人

即人们在社会交往中,要敬人之心常存,处处不可失敬于人,不可伤害他人的个人尊严,更不能侮辱对方的人格。

3. 自律

这是礼仪的基础和出发点。学习、应用礼仪,最重要的就是要自我要求、自我约束、自我控制、自我对照、自我反省、自我检点。按照礼仪规范严格要求自己,知道自己该做什么,不该做什么。

4. 适度

应用礼仪时要注意做到把握分寸,认真得体。礼仪是一种程序规定,而程序自身就是一种“度”。礼仪无论是表示尊敬还是热情都有一个“度”的问题,没有“度”,施礼就可能进入误区。

5. 真诚

运用礼仪时,务必诚信无欺,言行一致,表里如一,不虚伪、不做作。交际活动作为人与人之间信息传递、情感交流、思想沟通的过程，如果缺乏真诚则不可能达到目的，更无法保证交际效果。

6. 从俗

由于国情、民族、文化背景的不同，必须坚持入乡随俗，与绝大多数人的习惯做法保持一致，切勿目中无人、自以为是。交往各方都应尊重相互之间的风俗习惯，了解并尊重各自的禁忌，如果不注意禁忌，就会在交际中引起障碍和麻烦。

7. 平等

这是礼仪的核心，即尊重交往对象、以礼相待，对任何交往对象都必须一视同仁，给予同等程度的礼遇。不可区别待人，更不能前倨后恭、趋炎附势。

(三)职业礼仪基本规范

1. 握手礼仪

有一种礼仪，不用说话就能显示出热情、友好的待人之道，如果应用得当，它能进一步增添别人对你的信赖感，但是它也能在不经意地举手投足之间，泄露你教养的秘密……它，就是见面时最为普通的握手礼。千万不要小看它，正是这简单的一握，蕴藏着丰富的信息，简单的一握，蕴藏着复杂的礼仪细节。

(1)握手的顺序。根据握手人的社会地位、年龄、性别和身份来确定，一般由上级、年长者、女士先伸手。例如晚辈和长辈握手一般是长辈先伸手；上级和下级握手一般是上级先伸手；老师和学生握手一般是老师先伸手；男人和女人握手一般是女人先伸手。另外，朋友、平辈见面，先伸出手者表示更有礼貌。

(2)握手时机和时间。握手之前要进行观察，既不能轻轻一碰就放下，也不要久握对方的手不放，要掌握适度。一般而言，说完表示欢迎或告辞致意的话之后，就应放下。

(3)握手时的几个禁忌。第一，心不在焉，表情呆板，不言不语，眼神他顾；第二，伸左手。在一些东南亚国家，如印度、印尼等，人们不用左手与他人接触，因为他们认为左手是用来洗澡和上卫生间的，是不洁之手；第三，戴着手套握手。根据国际惯例，只有女人在社交场合带着的薄纱手套可以不摘，一般御寒用手套一定要摘。

2. 介绍礼仪

现代生活，人们职业交往范围日益广泛，似乎每天都在认识新的面孔，结交新的朋友。初次认识，总少不了介绍：介绍自己，介绍别人。得体的介绍往往会给对方留下良好的第一印象，因此人们又把介绍称为交际之桥。

(1)介绍的类型。从礼仪的角度来讲，介绍可以分为四种类型。第一类，自我介绍;第二类,为他人介绍。指由第三方出面为不相识的双方做介绍;第三类,集体介绍。如在大型活动社交场合,把某一个单位、某一个集体的情况向其他人说明;第四类,业务介绍。被介绍的对象不指向人,而是一种物品、一种事务等。例如向他人介绍一款手机、向客户介绍公司的业务等。

(2)介绍的顺序。在社交场合,介绍两人相互认识的时候,要坚持受到尊重的一方有了解对方的优先权原则,因此应遵循以下介绍顺序进行:先把男士介绍给女士;把年轻者介绍给年长者;把客人介绍给主人;把未婚者介绍给已婚者;把职位低者介绍给职位高者。如果被介绍的是同性或者年龄相仿的或者一时难以辨别身份、地位时,可以先把与自己关系较熟悉的一方介绍给自己较为生疏的一方。

3. 道歉礼仪

"人以和为贵",学会道歉也是人生的一大课题。在生活中或工作中,即使社交礼仪做得很好,也难免会遇到需要向人道歉的境况,那么如何道歉会让对方感受到你的诚意,接受你的歉意呢?在道歉的过程中应注意以下几点:

(1)道歉语应当文明而规范。有愧对他人之处,宜说:"深感歉疚","非常惭愧"。渴望见谅,需说:"多多包涵","请您原谅"。有劳别人,可说:"打扰了","麻烦了"。一般场合,则可以讲:"对不起","很抱歉","失礼了"等等。

(2)道歉应当及时。知道自己错了,马上就要道歉,否则越拖得久,就越会让人家"窝火",越容易使人误解。道歉及时,还有助于当事人"退一步海阔天空",避免因小失大。

(3)道歉应当大方。道歉绝非耻辱,故而应当大大方方,堂堂正正,完全彻底。不要遮遮掩掩,"欲说还休"。但也不要过分贬低自己,刻意讨好对方。要做到不卑不亢。

(4)道歉可借助于"物语"。有些道歉的话当面难以启齿,写在信上寄去也可以。对女性而言,令其转怒为喜,既往不咎的最佳道歉方式,无过于送上一束鲜花,婉"言"示错。这类借物表意的道歉"物语",通常会有极好的效果。

(5)道歉并非万能。在有必要向他人道歉时,要切记,使自己此后的所作所为有所改进,不要言行不一,依然故我。让道歉仅仅流于形式,只能证明自己待人缺乏诚意。

4. 电话礼仪

随着通信事业的快速发展,电话已成为人们沟通的基本方式。在职场中,得体的电话礼仪,对于塑造个人的良好形象,打造和谐人际关系有着重要作用。

(1)打电话礼仪

①把握时间。打电话应选择合适的时间,若无急事或者特殊情况,尽可能在受

话人上班 10 分钟以后或者下班前 10 分钟之间的时间里通电话；除非有紧急情况，打电话不宜过早（早上 7:00 以前）或者过晚（晚上 10:00 以后）；国际长途，应注意地区时差。

②通话准备。通话前要想好谈话内容，确立中心，理清思路，拟定要点，重要电话不妨先记下内容要点，避免通话时慌忙、紧张、语无伦次。

③礼貌问候。电话拨通后，首先问候对方“您好”，然后确认是否找对人，得到对方答复后，介绍自己的单位、姓名等。要注意音量适宜、语速适中、吐字清晰。易采用比较客气地言辞，如“对不起，可以向您咨询几个问题吗？”、“打扰了，占用您两分钟时间可以吗？”“谢谢您的答复”等。通话过程中避免吃东西，东拉西扯，打哈欠。根据情况可用探询或商量的口气交谈，同时细心倾听对方的反应。除了特殊情况外，通话时间切忌过长，控制在 3 分钟左右为宜。通话结束后，应尽量让对方或上级、长辈先挂电话，并说“再见”，待对方放下电话后，轻轻放下电话。

(2)接电话礼仪。听到电话响，要及时接听，以铃响不过三为宜。接通后，先说“您好”，然后再报个人姓名等。接听要认真，对于时间、地点、人物、数字等信息务必要重点重复、核实；代接电话者要做好详细记录，转告信息时不要遗漏和记错；如果几个电话同时响起时要分清主次，可根据来电号码判断轻重缓急，事先如不知道哪个电话重要时可以依次接起电话，问清楚缘由后先处理最重要的电话，但切忌同时接听两个电话。

(3)其他注意事项。公共场合接打电话要注意控制音量，不能影响他人。避免在电影院、音乐厅、图书馆等处接打电话；出于安全考虑，加油站、飞机起飞后、大型医疗设施附近等处禁止使用手机；当不使用手机时，请锁住手机按钮，以防意外拨打诸如 119、110、120 等特殊电话号码。

5. 名片礼仪

(1)名片使用时机。初次见面，首先要以亲切态度打招呼，并报上自己的公司名称，然后将名片递给对方，名片夹应放在西装的内袋里，不应从裤子口袋里掏出。如果是事先约好才去的，对方已对你有一定了解，或有人介绍，就可以在打招呼后直接面谈，在面谈过程中或临别时，再拿出名片递给对方，以加深印象，并表示保持联络的诚意。

(2)递接礼仪。递送名片时最好用左手，持名片的下端，让名片的正方、名字向着对方。接受名片时必须起身，用双手接收。接过后要点头致谢，不要立即收起来，也不应随意玩弄和摆放，而是认真读一遍，要注意对方的姓名、职务、职称，并轻读不出声，以示敬重。对没有把握念对的姓名，可以请教一下对方，然后将名片放入自己口袋或手提包、名片夹中。

(3)注意事项。无论收藏的名片主人是否在场，都不应在名片上写字、乱画，记录信息或向别人传递信息时，应找空白纸张或纸条；男性不应主动向同性的配偶或其他女性亲属递送名片。

(四)塑造完美个人形象

个人形象的塑造就是按照职业礼仪的要求来规范自己的行为，主要从仪容、仪态、着装等方面进行：

1. 个人仪容

仪容能给人造成直接而敏感的“第一印象”，美好的仪容总能令人敬慕和青睐，因此要注意仪容卫生，养成良好的卫生习惯。仪容卫生主要包括以下6个方面：

面容清洁：早晚要洗脸。

口腔清洁：牙齿洁白，口腔无味。

鼻腔清洁：不要随便吸鼻子，挖鼻孔。男性要注意修剪鼻毛。

头发清洁：要勤于洗发，勤于梳理，避免出现油光、头屑、发型凌乱等情况。要常修剪头发，男士最好每月一次，女士视情况而定。发型要与工作相适应。

手的清洁：随时清洁双手，常修剪指甲，一般涉外活动不要涂有色指甲油。

身体清洁：身体无异味。进入需要脱鞋的空间时，脚无异味散出。

对于女性而言，常常需要在工作中化淡妆，此时应当注意：不要在公共场所化妆、不要在男性面前化妆、不要非议他人的妆容、不要借用他人的化妆品。妆容忌过于夸张、忌脸青唇白、忌面颈颜色不一。

2. 肢体语言

人际交往中，人的感情流露和交流往往借助于人体的各种姿态，即“体态语言”，比如站姿、坐姿、行走、蹲姿、手势等。肢体语言是一个人的气质、知识、修养等内在素质的外在展示。古人曰：“坐如钟，站如松，行如风。”在任何一个社交场合，端庄的举止、优雅的坐姿，是对人尊重、友好、谦恭、关心、体贴的表现，反之，则会给人留下不好的印象。

(1)站姿。站姿是人们在交际场所最基本的姿势，是其他姿势的基础。站立是一种静态美，是培养优美典雅仪态的起点。规范的站姿：头正、肩平、腿垂、躯挺、腿并；叉手站姿：两手在腹前交叉，右手搭在左手上。这种站姿男士两脚间的距离不应超过20 cm，女士可用小丁步。站立过程中身体重心可以在两腿间转换，以减轻疲劳。

(2)坐姿。坐姿的原则是端正、大方、自然、稳重。

①女士基本坐姿：入座时要轻稳，走到座位前，转身后退，轻稳地坐下。如果是

衣着裙装,应用手将裙子稍稍拢一下,不要坐下后再拉拽衣裙;上体自然坐直,立腰,双肩平正放松;两臂自然弯曲放在膝上,也可以放在椅子或沙发的扶手上,掌心向下;双膝自然并拢,双脚平落在地上。应坐满椅子的2/3,脊背轻靠椅背;端坐时间过长时可换一下姿势:将两腿并拢,两脚同时向左或向右放,两手叠放,置于左腿或右腿上形成优美的"S"形。也可以两腿交叉重叠,但要注意将上面的小腿回收,脚尖向下。坐姿的选择还要根据椅子的高低以及有无扶手和靠背,两手、两腿、两脚还可有多种摆法,但两腿叉开,或成四字形的叠腿方式是很不合适的;起立时,右脚向后收半步,而后站立。

②男士基本坐姿:入座时要轻、稳、缓,走到座位前,转身后轻稳地坐下,如果椅子位置不合适,需要挪动椅子的位置,应当先把椅子移至欲就座处,然后入座;身体重心应该垂直向下,腰部挺直,两腿略分开,与肩膀同宽,看起来不至于太过拘束;坐在沙发上时,姿势应端正,态度安详,整个身体不要向内靠;头部要保持平稳,目光平视前方,神态从容自如,脸上保持轻松和缓的笑容;双肩平正放松,两臂自然弯曲放在腿上,亦可放在椅子或是沙发扶手上,以自然得体为宜,掌心向下;两膝间可分开一拳左右的距离,脚态可取小八字步或稍分开以显自然洒脱之美,但不可尽情打开腿脚,那样会显得粗俗和傲慢。如长时间端坐,可双腿交叉重叠,但要注意将上面的腿向回收,脚尖向下;如果是侧坐,应该上半身与腿同时转向一侧,面部仍是正对正前方,双肩保持平衡;坐在椅子上,应至少坐满椅子的2/3,宽座沙发则至少坐1/2。落座后至少10分钟左右时间不要靠椅背。时间久了,可轻靠椅背;离座时要自然稳当,右脚向后收半步,而后站起。

(3)行走。正确的行走要从容、轻盈、稳重。女士走姿要展现身体的曲线美,男士走姿要体现阳刚之气。不左顾右盼,不勾肩搭背。

(4)蹲姿。蹲姿可用在整理工作环境、给予客人帮助、提供必要服务、捡拾地面物品、自我整理装扮等情况下。蹲姿基本要领:蹲下时,抬头挺胸,保持上身挺拔,慢慢把腰低下,臀部向下,神情自然。高低式蹲姿:双膝一高一低,男女通用。要求左脚在前,右脚稍后,两腿靠紧,左脚全部着地,并垂直于地面,右脚脚掌着地,脚跟提起,右膝盖低于左膝,右膝内侧靠于左小腿内侧,臀部向下。

(5)手势。手势是人们利用手来表示各种含义时所使用的各种姿势,是人们交际时不可缺少的体态语言。手势美是动态美,能够恰当地运用手势来表达真情实意,就会在交际中表现出良好的形象。

规范的手势:应当手掌自然伸直,掌心向内向下,手指并拢,拇指自然稍稍伸开,手腕伸直,使手与小臂成一条直线,肘关节自然弯曲,大小臂的弯曲不要太大。一般谈话中手势幅度,上不超过耳部,下不过腰部,忌过于单调重复。

另外几种手势应注意避免：

不卫生的手势：客人面前搔头发、掏耳朵、抠鼻孔、剔牙齿等；

不尊重他人的手势：掌心向下挥动手臂、用拇指指自己或用手指点他人或用食指指他人；

不稳重的手势：如双臂环抱、摆弄手指、双手抱头、手插口袋、搔首弄姿、抚摸身体等。

3. 个人着装

(1)着装原则

①和谐得体的原则。所谓和谐得体，是指人们的服饰必须与自己的年龄、形体、肤色、脸形等相协调。只有充分结合自身的具体条件，一切从实际出发来进行穿着打扮，才能真正达到扬长避短、美化自己的目的。

②TPO 原则。TPO 是英语中时间、地点与目的这三个单词第一个字母的缩写，TPO 原则要求人们着装时要充分考虑以下三个因素：

时间：时间的含义有三层：一是指每日的早上、日间、和晚上三段时间；二是要考虑春、夏、秋、冬四个季节的变化对着装的影响；三是要注意时代间的差异，服饰要顺应时代的潮流。

地点：地点是指露面的具体场所，如工作地点、购物中心、旅游景点、自己家中等。不同的地点需要与之相协调的不同服饰。

目的：着装要考虑到目的，即人们意欲通过自己的穿着给别人留下怎样的印象。比如，应试、应聘时，最好穿西装或套装，颜色素雅些，使人看上去成熟而庄重。女性不可在工作场合打扮过于性感和新潮。

(2)西装着装

女性西服着装礼仪：女性穿西服套裤(裙)时，需要穿肉色的长筒或连裤式丝袜，不可光腿或穿彩色丝袜、短袜。穿衬衫时，内衣与衬衫色彩要相近、相似；穿面料较为单薄的裙子时，应着衬裙。

男性西服着装礼仪：男性出席正式场合穿西装、制服，要坚持三色原则，即身上的颜色不能超过三种颜色或三种色系(皮鞋、皮带、皮包应为一个颜色或色系)，不能穿尼龙丝袜和白色的袜子。

穿着西装应遵循的礼仪原则：

①西服套装上下装颜色应一致。在搭配上，西装、衬衣、领带其中应有两样为素色。

②穿西服套装必须穿皮鞋，便鞋、布鞋和旅游鞋都不合适。

③配西装的衬衣颜色应与西服颜色协调，不能是同一色。白色衬衣配各种颜

色的西服效果都不错。正式场合男士不宜穿色彩鲜艳的格子或花色衬衣。衬衣袖口应长出西服袖口 1～2 厘米。穿西服在正式庄重场合必须打领带,其他场合不一定都要打领带。打领带时衬衣领口扣子必须系好,不打领带时衬衣领口扣子应解开。

④西服纽扣有单排、双排之分,纽扣系法有讲究:双排扣西装应把扣子都扣好。单排扣西装:一粒扣的,可系可敞;两粒扣的,只系上面一粒扣或敞开;三粒扣的,系上面两粒或只系中间一粒。

⑤西装的上衣口袋和裤子口袋里不宜放太多的东西。穿西装内衣不要穿太多,春秋季节只配一件衬衣最好,冬季衬衣里面也不要穿棉毛衫,可在衬衣外面穿一件羊毛衫。穿得过分臃肿会破坏西装的整体线条美。

⑥领带的颜色、图案应与西服相协调,系领带时,领带的长度以触及皮带扣为宜,领带夹戴在衬衣第四、第五粒纽扣之间。

⑦西服袖口的商标牌应摘掉,否则不符合西服穿着规范,高雅场合会贻笑大方。

4. 个人配饰

个人配饰指的是人们在着装的同时所选用、佩戴的装饰性物品,对着装起着辅助、烘托、陪衬、美化的作用。男士的饰品主要是手表和结婚戒指。女士的佩饰则要复杂得多,有耳环、戒指、项链、手镯(链)、胸针等。在社交及涉外场合恰到好处地使用它们,不仅能为着装带来变化,还可将女性的个性和风采更好地展现在众人面前。

配饰的 8 条使用规则:

(1)数量以少为好。在必要时,可以不用佩戴首饰。如果想同时佩戴多种首饰,最好不要超过三种。

(2)同色最好。如果同时佩戴两件或两件以上的首饰,要求色彩一致。

(3)质地相同。比如戴镶嵌首饰时,要让镶嵌物质地一致,托架也要力求一致。这样能让它们在总体上显得协调。

(4)符合身份。选戴首饰时,不仅要照顾个人爱好,更应当服从自己的身份,要和自己的性别、年龄、职业、工作环境保持基本一致,而不要相差太多。

(5)为体型扬长避短。选择首饰时,应充分正视自身的形体特点。例如圆脸型的人适宜选用链式耳环,不要戴又大又圆的耳环;长脸型的人适宜选用宽宽大大的耳环,不要戴过长而且下垂的耳环。肤色深的人宜用浅色耳环;肤色浅者宜用深色耳环。

(6)和季节相吻合。季节不同,戴的首饰也要不同。金色、深色首饰适合冷季佩戴,银色、艳色首饰适合暖季佩戴。

(7)和服饰协调。佩戴首饰,是服装整体中的一个环节。要兼顾服装的质地、色彩、款式,并努力让它在搭配、风格上相互般配。

(8)遵守习俗。不同的地区、不同的民族，佩戴首饰的习惯做法也有所不同，要了解并且尊重。

5. 交往中的空间礼仪

人与人之间有着看不见但实际存在的界限，这就是个人领域的意识。因此根据空间距离不同，也可以推断出人们之间的交往关系。距离与情境和关系不相对应，会明显导致人出现心理不适感。美国人类学家爱德华·霍尔博士划分了四种区域或距离，各种距离都与双方的关系相称。

(1)亲密距离。这是人际交往中的最小间隔，即我们常说的“亲密无间”。在其近范围0～15厘米之内彼此间可能肌肤相触，耳鬓厮磨，以至相互能感受到对方的体温、气味和气息，这是情感上有密切联系的人的空间(如，家人、知心朋友和恋人等)。其远范围是15～44厘米，身体上的接触可能表现为挽臂执手，或促膝谈心，仍体现出亲密友好的人际关系。

(2)个人距离。这是人际间隔上稍有分寸感的距离，宜较少直接的身体接触，一般在46～122厘米，此距离内正好能相互亲切握手、致意，友好交谈。这是与熟人交往的空间。陌生人进入这个距离会构成对别人的侵犯。

(3)社交距离。社交距离在120～210厘米，属于礼节上较为正式的交往关系。主要适用于某些较为隆重的场合，如庆典、仪式、会见、会议等，意在向交往对象表示特殊的敬意。

(4)公众距离。这是公开演说时演说者与听众所保持的距离。其近范围为3.7～7.6米，远范围在7.6米之外。这是一个几乎能容纳一切人的“门户开放”的空间，人们完全可以对处于空间的其他人“视而不见”，不予交往。因此，这个空间的交往，大多是当众演讲之类，当演讲者试图与一个特定的听众谈话时，他必须走下讲台，使两个人的距离缩短为个人距离或社交距离，才能够实现有效沟通。

四、案例分析与思考

案例一

伤心的采访经历

张小姐，26岁，杂志社记者。

说起穿衣礼仪，有一段至今让我无法忘记的尴尬经历，感觉心被自己重重地伤了一回。记得我刚进杂志社不久，领导安排我去采访一位某民营企业的老总。这是一个既能干又极有魅力的女性，对工作一丝不苟，对生活却是极其享受，最关键的是，即使再忙，她也不会忽视身边美好的东西，尤其对时尚非常敏感，对自己的衣着及其礼仪要求极高。这样的女性，会让很多人产生兴趣，还未见到她，仅仅是介绍，我已经开始崇拜她了，所以我非常高兴能由我来做这个专访。事先我做了大量的准备工作，采访纲要修改了多次，内心被莫名的激动驱使着。到了采访当天，穿什么衣服却让我犯愁。要面对这样一位重量级的人物，尤其是位时尚女性，当然不能太落伍了。然而我从来就不是个会打扮的女孩，现在，还真不知道应该穿什么衣服才能让我在这样一位女性面前显得更时尚些。终于在杂志上看到女孩穿吊带装，那清纯可人的形象打动了我，于是迫不及待地开始模仿起来。那天采访，我穿了一件紧身小可爱，热裤（虽然我的腿看起来有点粗壮），打了个在家乡极其流行的发髻，兴冲冲地直奔采访目的地。当我站在该公司前台说明自己的身份和来意时，我明显看到了前台小姐那不屑的眼神。我再三说明身份，并拿出工作证来，她才勉强地带我进了老总的办公室。眼前的这位女性，高挑的身材，优雅的举止，得体的穿着，让我怎么看怎么舒服。虽然我不是很精通衣着，但在这样的场合，面对这样的对象，我突然感觉自己的穿着就像个小丑，来时的兴奋和自信全没了。还好，因为采访纲要准备还算充分，整个采访过程还比较顺利。结束前我问她，日常生活中，她是如何理解和诠释时尚、品位和魅力的。她告诉我，女人的品位和魅力是来自内心，没有内涵的女人，是散发不出个人魅力，也无法突显品位的。而时尚不等同于名牌、昂贵和时髦，那是一种适合与得体。说完这话，她微笑地看着我。此时我的眼睛看到的只有眼前自己那两条粗壮的双腿。我感觉自己无法正视她，采访一结束，我逃似地奔离了她的办公室。

案例二

总经理的“时尚装束”

郑伟是一家大型民营企业的总经理。有一次，他获悉有一家著名的德国企业的董事长正在本市进行访问，并有寻求合作伙伴的意向。他于是想尽办法，请有关部门为双方牵线搭桥。让郑总经理欣喜若狂的是，对方也有兴趣同他的企业进行合作，而且希望尽快与他见面。到了双方会面的那一天，郑总经理对自己的形象刻意地进行一番修饰，一改过去别人总说他“老土”的装束，根据自己对时尚的理解，上穿夹克衫，下穿牛仔裤，头戴棒球帽，足蹬旅游鞋。无疑，他希望自己能给对方留下精明强干、时尚新潮的印象。然而事与愿违，郑总经理自我感觉良好的这一身时髦的“行头”，却偏偏坏了他的大事。

案例三

浓妆淡抹总相宜

王芳，某高校文秘专业高才生，毕业后就职于一家公司做文员。为适应工作需要，上班时，她毅然放弃了“清纯少女妆”，化起了整洁、漂亮、端庄的“白领丽人妆”，不脱色粉底液，修饰自然、稍带棱角的眉毛，与服装色系搭配的灰度高偏浅色的眼影，紧贴上睫毛根部描画的灰棕色眼线，黑色自然型睫毛，再加上自然的唇型和略显浓艳的唇色，虽化了妆，却好似没有化妆，整个妆容清爽自然，尽显自信、成熟、干练的气质。但在公休日，她又给自己来了一个大变脸，化起了久违的“青春少女妆”：粉蓝或粉绿、粉红、粉黄、粉白等颜色的眼影，彩色系列的睫毛膏和眼线，粉红或粉橘的腮红，自然系的唇彩或唇油，看上去娇嫩欲滴，鲜亮淡雅，整个身心都倍感轻松。心情好，自然工作效率就高。一年来，王芳以自己得体的外在形象、勤奋的工作态度和骄人的业绩，赢得了公司同仁的好评。

分析与思考：

穿衣是“形象工程”的大事。西方的服装设计大师认为：“服装不能造出完人，但是第一印象的80%来自于着装。”因此，千万不要掉以轻心！

案例一中的张小姐失误在不会根据自己的职业、体型来选择着装。作为时尚杂志的记者，不仅不能引领时尚，反而使自己的衣着打扮严重地和职业、身份不相符，缺乏应有的审美品位，所以难免招来前台小姐鄙视的眼光，让自己感到尴尬。正如文中的女老板所说的那样，时尚不等同于名牌、昂贵和时髦，那是一种适合与得体。

案例二中郑总经理与德方同行的第一次见面属国际交往中的正式场合，应该穿正装，即穿西服或传统中山服，以示对德方的尊敬。但他没有这样做，正如他的德方同行所认为的：此人着装随意，个人形象不合常规，给人的感觉是过于前卫，尚欠沉稳，与之合作之事当再作他议。

案例三中的女主人公王芳很会搭配自己，让自己的工作和生活都丰富多彩起来，而不是一成不变。作为白领丽人，干练、简单、大方、成熟、知性是工作中必不可少的。如果用“青春少女妆”的话就会显得整个人很轻浮，很单纯，完全少了女性的端庄。但节假日是个放松的时刻，不需要把自己的工作带进休息中，这时“白领丽人妆”就略显古板了。而且“青春少女妆”给人一种朝气蓬勃的感觉，使人整个身心都从一周紧张的工作中放松下来，以便下周更好地投入工作。不可否认的是，案例中的女主人公很懂得生活！

【相关链接】

你懂得服饰如何搭配吗？

衣着是极其讲究个性的，并不是漂亮的衣服就适合所有人。决定一件衣服是否适合自己的因素有很多，如款式、质地等，而颜色无疑在其中起着至关重要的作用。

不同色彩会给人不同的感受，如深色或冷色调的服装让人产生视觉上的收缩感，显得庄重严肃；而浅色或暖色调的服装会有扩张感，使人显得轻松活泼。因此，可以根据不同需要进行选择和搭配。总的来说，服装的色彩搭配可以分为两大类，一类是协调色搭配，一类是对比色搭配。

1. 对比色搭配

指两个相隔较远的颜色相配，如：黄色与紫色，红色与青绿色，黑色与白色等。如此能形成鲜明的对比，有时会收到良好的效果。不要把沉着色彩，例如：深褐色、深紫色与黑色搭配，这样会和黑色呈现“抢色”的后果，令整套服装没有重点，而且服装的整体表现也会显得很沉重、昏暗无色。黑白配是永恒的经典，黑色与黄色是最亮眼的搭配，红色和黑色的搭配，非常之隆重，同时又不失韵味。

2. 协调色搭配

选择相邻或者相近的配色进行搭配，比如深蓝配浅蓝，咖啡配米色等。同类色配合的服装显得柔和文雅。粉红色系的搭配，让整个人看上去柔和很多。绿色和嫩黄搭配，整体感觉非常素雅，淑女味道不经意间流露出来。

3. 其他

白色可与任何颜色搭配，但要搭配得巧妙，也需费一番心思。红白搭配是大胆的结合。上身着白色T恤，下身穿红色窄裙，显得热情潇洒充满个性。

在所有有色颜色中，蓝色服装最容易与其他颜色搭配，不管是近似于黑色的蓝色，还是深蓝色。而且，蓝色具有紧缩身材的效果，极富魅力。蓝色搭配红色，使人显得妩媚、俏丽，但应注意蓝红比例适当。蓝色与白色搭配则显得非常清新。

米色因其简约与富于知性美成为职场流行的颜色。一件浅米色的高领短袖毛衫，配上一条黑色的精致西裤，穿上闪着光泽的黑色的尖头中跟鞋子，将一位职业女性的专业感觉烘托得恰到好处。如果想要一种干练、强势的感觉，那就选择一套黑色条纹的精致西装套裙，配上一款米色的高档手袋，既有主管风范又不失女性优雅。

总之，服装颜色上深下浅，显得端庄、大方、恬静、严肃。上浅下深，则显得明快、活泼、开朗、自信；绿色颜色难搭配，在服装搭配中可与咖啡色搭配在一起；有图案的上衣不要配相同图案的衬衣和领带；条纹或者花纹的上衣需配素色的裤子；鞋子的颜色要与衣服的色彩相协调；内外两件套穿着时，色彩最好是同色系或反差大的，搭配起来会更有味道。

拓展项目二　面试礼仪

一、学习目标

重点使学生了解面试礼仪的重要性，掌握面试礼仪基本知识，从而提高求职面试的成功率。

二、拓展训练

求职面试情景剧

1. 训练目的

(1)提高学生语言表达能力、交际能力和沟通能力；

(2)重点使学生熟练掌握面试礼仪。

2. 训练时间

需要 40～50 分钟。

3. 训练步骤

(1)操作指导：学生分组进行模拟训练。具体操作过程：①角色分配(1 名面试官、2 名副面试官、3 名应聘者，其余作为观众，由小组内同学轮流扮演)；②由组内同学经商议自由规定招聘人才的条件和要求，并设计现场求职情形和问题；③情景展示。同学们根据面试过程中求职者的形象、资料准备情况、言谈举止等情况进行评价；④老师做最后点评。

(2)讨论分享：①在这次求职面试的过程中，你的着装、言谈举止是否得体？你认为优秀的面试礼仪是怎样的？②除了个人能力，你认为面试礼仪是否能够决定面试的成败？

(3)思考提升：细节决定成败。在求职面试中，求职者者对一些细节处理得好与否，直接关系到应聘者的“印象分”，对面试成功有着很重要的影响。请认真思考，一场成功的面试需要满足什么条件？

三、理论导航

求职面试礼仪反映了个人的修养程度。细微之间显成败。一个成功的求职者，必须在所有的应聘环节上都做好充分准备，并取得成功。在求职面试的过程中，虽然求职面试技巧相当重要，但礼仪也是影响成败重要方面。

（一）求职前准备

1. 求职材料编写的基本礼仪要求

（1）量体裁衣，重点突出。用人单位最想知道的是应聘者可以为他们做什么。含糊笼统、毫无针对性的简历会使阅读者失去兴趣，导致应聘者机会的丧失。求职中不存在"万能简历"，如果有多个目标，最好写上多份不同的简历，每一份都要针对招聘单位的特点和要求，突出自身相应的优势，表明对用人单位的重视和热爱，增加简历投递的命中率。

（2）简洁明快，精心安排。一家知名公司的人事经理曾经说："我们首先选择看上去让人感到舒服的简历。有的人为了求新，在封面上用大美人照，用很怪异的文字；有的简历写得很乱，写得很糟，这样的简历一般不看，直接淘汰。"简历中文字要潇洒大方，字体大小要合理，四周空白、行间距适度，不可过于拥挤，切忌让人看了杂乱无章。倘若没有十足的把握，不要标新立异，以免弄巧成拙。

（3）表述真诚，语句精练。对于经验、能力的阐述要尽可能的准确，不夸大也不要过分自谦，以免误导。求职材料要以真诚朴实见长，严禁卖弄文采，要尽量使用简短精练的词语和句子，避免繁杂冗长。要确保无错别字及标点符号的错误，否则会给人以粗心大意、工作不踏实、缺乏诚意、不尊重人的感觉。

（4）牢记招聘单位的地址和名称。一定要弄清楚自己曾经投递的单位的名称和地址，这就如同人与人交往一定要牢记对方的姓名一样，只有这样才显示出你对招聘方的尊重。投寄求职材料时，单位名称地址写准确，不写简称，不可涂改，不可有错别字；对简历接受人员称呼要得当。

2. 仪表与服饰

适宜的仪表修饰不仅容易给招聘者留下良好的印象，同时也是一种对他人的礼貌和尊重。毕业生在应聘时，首先要注意自己的仪表与服饰。

许多人认为难得有一次面试的机会，一定要大出风头，于是买了许多时髦、昂贵的服装。这是一个极大的误区。面试不是约会，尽可能抛弃各种装饰。特别是刚刚走出学校大门的人，如给人以纯洁的美感，会更为人喜欢。有的人则不太注重服装，穿着过于随便。这也会使招聘人员对你的印象大打折扣。求职时的服饰打扮应该注意稳重、正式、干净整洁。一般来说，套装较为适宜。要选择合适的尺码，大一码或小一码都会影响穿着效果。衣服的颜色宜选择皮肤的中性色，注重现代感，把握积极的方向。头发要梳理整齐，不要乱蓬蓬或黏糊糊。穿深色衣服时最好事先拍拍两肩，以免头屑掉在上面。需要注意的是，一双合适、干净的鞋子很重要。按照礼仪习惯，人们通常认为鞋子反映性格，如果你的皮鞋很多土或很破旧会被定义为不整洁和不拘小节的人。

另外，不可忽视不同职位对穿着的不同要求，例如应聘公关职位就要适当地注意时尚，而应聘文秘、财会职位就应与时尚拉开适当的距离。

(二)面试礼仪

1. 准时赴约

一般来讲，比原定时间早 5～10 分钟到达面试地点较好。提前半小时以上到达会被视为没有时间观念，在面试时迟到则会被视为缺乏自我管理和约束能力，这些都会给面试者留下非常不好的印象。

2. 等待礼仪

求职者到达面试公司后，可对接待人员做简单的自我介绍，然后，直接前往面试会场，切记到处东张西望。在到达面试会场前，不论在走廊或电梯内，如果遇到面试公司的职员，都应礼貌地问候，并注意自己的言行举止，不可问东问西。在面试室外等候时，不要因为太过兴奋或紧张而走来走去、东张西望，这样会显得不够稳重。也不要与人高谈阔论或是大声打电话，这样会影响他人准备和思考问题，也会分散在屋里应试者的注意力。你所要做的，就是安安静静地按照顺序坐在座位上，平复激动或焦虑的心情，以良好的心态来应对接下来的考试。

3. 入座礼仪

进入面试室后，等到主考官示意坐下再就座。如果没有指定的座位，可选择主考官对面的位子坐下。另外，注意坐姿的优美与精神。坐椅子时，最好只坐 2/3，男生的双脚分开比肩宽略窄，双手很自然地放置于大腿上。若是面试穿着较正式的西装，应解开上衣纽扣。女生两腿并拢，身体可稍稍前倾。

4. 面试语言

如果说外部形象是面试的第一张名片，那么语言就是第二张名片，它客观反映了一个人的文化素质和内涵修养。要做到准确、精练、平易、生动。要坚持以事实说话，少用虚词、感叹词之类，力戒空话套话、口头禅和重复累赘之语。自我介绍应简洁明了，特点突出，不要像背书似的把简历上的一套再说一遍，那样只会令人觉得乏味。用舒缓的语气将简历中的重点内容稍加说明就可以了，如姓名、毕业学校、专业、特长等。如主考官想深入了解某一方面时，你再作介绍。

5. 行为举止

对面试官应全神贯注，目光始终聚焦在面试人员身上，展现出自信及对对方的尊重。如果很紧张不敢直视，可以看面试官的鼻眼三角区(社交区)。忌目光躲闪，也不可呆板地紧盯一人。如果有几个面试官在场，说话的时候要适当用目光扫视一下其他人，以示尊重。回答问题前，可以把视线投在对方背面墙上，约两三秒钟做思考，不宜过长，开口回答问题时，应该把视线收回来。

面试的整个过程中都要保持微笑，亲切和蔼、谦虚虔诚、有问必答。微笑会缩短人与人之间的距离，改善你与面试官的关系。不要板着面孔，苦着一张脸，也不宜笑得太僵硬，一切都要自然。听对方说话时，要时有点头，表示自己听明白了，或正在注意听。

面试过程中，身体不要随意扭动，双手放在适当的位置，并要安稳。可以适当地增加一些手势，为语言增添感染力，但不应有多余的小动作，如玩弄领带、掏耳朵、挖鼻孔、抚弄头发、掰关节、抖腿、玩弄招聘者递过来的名片等，这些都是缺乏教养和傲慢的表现。

注意与面试官保持合适的距离。与对方离得太远，会使对方误认为你不愿向他表示友好和亲近，这显然是失礼的。但是如果离得太近交谈，一不小心就会把口沫溅在别人脸上，这是最尴尬的。因此，从礼仪角度来讲，一般与主考官保持一两个人的距离最为适宜。这样做，既让对方感到亲切，同时又保持一定的"社交距离"，显示出良好的素质教养。倘若交谈时忽然想打喷嚏、清喉咙，要转过身"行事"，最好是取出手帕或餐巾纸捂住口，做过之后要表示歉意。

自己随身带的物品，不可放置面试官办公室桌上。可将公文包、大型皮包放置于座位下脚旁边，小型皮包则放置在椅侧或背后，不可挂在椅背上。

6. 及时告辞

有些接见者以起身表示面谈的结束，另一些人则用"同你谈话我感到很愉快"这样的辞令来结束谈话。对此，我们的毕业生要十分敏锐，及时起身告辞。告辞时要向考官表示谢意，还要将椅子放回原位。出门前对考官说声"再见"，开关门的动作一样要轻柔。如在门外见到引导你进入考场的工作人员及面试考场外（如休息室）的其他管理人员、接待人员等，也要表示感谢。他们为面试付出了劳动，为参加面试的所有应试者都提供了服务。你的感谢除了表示对他们工作的尊重外，也显示出了你的良好的个人素养。

7. 感谢信

面试后写一封感谢信给接见者，不仅礼貌，还可加深面试官的印象。在接到不录用的通知后，也要写信或发个"E-mail"表示感谢，以便下次联络。

四、案例分析与思考

案例一

小黄去一家外企进行最后一轮总经理助理的面试。为确保万无一失，这次她做了精心的打扮。一身前卫的衣服、时尚的手环、造型独特的戒指、亮闪闪的项链、新潮的耳坠，身上每一处都是焦点，简直是无与伦比、鹤立鸡群。况且她的对手只是一个相貌平平的女孩，学历也并不比她高，所以小黄觉得胜券在握。但结果却出乎意料，她并没有被这家外企所认可。主考官抱歉地说："你确实很漂亮，你的服装配饰无不令我赏心悦目，可我觉得你并不适合干助理这份工作。实在很抱歉。"

分析与思考：

小黄忽视了自己所要面试的职位特征。新潮前卫的打扮或许能让你在应聘模特或演员的人群中脱颖而出，但对于经理助理这份更需要稳重、细心、自省、甚至是沉默的工作而言，却是不合时宜的。

案例二

公司名称：××生物科技公司

面试官：人力资源总监邓小姐

应征部门：企划部

应聘职位：营销策划专员

应征者姓名：方伟

性别：男

年龄：22 岁

工作经历：无（应届大学毕业生）

方伟在经过一轮激烈的笔试竞争后，终于接到了××生物科技公司的面试通知，时间是 2014 年 4 月 7 日上午 10:30，地点在位于繁华商业中心的 D 大厦的公司总部。

××生物科技公司是本地著名的高科技企业，能进入这样的企业工作是方伟长久以来的心愿，他决定抓住这次难得的机会，好好准备，把自己的长处和优点全都表现出来。

4 月 5 日，方伟专门花 10 元钱在发廊剪了头发。原本凌乱的头发经过一番修饰之后，精神面貌看上去大不相同。他又带着简历、身份证、大学英语六级证书等所有与面试有关的文件到院里的文印办公室，将它们每样复印了三份。

4 月 6 日，吃过晚饭，方伟又检查了一次公文包，看着所需的资料是否已经准备完善，并查阅了一些关于该公司的信息。之后，大伟开始准备第二天的着装。先修剪了手指甲，保证指甲看上去整齐而且不留任何污垢在指甲缝里，然后从衣柜里挑出了一件蓝色带竖条纹的衬衫，一套深灰色的西装和西裤，让自己看上去稳重而不失活力。看到衬衫有些褶皱，方伟将其送到附近的洗衣店熨整齐，然后用衣架将这些衣物挂起。当然,方伟也没有忘了将皮鞋擦干净。

处理过这些事以后,方伟冲了凉,晚上 10 点 30 分左右就上床就寝,在床上又将有关面试和××生物科技公司的资料重新看了一遍。睡在床上,脑子里像放电影一样,把面试应该注意的礼仪问题都复习了一遍,才沉沉地睡着了。

4 月 7 日,方伟 7 点半起床,梳洗完毕。早餐后,穿上早已准备好的服装,换上灰色的袜子,黑色的皮鞋,又对着镜子将头发梳理整齐,整个人看起来精神抖擞,神清气爽,显得年轻精干,又信心百倍。

9 点整,方伟在出发前再次检查了所有应该携带的文件,确定没有一样东西遗漏。公文包里的笔记本、笔都放在自己熟悉的夹层里,一切都准备妥当了。上午 10 点 20 分,方伟提前 10 分钟抵达××生物科技公司总部,前台小姐领其进入人事部,面试开始。

邓:你好,请坐,我是××生物科技公司的人力资源总监,我姓邓。

方:邓总,您好!很高兴能有机会与您面谈。

(小提示 1:第一印象是面试成败的决定性关键因素。要注重仪表,注意眼神接触,保持微笑。注意礼貌。)

邓:从你的简历和求职信来看,你各方面的条件都不错,能不能谈一下你在大学求学期间有没有什么相关的社会活动经验?

方:我在××大学学的是市场营销专业,与社会接触比较多,我平时也比较喜欢参加学校社团活动和社会实践活动,在二年级的时候是班上的××干部,连续两个暑假参加了暑期社会实践活动,课余时间在××公司做过兼职的市场助理,做一些相关的网络工作。

(小提示 2:回答问题要诚实中肯,切忌撒谎和浮夸。要有针对性,力争引起对方的共鸣。)

邓:如果你获得这个工作机会的话,你可不可以想象五年后的自己?你有没有考虑过自己的职业生涯规划?

方:虽然这个社会有很多不可预测的事情,但我还是认为自己在这五年里会随着公司一起成长,我在生物技术领域的知识一定会紧紧跟随公司的最新进展,而我在营销策划上一定已经在较高层次上取得了较大的进步……

(小提示 3:充分表达自己对工作的热忱和对自己的未来的信心,这是任何个性的人力资源经理都喜欢的。)

邓:期望的待遇可能超过了我们公司的预期,我们可能无法满足你的要求,你能接受吗?

方:我所提出的期望待遇与国内这个行业的职位薪酬标准相比是属于中等偏

上的，当然具体的待遇标准还要由贵公司评估我的表现及资历最后确定。我愿意在双方达成一个共识的基础上，在一定时期内按贵公司新进员工的待遇标准工作……

（小提示4：回答这类问题的方法有很多种，要根据当时面谈的气氛和具体的情境来灵活回答，但基本原则是：勇于为自己争取公正的待遇，诚实而不欺瞒；以双赢的心态去协商；保持弹性，让一切充满可能性。）

邓：你觉得你有足够的能力来完成这份工作吗？

方：有。即使有某些经验不完善的地方，但我相信当我逐渐熟悉公司的运作计划和操作环节后，我一定能……

（小提示5：回答要表现出高度的自信心及魄力，但也不可盲目自大。）

邓：你有没有什么要问的？

方：有。请允许我询问关于……方面公司的策略是什么？

（小提示6：切忌回答“没有问题”。要表现出个人的思考能力，并传达出争取工作的决心。）

邓：方先生，由于时间的原因，我们今天的面试就到此为止了。由于还有一部分候选人要进行这一轮面试，所以我们要在对所有参加面试的候选人进行全面比较衡量后，才决定适合的人选。有进一步的消息，我们会及时通知的。谢谢你。

方：十分感谢邓总抽出宝贵的时间和我面谈，我从中受益匪浅。希望下次有机会再当面请教。再见！（与邓总握手道别，并将椅子放回原处后离开。经过前台时，和引导他进入人事部的钱小姐说：“谢谢您，再见。”）

（小提示7：注意，直到离开公司所有人的视野后，你的面试才结束。在此之前，都要保持良好的仪容仪表和精神状态。对待公司的所有人员都应彬彬有礼，这是一个人良好素养的表现。）

4月7日下午，方伟按照××生物科技公司的地址给人力资源总监邓小姐发了一份感谢信，表示通过面试更进一步了解了该公司的企业文化和高效率，表达了自己仍然很想为该公司服务的愿望，也有信心做好营销企划的工作，希望有机会向邓总监多多学习。

一周后，方伟顺利接到××生物科技公司的录用通知。

分析与思考：

求职礼仪是每个人在求职的过程中所表现出的由里到外的一种涵养。外表的礼仪是对招聘单位和招聘人员最起码的尊重，而内在的礼仪更是一名当代大学生所必备的修养。在求职中，一个彬彬有礼、行止有度的人，更容易得到招聘人员的青睐。

第五章　职业交往

引　言

职业交往是个人进入职业岗位和在职业岗位上求得发展的基本需要。任何具有劳动能力的个体只有在和拥有职业准入权的人发生交往的基础上，有可能获得期望的职业岗位，从而顺利地进入职业生活。任何个体都希望在职业发展过程中被理解和被尊重，获得其他职业伙伴的帮助，这些需求只有在积极的职业交往过程中才能得到满足。职业交往对个体的成长有重要影响，人只有在和谐的职业群体中，才能充分地展示自己的职业技能，实现自我的价值。融洽的职业交往关系是促进工作顺利开展的重要因素之一。切实掌握与人交往、沟通、相处的技巧，才能为事业的成功打下坚实的基础。

拓展项目一　职业交往

一、学习目标

一个人事业的成功＝15％的专业技能和经验＋85％的人际关系和处事技巧。人际关系是事业成功的最重要因素。这是著名的管理大师卡耐基的重要论述之一。学会交往可以说是在架设通向成功的桥梁。作为大学生，有自己的专业特长做基础，如果能对职业交往加以关注，多加练习，掌握与人建立良好关系的有效沟通交往技巧，必将对未来事业的成功与发展起到十分重要的作用。本模块的具体目标为：了解职业交往的含义、功能及职业交往的原则，提高职业交往的能力，掌握职业交往的艺术与技巧。

二、拓展训练

“夸夸你”

1. 训练目的

(1)了解交往的方式方法；

(2)学习如何交往，扩大交往范围，促进学习与工作。

2. 训练时间

大约需要 30 分钟。

3. 训练步骤

(1)操作指导:①每 10 个人分成一组,围成一圈坐好。②每个组都请出 1 名同学坐到圆圈中央,依次接受组员们的夸奖。③每位组员必须面对同学,看着对方的眼睛说出其三个优点。④要求组员们的夸奖必须真诚,对方必须具有所夸的优点。⑤每位组员轮流坐到圆圈中央位置接受夸奖。

注意此训练在开始时有可能出现僵局,指导老师要注意引导,打破这种僵局。

(2)讨论分享:①一开始坐在圆圈中央位置,你的感觉是怎样的?②当听到组员们说出你那么多优点时,你又有什么样的感觉?③你夸奖别人时,自己感觉怎样?④你夸奖了别人、也被别人夸奖后,又是什么感觉?

(3)思考提升:此训练在开始时有可能出现两种状况。一是谁第一个坐到圆圈中央的问题。由于大家的谦让,谁都不坐到圆圈中央位置,也会有同学因为害羞不愿坐到圆圈中央位置,还有同学担心自己优点太少进行不下去。另一个问题是谁第一个开口夸奖。中国人对于夸奖别人还是很不习惯的,总觉得说不出口。在这种面对面的情况下,更难开口。但这是交往最初阶段必经的环节,一旦僵局被打开,人与人之间的心灵之门也就被打开,交往也就顺理成章了。

通过上面的训练,大家可以看到,当前面的一两个同学说完后,场面上已经是笑声融融,少了很多最初的拘谨,大家会放松地交融在一起。训练结束后,听到自己有那么多优点,不管平时多内向的人,此刻也会充满自信。

三、理论导航

(一)职业交往概述

1. 职业交往的含义

职业交往是一个宽泛的概念。从广义上理解,职业交往关系是人际关系的组成部分,包括职业生活中结成的人与之间关系的总和;从狭义上理解,职业交往是某一特定职业活动过程中的人际交往,是指人们在具体的职业活动中形成的人与人之间的交往关系。这一活动过程,包括职业选择过程、职业适应过程和职业发展过程。

人际交往是职业交往形成的基础,任何类型的职业关系都是人际交往活动的产物,职业选择过程、职业适应过程和职业发展过程的人际交往都是职业交往的具体表现,通过具体的涉及职业活动的人际交往使职业交往具体化,从而使职业交往活动变得有意义。

2. 职业交往的功能

职业交往是交流、沟通的过程,具有三种功能:

(1)信息获得功能。职业交往是人们传送、接受信息的过程。在职业交往当中,人们不仅传递、接受信息,而且也在形成着新的信息。例如,通过职业交往,人们了解对方的观点、立场,并形成关于对方的估计。职业交往还可以影响人们对职业活动的认识,是研究人认识职业过程时一个不可忽视的重要条件。

(2)调节功能。借助于职业交往,人不仅可以调节自身的职业活动,而且也可以调节别人职业的活动,同时并接受来自别人的调节影响。在职业交往过程中,人可以影响伙伴活动的所有构成要素,如动机、目的、规划、决策、动作的完成和监督等。在职业交往过程中,也实现着职业活动的相互推动和促进。

(3)形成和发展人际关系。人们彼此认识和理解,并在此基础上组织进行共同的职业活动。

在现实的职业交往中,职业交往的各种功能是统一地实现的。而且,同一个职业交往过程,对于每一个交往者可以实现着不同的功能。例如,对于一个交往者来说,交往行动是实现传递信息的功能,而对交往的另一方来说,则可以是形成人际关系的功能。

3. 职业交往的原则

(1)尊重平等。每个人都希望得到他人的尊重。得到他人的尊重使我们有一种价值感、成就感和尊严感。否则只会让人内心痛苦。孔子曰:“己所不欲,勿施于人。”我们不希望别人不尊重自己,那么就一定要学会尊重别人。因为,只有尊重他人才能得到他人的尊重。

尊重有着丰富的内涵。它包括自尊和尊重他人。自尊就是在各种场合自重自爱、维护自己的人格。尊重他人就是平等待人。在我们的社会里,人与人之间的关系是平等的,人们之间只有社会分工和职责范围的差别,而没有高低贵贱之分。不论职位高低、能力大小,还是职业差别、经济状况不同,人人享有平等的政治、法律权利和人格的尊严,都应得到同等的对待,因此人与人之间交往要平等相待,一视同仁,相互尊重,不亢不卑。要尊重别人的人格、权利、名誉、隐私、爱好、风俗、生活习惯、价值观等。

(2)真实诚信。真诚待人是人际交往得以延续和发展的保证,真诚团结是现代社会事业成功的客观要求。人与人之间以诚相待,各自都能坦率地表达自己的思想、观点、情感、立场,也就是言行一致、表里如一、为人正直、敢说真话。但真诚有时可能得罪人,但真诚不排除含蓄;真诚可能一时换不来真诚,可是虚伪永远也换不来真诚。在交往中,只有彼此抱着心诚意善的动机和态度,才能相互理解、接纳与信任,在感情上引起共鸣,使交往关系得到巩固和发展,从而建立起良好的人际关系,促进职业的发展。

我们都熟悉的商界巨子李嘉诚对自己的创业与成功曾做过一番讲解，他说：“你必须以诚待人，别人才会以诚回报。”英国博物学家约翰·雷也说过：“欺人只能一时，而诚信却是长久之策。”很多成功人士的经验告诉我们一条金科玉律：“做事先做人！”真诚讲信用的人必会有更多的发展机会，“诚信”缺失的人，不可能在社会上立足与发展，更不可能取得职业生涯的成功。

【相关链接】

诚信为本

李嘉诚是让中国人骄傲的名字。他的一生因富含“诚信”而显得如此动人。他少小离家，幼年丧父。从一无所有，赤手空拳，到30岁成为千万富翁，如今李嘉诚的商业帝国遍及全世界几十个国家。李嘉诚之所以取得众人称美的成功，是拥有了真正的诚信资本。他说：“如要取得别人的信任，你就必须做出承诺。一经承诺之后，便要负责到底。”

李嘉诚说自己的生意，很多是别人主动找他的，他一向认为，做生意的原则是以“诚信”为先，否则只会错失更多发展事业的好机会。他认为：“信誉是生存和发展的法宝，是不可以金钱估量的。”

(3)宽容友爱。宽容就是要容忍他人的与自己不同的观点、语言，就是要允许别人犯错误；友爱就是要爱同志、爱朋友、爱同事、爱人民。真正的爱心就表现在帮人一把，在别人需要时，奉献自己的力量。宽容友爱不是软弱，软弱是没有原则。宽容友爱是人际交往活动的重要准则。中国儒家有“仁者爱人”之传统，在我们的社会里，人与人之间更应宽容友爱。容人者，人容之。互相尊重，虚怀若谷、宽宏大度才能建立起良好的人际关系。宽容友爱表现在谅解、容忍对方非原则性的问题，对非原则性的错误不斤斤计较，能够以德报怨。

在日常的工作生活中，看不惯的事情很多，理解不了的人也很多。人与人是不同的，在人际交往中由于经历、文化修养等差异的存在，因误会、不理解而产生矛盾是不可避免的，这就要求我们遵循宽容友爱的原则，宽以待人、求同存异。

宽容友爱有助于扩大交往空间，也有助于消除人际间的紧张和冲突。宽容友爱体现在对别人不苛求，还体现在对自己同样要采取一种宽容的态度，这并不意味着对自己降低标准，而是让自己能以一种积极乐观的态度和豁达的胸怀来看待自身存在的问题。“人无完人，金无足赤。”每一个人都有自己的思维、工作、学习、生活习惯，既有其长处，也有其短处。为了生存和发展，为了事业的成功，我们必须善于同各种各样的人友好相处，合作共事。如果一切“以我为中心”，那就失去了交往的基础,也会使自己成为"孤家寡人"。

(4)乐于助人。互相关心,互助互惠,是职业交往的客观需求。生活中,每个人都难免有困难,需要他人帮助;工作中,也需要在各自的职位上互相配合、互相支持、通力合作。互相帮助也是中华民族的传统美德。一人有难,众人相帮;一方有难,八方支援。相互帮助就是要乐于帮助别人,别人有困难需要帮助时一定要热情帮助,互助互惠,一个不愿意帮助别人的人,很难要求别人自愿帮助他。任何一个人,只有当一种交往关系对自己是值得的,他才愿意去尝试建立和维系这种交往关系。通常我们见到的职业交往关系多是对人们有帮助时,才是值得的。因此,要想获得良好的职业发展,对别人有帮助是非常重要的。

心理学中有一个名词,叫"社会支持",通常是指来自社会各方面包括父母、亲戚、朋友、同事、领导或下属等给予个体的精神或物质上的帮助和支持。它的内容既包括客观物质类的支持也包括主观体验类的支持,也就是情感上的支持。所以"帮助"并不是简单的指金钱和物质上支持,它具有丰富的内涵,其核心因素是情感上的支持。有时候,拍一下别人的肩膀,也是一种关心,就如此简单。

心理学家的有关研究也表明:当人们面临困难时,最需要的是别人帮助。一旦获得他人及时的帮助,不仅容易产生良好的印象,快速缩短人和人之间的心理距离,而且容易建立亲密的关系。由此可见,乐于助人是职业交往的"助推器"。

但互相帮助不是互相利用,互相利用不是践行真诚和友爱原则。这需要我们在实际的职业交往中加以注意。

【相关链接】

我的能力是你们的需要

巴拉·安法森在纽约一家银行工作,出于儿子健康的原因,她非常想移居到亚利桑那州的菲尼克斯城。她给菲尼克斯的银行写了这样的信。

亲爱的先生们:

我已有十年的银行工作的经验,对此,像你们这样迅速发展的银行一定很感兴趣。因为具有纽约银行信托公司的管理方面的能力,我已被任命为分行经理,我掌握银行业务各个环节的技术,包括存款人关系、贷款、公债及行政管理。

我将于5月移居菲尼克斯。我肯定会对你们的发展和利益做出贡献。我将于4月3日去菲尼克斯一周,希望能有机会向你们说明我将如何帮助你们银行实现自己的目标。

巴巴拉·艾尔·安法森

这封巧妙的求职信，导致12家银行中有11家邀她面试，而她则可以选择其中任何一家银行的应聘。为什么会有这样的效果？因为安法森女士并没在信中写她需要什么，而是写了她能帮助他们什么，强调的是他们的、而不是自己的需要。

(二)职业交往与事业成功

要取得职场成功，除了有职业技能外，职业交往也非常重要，职业交往能力决定了晋升的空间，中国人讲究要会做事、会做人，做人的功夫就体现在交往能力上。那么职业交往能力是怎样影响职业成功的呢？

1. 交往促进优秀个性品质的形成

交往活动既是个性发展和完善的条件，也是保持心理平衡的有效方式。人的个性除了受先天遗传因素影响外，更重要的是受后天环境的影响。长期生活在友好和睦的人际关系中，就会表现为乐观、开朗、积极、主动，形成良好的个性品质。相反，如果一个人长期生活在人际关系冲突的环境中，则性格压抑、内向、暴躁、疑心很重，很容易形成人格障碍。大学时期是人的个性定型时期，建立和谐的人际关系有助于大学生个性的发展与优化，为自己职业生涯业绩的创造打下良好的基础。

2. 交往促进身心健康

俗话说，健康之道在于"和"。这个"和"有体内的和，有与自然社会的和，更在于人和。一个人如果生活在相互关心与爱护、关系密切融洽的人际关系中，一定心情舒畅、气血调和、精神愉快，有益于身心健康。不良的人际环境可干扰人的情绪，使人产生焦虑、不安和抑郁。严重不良的人际关系，还会使人惊恐、痛苦、憎恨或愤怒。现代医学研究表明：负性情绪会大大降低人的免疫功能，使人的抵抗力下降，实际上是对身心健康的最大摧残。因此，人们的身心健康需要良好的人际关系呵护。人际关系越和谐，人的精神生活就越丰富，得到的支持与帮助的机会就越多，就越能保持心理平衡。

3. 交往利于形成协作共进的团队

一个好的企业，首先应该是一个和谐共进的团队。团队精神是企业的灵魂。一个企业没有灵魂，就不会具有生命的活力。而团队精神有两层含义：一是与别人沟通、交流的能力；二是与人合作的能力，核心是协同合作。积极向上、开拓创新、朝气蓬勃、洋溢着时代气息的精神，对于现代企业是十分必要的。一个集体不能形成团队，就是一盘散沙；一个团队没有共同的价值观，就不会有统一意志、统一行动，当然也就不会有战斗力。

4. 交往是事业成功的第一要素

事业的成功是人们在职业岗位这个舞台上展开的，它离不开职业交往。一个人的能力是有限的，在我们为某一事业奋斗的过程中，需要相互交往，分工合作，只有在交往成功、合作愉快的情况下，个人的才能才得以充分表现，人生的价值才能够实现。就像本杰明·富兰克林说的那样："成功的第一要素是懂得如何搞好人际关系。"良好的人际关系为一个人事业的成功创造并提供了优良的人际环境。因为良好的人际关系使人心情舒畅、精神愉悦、共同协作，它为事业的成功提供积极的思维方式，同时也会大大促进人们之间的信息交流和信息共享，人们还可以从友好协作的人际关系中吸取力量，增强信心，在人生业绩的创造中左右逢源，得心应手。反之，人与人互相拆台，互相牵制，不但积极性受到压抑，才能也无法发挥，只能空耗时光，根本谈不上人生业绩的创造。

(三)培养职业交往的能力

职业交往的能力直接影响着良好人际关系的建立。培养自身职业交往能力，可以从以下几方面着手：

1. 改善认知模式

改善认知模式，首先，是要求人们能充分认识人际交往关系的意义和重要性，对学会与人相处和协调人际交往关系采取积极的态度。其次，就是要正确认识自己和他人，平等地与人交往。现实生活中的每个人都有自己的长处和短处。与人交往时不要自傲自负，不要拿自己的长处比别人的短处。曾有人说过，每个人都是一块闪光的金子。这至少从一个角度说明无论伟人名人，还是普通一员，都有值得学习的地方。交往中也不要自卑。自卑是影响人际交往的严重心理障碍，是交往的大敌。自卑表现在人际交往活动中的缺乏自信。它直接阻碍一个人走向社会，危害个人发展和职业交往。自信是人生最好的财富，每个人都有自己的不足，正视自己的短处，勇于把自己的短处转化为长处，克服自卑就能成功交往。

2. 完善性格，增强人际吸引力

确立较高的人格目标，学习别人的长处，不断充实自己，完善自己，增强自己的人际吸引力，是培养交往能力，获得交往成功的前提，是搞好交往关系的根本所在。

人际吸引是指交往对象之间彼此互相喜欢、尊敬、爱慕的心理倾向，与不满、厌恶、蔑视等人际排斥的心理倾向相反。增强人际吸引最好的办法就是完善自我人格。

人际吸引力的影响因素主要包括：

(1)正确的人生观。人生观决定一个人的思想倾向和精神面貌。人生观以理想、信念、动机、兴趣等具体形式，表现在人际交往中。只有以无私奉献的精神对待周围的人和事，才会焕发出强大的吸引力和凝聚力，激发别人产生与之交往的愿望。

(2)高尚的品德修养。良好的品德修养可以给人以信任和安全感。人们都愿意与具有真诚守信，谦虚大度，虚怀若谷，宽容他人等良好品质的人交往。不欺诈，守信用，诚恳谦和，胸襟诚笃，坦然为人，乐于助人的品格自然为人所喜欢，具备这种品质的人必然会有很强的人际吸引力。因此，努力塑造自己良好的道德品质，对增强人际吸引力极为重要。

(3)良好的心理品质。心理品质是一个人的志向、意志、情绪、兴趣、气质、性格等的心理特征。志向宏伟，兴趣高雅广泛，意志坚定。情绪乐观，为人豁达、慷慨、幽默、风趣、热情开朗，稳重宽厚，善解人意以及富有同情心、正义感、办事认真等，都是职业交往必备的心理品质，在职业交往中具有极大的魅力。在社交场合中，那些善于调侃、富有幽默感和待人接物随和宽容的人，常常成为人们注意的中心和乐于交往的人，这样的人也更容易找到朋友，赢得大家的好感。

(4)智慧和才能。通常智慧和才能可以带给人以力量，也是人际吸引力的重要因素。尤其在现代社会，科学技术成为第一生产力，个人的智力才能越来越成为其人格魅力的重要部分。因此掌握丰富的知识和锻炼培养自己各方面的能力，能大大地增强吸引力。

当代的青年大学生，在学习上的互相帮助，积极参与各种课外活动，锻炼提高自己的各种才能，如演讲、辩论、书画、文艺、体育、组织管理等，都是其全面发展的内在需求。也为将来的职业交往奠定良好了的基础。

(四)掌握职业交往的艺术与技巧

职场生活中，恰当地运用与人交往的艺术与技巧，取得好的交往效果，对职业发展影响重大。因为成功的职业生涯，不仅要靠才干和努力，还要有良好的交往、沟通，才能在职场中“游刃有余”。

职业交往的艺术与技巧，主要有以下几点：

1. 树立良好的第一印象

心理学家阿希 1946 年以大学生为研究对象做过一个实验。他让两组大学生评定对一个人的总的印象。对第一组大学生，他告诉这个人的特点是“聪慧、勤奋、冲动、爱批评人、固执、妒忌”。很显然，这六个特征的排列顺序是从肯定到否定。对第二组大学生，阿希所用的仍然是这六个特征，但排列顺序正好相反，是从否定到肯定。研究结果发现，大学生对被评价者所形成的印象高度受到特征呈现顺序的影响。先接受了肯定信息的第一组大学生，对被评价者的印象远远优于先接受了否定信息的第二组。这意味着，最初印象有着高度的稳定性，后继信息甚至不能使其发生根本性的改变。

所以好的印象，是成功的一半。实际的职业生活中我们都有这样的经验，第一次见到某某人的时候，心中留下了好的印象，那么交往下去的可能性就大些；否则，不愿交往的可能性就大些。所以，注意给人良好的第一印象是职业交往成功的第一步。

那么应该怎样建立良好的第一印象呢？

(1)衣着得体，讲究仪表。别人对你的第一印象往往是从外部形象开始的，所以职业交往中一定要注意自我形象的塑造。要穿着得体、整齐干净，保持良好的精神状态，具有高雅的风度和气质。同时也要注意，装束穿戴、容貌化妆等，不仅要符合自己的年龄、身份，还要根据交往的对象、场合的不同而有所区别。

(2)举止得体，虚心求教。学会用友善的目光和亲切地微笑与人交流，这是建立良好第一印象的秘诀之一。从原始人第一次发出笑声起，笑就在人类社会中开始具有一种价值。从本质上说，笑是一种“爱”在社会文明中的表现形式，所以在社会中，笑成了“具有人性”的一个特征。世界上如果真有一个永远不对任何人微笑的人，那么这个人一定可怕也可怜。因为他的心情是阴暗的，他不能与别人保持正常的交往关系，微笑所表达的是一种感情，一种吸引力。微笑虽然无声，但它是一种高级含蓄的语言。它说出了如下许多的意思：高兴、欢悦、同意、赞许、尊敬、同情……

(3)待人真诚，守时守信。交往中要真诚待人，实事求是，要胸怀坦荡，言行一致。相互信任，尊重别人，谦虚谨慎，文明礼貌，而且遵守时间，讲究信用，给人以信赖感，才能建立良好的人际关系。

【专家观点】

社会心理学家艾根——

根据研究发现，在同陌生人相遇的开初，按 SOLER 模式来表现自己，可以明显增加别人对于我们的接纳性，使我们在别人心目中建立起良好的第一印象。

SOLER 是由五个英文单词的词头字母拼写起来的专用术语。其中：

S 表示“坐(或站)要面对别人”；

O 表示“姿势要自然开放”；

L 表示“身体微微前倾”；

E 表示“目光接触”；

R 表示“放松”。

心理学家戴尔·卡内基——

戴尔·卡内基在其早期名著《怎样赢得朋友,怎样影响别人》一书中,也根据大量来自实际生活的成功经验,总结出了给人留下良好第一印象的六条途径:

(1)真诚地对别人感兴趣;

(2)微笑;

(3)多提别人的名字;

(4)做一个耐心的听者,鼓励别人谈他们自己;

(5)谈符合别人兴趣的话题;

(6)以真诚的方式让别人感到他自己很重要。

从上面艾根的描述中我们可以看到,当我们按照 SOLER 方法来表现自己时,会给人一个"我很尊重你;对你很有兴趣;我内心是接纳你的;请随便"的轻松、良好的印象。

在日常生活中,我们要学会卡内基总结出来的这些技巧并不难。因为,想到我们每认识一个人就等于多打开了一扇人类世界的窗户,那我们就不难做到真诚地对别人感兴趣,对别人有真诚的微笑;如果我们懂得别人需要有自我显示的机会,我们就能耐心做一个听者,并鼓励和支持人们表现自己;如果我们知道了人需要别人承认他们的价值,我们就可能处处注意对人们的自我价值起支持作用。设身处地想一想,这些我们自己也同样需要。

2. 关注他人

在职业交往中,要始终把注意力集中在别人身上,克服"以我为中心",想问题、办事情多从别人的角度考虑,设身处地进行客观思考,不斤斤计较,这样做,既不伤害他人感情,还能赢得他人的好感和信任,利于和谐交往关系的建立。

那种张口"我……"、闭口"我……"的人,在与人交往中也往往是"以我为中心",凡事从"我"出发,只考虑自己的需要,不顾及别人的感受。职业交往中这样的人,人们接触一次,就不想再见第二次,所以总想着自己的人,不可能建立良好而持久的交往关系。只有当我们多关注他人少关注自己时,才会有机会获得别人的关注,从而大大增加建立良好交往关系可能性。

3. 为别人服务

职业交往中,留心别人的需要,及时伸出手为别人服务,哪怕只是一个开门的动作,一个指路的手势,或者一句暖心的话,一个理解的眼神,都能给别人带来温暖。这些看似举手之劳会成为职业交往中胜出的有效途径。

因为人们很自然地会亲近帮助过自己的人。无论这种"帮助"是大是小,是物质上还是精神上的。如此良好交往关系的建立就有了非常有利的前提。

所以，我们在工作、学习和生活中，要注意养成关心人、帮助人的美德和习惯，随时留心为别人服务。发现别人有困难时，鼎力相助，不袖手旁观。另外，更要从日常小事做起，多打扫卫生，多为大家提水倒水，多跑腿取信件、报纸、快递等，这些小事，会让大家看到你的善意，看到你的努力，也会让你迅速融入集体之中，得到大家的认可与帮助。良好交往关系的建立也就顺理成章了。

【相关链接】

职场交往"十要诀"

生活当中，人与人之间的交往沟通最为复杂，也是最难以处理的一件事情，很多人经常为此而苦恼。那么，职场中我们应该怎样做才能处理好人与人之间的交往呢？

十招教你如何处理好人与人之间的交往关系：

【一表人才】所谓"一表人才"，就是说当你与陌生人第一次见面时给对方留下的第一印象，我们都知道第一印象很重要，要给对方留下好的印象，特别是要让对方在最短的时间记住你。那么我们自身的仪表、行为举止都很重要；我们要注意自己的内涵、修养等，而这些不是一朝一夕就能养成的，要求我们在平时的生活当中养成良好习惯。

【两套服装】所谓"两套服装"，就是说在什么样的场合就要穿什么样的衣服，你的穿着打扮要适合当时的环境。"两套服装"还告诉我们要随和，做事情要随机应变，不能死搬硬套。

【三手准备】所谓"三手准备"，就是说交往过程中做好多方面的准备，以防意外情况的出现。至少要有三套方案可供选择。

【四项技能】所谓"四项技能"，就是说一个人要爱好广泛，跟什么样的人说什么样的话、做什么样的事情，他玩的东西你也要会玩，他喜欢的东西你必须去了解，但是你可以不用精通。比如说，人家跟你谈最近的体育消息，但你就是不喜欢体育，你也不去了解，人家说起时你就只能"丈二和尚"了。正确的做法是，交往对象喜欢体育，即使你不喜欢，也要主动去了解一些体育消息，交谈中才能有话可说。平时也要注意多方面储备，力争使自己成为"杂家"，这也叫"放长线钓大鱼"。

【五方交友】所谓"五方交友"，就是说"东南西北中"五方，你不能排斥某一方的朋友，而要尽量扩大我们的交友范围，跟各行业、各个阶层都去交往，按现在的时髦说法就是"朋友圈"要广。因为稍微把范围扩大一点，心胸敞开一点，看看别人说不定会对你的本业有触类旁通之妙。

【六出祁山】我们都知道“六出祁山”是说诸葛亮六出祁山伐魏，明知不可为而为之。所谓“六出祁山”，就是说我们一个人承诺了别人、答应了别人，虽然你做不到，你也要尽全力去做；要求我们只问应不应该，少问有没有可能，要知道天下没有不可能的事情。

【七术打马】“术”：是法术，不同的方法方式；“打马”：是打马屁。“七术打马”，就是说人前要称赞你的上司的决定，但是背后要独自对他说出不可取的地方；也就是说 70％的马屁味道，30％的真诚劝告。

【八口吹牛】所谓“八口吹牛”，就是说一个人不“吹牛”，那么人家就不知道你做过什么；一个人过分吹嘘，所有的人又会对你没有信任感；所以稍微夸大自己的贡献是可以的，但是过分膨胀自己的能力不好。一个人谈论别人时，适当夸大别人就是夸大自己；两个人出去做事回来向上级报告，我说的时候吹嘘他，他说的时候吹嘘我，那么我们两个人都被放大了，所以人要“吹牛”。关系有人前人后，要人捧人，功劳是推来推去的。

【九分努力】所谓“九分努力”，就是要求我们要吃苦耐劳、任劳任怨、努力工作、努力学习、提高自己的能力。

【十分忍耐】所谓“十分忍耐”，就是要求一个人要有忍力、耐力。一个人如果没有忍耐能力，那么前九个不管做得怎么好都是等于零。

四、案例分析与思考

案例一

小赵和小陶大学毕业后同时应聘到一家公司工作。小赵性格内向，做事稳当，但不善表达，也不愿和别人多说话。而小陶生性活泼，爱说爱笑，手脚麻利，但有时难免做事粗糙。

一次单位组织职工外出旅游，小赵和小陶作为新员工，和大家还不是很熟悉，所以有些拘谨。别的员工三五一群，边欣赏风景边交谈，甚是开心。没有人关注小赵和小陶，他们俩也不说话，只随在人们后面，默默地看风景。这样过了一会儿，只见小陶拿出自己带的水果——小油桃，邀请小赵和他一起吃，可无论小陶怎样说，小赵还是一再推辞。等到大家停下来休息时，小陶主动招呼大家一起吃他带的小油桃，你两个，他三个，连离得最远的人，小陶都走过去送上几个，一边分着小油桃，一边微笑着介绍自己，还希望大家以后多照顾。接下来的行程中，小陶笑着跑前跑后地给同事们照相留影，还主动帮几个年长的老员工背包、拎袋子，渐渐融入了大家的队伍之中。因为小陶爱笑，有人还给小陶起了个外号——“笑陶”。

旅游之后，公司几乎所有的人，都认识了“笑陶”——小陶。工作上的事也都愿意和他交流，他也乐在其中，学到了很多过去不懂的东西，连做事粗糙也有人替他把关，每当同事指出他工作中的不足时，他都会虚心接受，笑着感谢同事，并赞美同事工作的细心。半年下来，小陶不仅熟悉了公司各部门的工作流程，业务水平也得到了同事和领导的认可，工作业绩不断上升。而小赵，工作也很尽心，业务水平也不错，但大家难得见他的笑脸，也很少和他交流，只有同一个办公室的同事认识他。

一年后，公司一个部门的经理助理出现空岗，领导首先想到的人选就是小陶，大家也一致推荐小陶。

分析与思考：

小赵的情况提醒我们，工作中难免会接触到或置身于陌生的环境，在陌生的环境里，人人都习惯板起一张面孔，保护着原本虚弱的尊严，以免受到来自外界的侵犯和伤害。结果，陌生的环境照例还是陌生的。

而小陶的成长经历则告诉我们，职业交往中主动的态度很重要。真诚、乐于助人，对人友爱，微笑对人，虚心，不吝啬自己的赞美等，都是打开职业交往顺利之道的有效方法。“笑陶”的笑，可以说起到了非常大的作用。因为你的笑脸、他的笑脸、所有人的笑脸，让人们的心里变得轻松而愉快。微笑是一种自尊、自爱、自信的表现。微笑是人类面孔上最动人的表情，是社会生活中美好而无声的语言，它来源于心地的善良、宽容和无私。表现的是一种坦荡和大度。微笑是成功者的自信，是失败者的坚强；微笑是人际关系的黏合剂，也是化敌为友的一剂良方；微笑是对别人的尊重，也是对爱心和诚心的一种礼赞。在陌生的环境里学会微笑，你就学会了怎样在陌生人之间架起一座友谊之桥，也掌握了一把开启陌生人心扉的金钥匙。

案例二

孙滋进入以软件开发为业务的公司设计部时，部长把她安排给一个仅有高中学历的同事赵刚做搭档。

赵刚是一个灵活热情、工作上也积极肯干的中年男人，可就是因为学历的原因，迟迟得不到提拔，眼看着那些年轻没有太多经验的大学生一个个都升迁了，他内心很是不平衡。与这样的前辈一起工作，孙滋总是感觉到一种压力，采取了敬而远之的态度，除非是工作的需要才与他多说几句话。可也就是这样，让赵刚产生了一种孙滋看不起他的心理。

逐渐两人之间产生了一种对抗情绪，在工作上各持己见，总无法得到调和。后来，赵刚向领导提出孙滋太过于娇气和傲气，不能再做搭档。孙滋被调到了另一个小组。

分析与思考：

孙滋作为搭档，不能积极地化解矛盾，对前辈赵刚也缺乏必要的尊重。而赵刚触角又过于敏锐，恰巧造成了彼此的误会。

这种情况下，孙滋完全可以主动解决他们之间的问题。例如，她可以适当地称赞对方，经常向对方请教较易解决的问题。这样容易使对方从低学历的阴影中摆脱出来，产生一种满足感，而树立起自己的“价值观”，两个人就能平和相处。

【延伸阅读】

机会，永远没有第二次

现在，人们的工作节奏越来越快，当你在拜访客户的时候，客户没有太多的时间来了解你是一个什么样的人，很多人对你的感觉和认知都是通过短暂的接触来确定的，“以貌取人”是现代多数人的“通病”。俗话说“先入为主”，客户从见到你的一刹那，就开始形成印象。并长久烙印在他心上。心理学家研究发现，七秒钟的第一印象可以保持七年，一旦形成难以改变。每个人都会自然倾向于找更多的证据来确定他们已形成的结论，而不会去找证据来反驳它。不管你是否愿意，第一印象总会在以后的决策中起着主导的作用。

顶尖的销售人员在进门的那一瞬间，就可分辨出来。

为什么第一印象如此重要？因为销售的关键就是建立起客户的信任感。客户最大的恐惧就是做出错误的判断，购买了不是自己理想的商品。第一印象给客户一种直觉，使他认为面前的这个人是否可信。销售的决胜点，在最初接触的30秒。如果你不能在30秒内的关键时刻中，消除客户对你的疑惑、警戒和紧张心理，你想继续进行销售，很难达到理想的结果。在这第一个30秒内，我们除了能够让自己做到仪表得体和态度上的礼貌、热情、坦诚，其他的几乎都来不及做。销售员必须通过完善的拜访前准备来给客户留下“瞬间的辉煌”。所以，我们一定要注意仪表，一站出来就是成功的样子，让客户眼睛发亮。若想高形象化，当然要从仪表、服装、发型、配件、公事包，小至皮鞋、袜子都要仔细打点。一旦被客户看“扁”，以后再怎么努力都没有用。相反，如果一个销售员看起来神清气爽，格调高雅，眉宇间透露着自信的神采，让人有乍见之欢，那些单生意已经确定——良好的开端是成功的一半。

要想给客户留下成功的第一印象，就要有良好的专业形象，客户愿不愿意跟你购买，在初见的一刹那，心早已决定。

这是一个两分钟的世界，你只有一分钟展示给人们你是谁，另一分钟是让他们喜欢你。想给客户留下难忘的第一印象，就要事前把客户的印象设计出来，因为给客户的印象永远没有第二次机会。你希望客户能够产生怎样的情绪？希望被客户看成是一个怎样的人？假设客户走进会客室，和你见面几秒钟，然后又回到办公室把你形容给另一个人听，你希望客户会使用怎样的字眼来描述你？

你要事先把你想要给客户的印象设计出来，写在一张纸上，每天反复看，并且问自己："我每一天可以做哪些事情才能符合这样的一个印象？"当客户提到你的时候，他会说些什么？是对你的好评多，还是不好的印象多？良好的印象还可能会造成客户大量的转介绍，使客户上门。第一印象在第一时间形成，没有机会从头再来，所以，第一次与客户见面要特别留意以下几点：

(1)保持干净、清爽的仪容。

(2)面带微笑、语调愉悦、神采奕奕。

(3)亲切地招呼对方，笑容要开朗愉悦。

(4)让对方从你的第一句话，体会到你的真诚。

(5)稳稳地握住对方的手。

(6)言谈举止充满自信，不卑不亢。

看起来就像顶尖销售员在销售中，客户最先接触的就是这个人，客户对你销售的产品及企业的感觉，取决于你给客户留下怎样的印象。

客户必须先对你感觉到舒适，才会认真和你交往。假如客户觉得你的穿着很碍眼，就不太可能想听你说话，甚至不会把你当成一回事。他们会因为你的外表而分心，对你想传达的销售信息充耳不闻。拜访结束时，客户会敷衍地谢谢你的拜访，然后就送你出门，且绝对不会再和你见面。

服装建造一个人，不修边幅的人在社会上是没有影响的。

"工欲善其事，必先利其器"，有的销售人员认为在形象上投资是一种浪费，其实不然。社会越来越进步，时代节奏越来越快，人和人之间的距离却越来越远，与客户短暂的接触过程当中，客户没有时间也没有必要去研究你是一个什么样的人。客户对你的唯一印象就是你的外在和你的言行举止对他的影响。如果销售人员穿着不当，就会分散客户的注意力，而集中在你的服装上。客户就会想："这个人连穿着都没有概念，又怎么会有能力和我做生意呢？"你的服装无时无刻不在帮助你与人交流，你在穿上服装之前应先想一想你要给客户展示一个什么样的形象和个性，你穿着的第一目的不是自己的舒适，而是为了创造一个你渴望的、有利于事业成功的形象。

一位知名的形象专家说："形象如同天气一样，无论是好是坏，别人都能注意到，但没有人告诉你。"服装是自我展示和表现成就的工具。我们在购买任何一种产品的时候，都喜欢和有经验并很优秀的人交流，因为他们会给我们提供更好的建议或更有价值的建议。而穿着成功就会给人信任和专业的感觉。越成功的人,越注重自己的社会形象。在外形上接近成功者是自己在思想上和行动上走向成功的关键的一步。优质的服装有强烈的暗示作用,在心理上提示自己表现得要如同自己的服装一样出色。形象是演出来的,明星是被塑造出来的。“你想成为什么人就穿什么衣服,而不是你是什么人就穿什么衣服。”

大多数不成功的人之所以失败是因为他们首先看起来就不像成功者。或者根本不知道什么是成功,当成功的机会到来时,他们不知道如何把握成功。

拓展项目二　有效沟通

一、学习目标

沟通是人类社会的基本特征和活动之一。没有沟通,就不可能形成组织和人类社会。有效的沟通让我们高效率地把一件事情办好,让我们享受更美好的生活。善于沟通的人懂得如何维持和改善相互关系,更好地展示自我需要、发现他人需要,最终赢得更好的人际关系和成功的事业。本模块的具体目标为:了解交流沟通的重要性,学习交流沟通的方式方法,掌握有效沟通的技巧。

二、拓展训练

“我说你画”

1. 训练目的

(1)了解沟通的重要意义;

(2)学习掌握有效沟通的方法艺术,扩大交往范围,促进学习与工作。

2. 训练时间

大约需要 30 分钟。

3. 训练步骤

(1)操作指导:①推荐一名表达能力强的同学将图形表述出来,不用任何手势和辅助工具。每位同学根据表述人的表述画出图形。规则是:表述人背对着大家;表述只重复一次,不能提问;不允许交头接耳进行讨论;时间一到立即停止;利用一分钟时间写感想。②表述人不变,规则改变:表述人面对着大家;表述可以多次重复,可以提问;允许相互间讨论;直到画完为止;也利用一分钟时间写感想。

(2)讨论分享:①不能沟通的情况下你画对了吗?你的感想是什么?②可以沟通的情况下你又画对了吗?你的感想又是什么?③表述人在两次表述过程中有什

么想法？

(3)思考提升：听是一种能力，说也是一种能力，但沟通是双向的。你能说清楚，别人能听明白，或者是别人说，你能想办法通过进一步交谈弄明白他要表达的真正意义，这就是有效沟通能力。

信息时代的到来，市场竞争的加速使沟通能力更加重要。一方面，你需要了解对方，是谁改变了他们？究竟是谁动了你的“奶酪”？你才能随着奶酪的变化而变化。另一方面，你需要有效地表达自己，让别人理解你，认可你，赞同你，服从你。美国保德信人寿保险公司总裁 Robert Beck 认为：“良好的沟通能力是构成事业基础的一个要项。能简明、有效地交代自己的意思，又能清楚地了解别人的用意，就拥有最好的机会。”

三、理论导航

(一)沟通概述

1. 沟通

沟：水道，通：贯通、往来、通晓、通过。沟通的本意是指开沟以使两水相通。现在指人与人之间、人与群体之间思想与感情的传递和反馈的过程，以求达成一致思想和交流感情。

在生活中，沟通时时、处处存在，沟通是人的一项基本技能。通过沟通，可以满足人们彼此交流的需要，并获得有价值的信息，使人们达成共识、进行更多的合作，还可以通过沟通使人进行清晰的思考，有效把握所做的事情，降低工作的成本，提高办事效率。研究表明，我们工作中70％的错误是由于不善于沟通，或者说是不善于谈话造成的。

2. 沟通要素

沟通是一种信息的双向甚至多向的交流，将信息传送给对方，并期望得到对方做出相应反应效果的过程。整个沟通过程由7个方面要素组成，即信息源、信息、通道、信息接收者、反馈、障碍和背景。

(1)信息源。是指拥有信息并试图进行沟通的人，即沟通者。沟通者的概念是相对的，在整个沟通活动中，沟通双方往往互为沟通者和信息接收者。

(2)信息。是指沟通者试图传达给别人的内容，这种内容往往附加有沟通者的观念、态度和情感。这种信息可能是直接明确的，即内容通俗易懂，直截了当，无须思索和逻辑推理，也可能是间接隐晦的，需要深刻理解和推理才能弄懂其内容。

(3)通道。是指沟通信息传递的方式。人的五官如视觉、听觉、味觉、嗅觉、触觉都可以接收信息，但在日常生活中最主要和运用最为广泛的沟通是视觉沟通和听觉沟通。

(4)信息接收者。即指接收信息的人。信息接收者可以是一个人，也可能是多人，如正在听课的学生、听取演讲的听众、群体性事件中被说服的人群等。

(5)反馈。反馈是指信息接收者对信息的反应。反馈可以反映出信息接收者对信息的理解和接受状态。

(6)障碍。人们在沟通中经常会发生障碍，沟通过程中任何环节出现问题，都会造成沟通障碍。常见的有信息不明确，没有表达清楚、信息没有被正确转换成可以沟通的信号、错用沟通方式、信息接收者误解信息，比如过于随意的批评被人误认为是在开玩笑等，都有可能造成沟通障碍。

(7)背景。背景即沟通发生的环境。不同的背景，信息会被赋予不同的意义，同样一句“你这人差得远”，如果是在私人社交圈里对某个朋友说，会被认为是善意的提醒，或只是一句玩笑话，如果是在正式的场合对某人说，则会被认为是一种侮辱。

3. 职场沟通的原则

(1)尊重。良好沟通的前提是沟通双方的相互尊重。所以才有了在职业交往中流传范围极广的“沟通者的誓言——无论我是否同意你的观点，我都将尊重你，给予你说出它的权利，并且以你的观点去理解它，同时将我的观点更有效地与你交换。”

(2)换位思考。能够站在别人的角度看问题，而不要固执己见。从本质上说，沟通不是说话，而是改变行动。真正的沟通者关注沟通的效果。在沟通时，重要的不是你说了什么，而是对方理解了什么，所以对方的反馈非常重要。

(3)主动沟通。面对问题，积极主动地去交流沟通，而不要回避矛盾。尤其是坦白地讲出来你内心的感受、感情、痛苦、想法和期望，同时听取他人的意见建议。

(4)言辞和善。沟通是为了解决问题，而不是证明对方的错误。不批评、不责备、不抱怨、不攻击、不说教，绝不口出恶言，恶言伤人，批评、责备、抱怨、攻击都是沟通的刽子手，只会使事情恶化。这就是所谓的“祸从口出”。

(二)沟通失败的原因

现实生活的情况中，我们常常可以听到类似这样的话：“我是一个害羞又缺乏自信的人，每次谈话，我总不敢开口。”“我讲了那么多，为什么他还是无动于衷？”“他为什么躲着不见我呢，真不知他心里想什么？”……这些都是沟通失败的例子。原因何在？

1. 思维定势

沟通最大的障碍是思维定势。我们的父母和对我们的生活有影响的人们以及我们自身的生活经历共同形成了我们的信仰、思维方式、心理定势以及看待世界的方式。对同一件事情,不同的人看法可能完全不同,仁者见仁,智者见智。正因为人是有差异的,所以世界才多姿多彩,但这些差异会在交流中形成障碍,影响到人与人之间的顺畅沟通。

2. 理解错误

沟通不仅仅是“我说你听”、“我打你通”那么简单,沟通过程由信息源、信息、通道、信息接收者、反馈、障碍和背景7个方面要素组成。那一个环节出问题,都可能造成沟通失败。

最常见的理解错误是“信息源”的单向“信息”传递。认为“我说过了”,“我告诉过你了”,你就理所当然地应该“知道”,应该“明白”,而忽视了沟通是双向的。

3. 沟通中的种种不当

(1)傲慢无礼。在没有了解事情的更多的情况下,轻易评价对错、好恶;居高临下地安慰别人;扮演或标榜为自己是心理学家,用一知半解的心理学术语唬人;对别人讽刺挖苦,或是进行过分或不恰当的询问。这些都是沟通中违背尊重原则的不当做法,当然,共同交流也不会有好的效果。

(2)发号施令。经常以命令、威胁的口气和人沟通,不仅起不到沟通的作用,反而会让人心生厌烦。有些人还会自以为是地提出一些多余的劝告,也让人很不舒服。沟通效果可想而知。

(3)回避。面对问题,模棱两可,说一半,留一半,对自己掌握的信息有所保留,或故意转移注意力,都是不利于沟通的。

其他常见的沟通障碍如过早的评价、一心二用、注意力分散、直接跳到结论、简单思维、偏见、模式化、猜想、不善于倾听、思想僵硬、先入为主、听力障碍、压力、精力不够集中、只选择想听的内容等,也会影响到职业交往,造成沟通失败。

(三)掌握有效沟通的艺术与技巧

沟通是每个人在职场生存、发展很重要的一课。职业交往中,需要沟通的内容很多,开拓市场、服务客户需要沟通;组织生产、控制质量需要沟通;上传下达、令行禁止需要沟通;发现问题、解决问题更需要沟通。沟通每天都在进行,沟通的对象无所不在。工作上与上司需要沟通、与同事需要沟通,与下属需要沟通、与客户需要沟通、与媒体需要沟通、与政府部门需要沟通;学习上与老师需要沟通、与同学需要沟通；生活上与父母需要沟通、与朋友需要沟通。有人简单地把沟通看成“说话”。认为说话谁都会，但如何把话说得艺术，如何跟他人进行有效的沟通，建立良好的人际关系，就不是每个人都能做好。想更好地与人沟通，就得学习一点沟通的技巧。

1. 记住别人的姓或名

记住别人的姓或名或职务，主动与人打招呼，称呼要得当，让别人觉得礼貌相待、倍受重视，给人以平易近人的印象。因为我们每一个人的名字是伴随着我们成长的，是从小时候我们记事的开始就伴随着我们一生的，想一想对名字的这种体现的渴望，所以记住别人的姓或名或职务，是你走近他们的钥匙，你记得越快，沟通交往就越顺畅。

为此，我们每星期都需要花些时间，根据工作需要定时、定期、定点地去建立好我们的人际关系。俗话说：近朱者赤、近墨者黑。你想成为什么样的人，一定要花时间去交往，去沟通。这些朋友为你提供学习的榜样、为你提供帮助，也为你提供职业发展的机遇。

2. 使用微笑的力量

微笑是一种能让人们和平相处的力量，是宽容谅解的力量，也是一种美德。

有这样一个故事：一名独居的小姐听到敲门声后打开门，发现一个持刀的男人正恶狠狠地盯着自己。她灵机一动，微笑着说：“朋友，你真会开玩笑！是推销菜刀吧？我喜欢，我要一把……”边说边让男人进屋，接着说：“你真像我过去认识的一位好心的邻居，看到你非常高兴，你要喝咖啡还是茶……”本来脸带杀气的歹徒慢慢变得腼腆起来。他有点结巴地说：“谢谢，哦，谢谢！”

最后，她真的买下了那把明晃晃的菜刀，陌生男人拿着钱迟疑了一下走了，在转身离去的时候，他说：“小姐，你将改变我的一生！”

听完这个故事，我们不禁会心微笑，是的，微笑就是有这样的力量，能缩短彼此的距离，使人与人之间充满信任与感激。

微笑是一种宽容、一种接纳，使人与人之间心心相通。微笑能沟通心灵、增进信任，微笑能激励斗志、顽强拼搏，微笑更能乐观人生、创造奇迹。让我们彼此问候：今天，你微笑了吗？如果没有，我们一起来微笑吧！

【相关链接】

微笑练习法

基础训练方法的主要目的是帮助你寻找最佳微笑模式，寻找属于你自己最佳选择定型的微笑，欣赏并掌握其感觉，以便日后运用。

1. 对镜微笑训练法

这是一种常见、有效和最具形象趣味的训练方法。端坐镜前,衣装整洁,以轻松愉快的心情,调整呼吸自然顺畅;静心3秒钟,开始微笑:双唇轻闭,使嘴角微微翘起,面部肌肉舒展开来;同时注意眼神的配合,使之达到眉目舒展的微笑面容。如此反复多次。为了使效果明显,可以放较欢快节奏的背景音乐。

2. 模拟微笑训练法

(1)轻合双唇。

(2)两手食指伸出(其余四指自然并拢),指尖对接,放在嘴前15～20厘米处。

(3)让两食指尖以缓慢匀速分别向左右移动,使之拉开5～10厘米的距离。同时嘴唇随两食指移动速度而同步加大唇角的展开度,并在意念中形成美丽的微笑;并让微笑停留数秒钟。

(4)两食指再以缓慢匀速向中间靠拢,直至两食指法相接;同时,微笑的唇角开始以两指移动的速度,同步缓缓收回。需要提示的是,训练微笑缓缓收住,这很重要。切忌让微笑突然停止。如此反复开合训练20～30次。

3. 情绪诱导法

情绪诱导就是设法寻求外界物的诱导、刺激,以求引起情绪的愉悦和兴奋,从而唤起微笑的方法。诸如,打开你喜欢的书页,翻看使你高兴的照片、画册,回想过去幸福生活的片断,放送你喜欢的、容易使自己快乐的乐曲等,以期在欣赏和回忆中引发快乐和微笑。有条件,最好用摄像机摄录下来。

4. 记忆提取法

据载这是演员在训练中常采用的一种方法,也被称为"情绪记忆法"。就是将自己过去那些最愉快、最令人喜悦的情景,从记忆中唤醒,使这种情绪重新袭上心头,重享那惬意的微笑。

5. 观摩欣赏法

这是几个人凑在一起,互相观摩、议论,互相交流,互相鼓励,互相分享开心微笑的一种方法。也可以平时留心观察他人的微笑,把精彩的"镜头"封存记忆中,时时模仿。

6. 含箸法

这是日式训练法。道具是选用一根洁净、光滑的圆柱形筷子(不宜用一次性的简易木筷,以防拉破嘴唇),横放在嘴中,用牙轻轻咬住(含住),以观察微笑状态。但此法不易显示与观察双唇轻闭时的微笑状态。

7. 意念法

这是一种已经有了微笑训练基础或者善于微笑的人,不用对镜或其他道具,而只用意念控制、驱动双唇,以求达到最佳微笑状态的训练法。这种方法好处很多。一是不必用镜子,二是可以随时随地、悄无声息地进行,三是培养微笑意识和微笑习惯的最佳途径。

以上方法可以配合使用,如对镜法和意念法若能与记忆提取法配合进行,效果尤佳。

3. 学会聆听

有句话说得好:“我不同意你的意见,但我誓死捍卫你说话的权利”。了解顾客的心理,你需要倾听、了解上司意图你需要倾听、了解下属的想法你需要倾听、了解政府部门的弦外之音你需要倾听。只有倾听你才会发现别人身上优点、反思自身缺点,只有倾听你才会了解和理解对方的心理,进而你才会影响和改变一个人。

积极倾听要求你能站在说话者立场上,运用对方的思维习惯去理解信息。积极倾听的原则包括:专心、移情、客观、完整。一方面要求你应该倾听内容而不迅速加以价值判断;另一方面要求听者对发送者传递的信息有一个完整的了解,既获得信息的内容,又获得发送者的言下之意;既注意其语言信息,又关注其非语言信息。

你听到别人说话时,你真的听懂他说的意思了吗?如果不懂,就请听别人说完不要随意插话,不要只听一半,不要把自己的意思,投射到别人所说的话上。聆听时,可以边聆听边做记录,聆听全部信息,表现出有兴趣聆听。不要轻易下结论。即使不同意,也不要立即打断对方,鼓励他人表达自己。要适应讲话者的风格,眼耳手并用,善于发掘言外之意。先寻求理解他人,再被他人理解。

4. 真诚地赞美别人

一个人成熟的标志是:懂得欣赏和鼓励别人。不要认为赞美就是溜须拍马,要善于发现别人身上的优点,不嫉妒别人的优点。用人之长,他就是人才,用人之短,他就是蠢材。真诚的赞美是发现对方的优点而赞美之,真诚的赞美是发自内心的,真诚的赞美是无本的投资,真诚是一种修养、态度、境界,不是让你挖掘不存在的东西,或胡编乱造别人根本不存在的优点,而是突现优点,帮助人们发现、肯定、弘扬优点。

沟通的黄金定律是:你想怎样被对待,你就怎样对待别人!沟通的白金定律是:以别人喜欢的方式去对待他们!

5. 多谈论他人感兴趣的事情

兴趣是人对客观事物特殊的认识倾向,也就是说在认识过程中带有某种稳定的指向或趋向。在人际交往中,谈论他人感兴趣的事情就是借助这种稳定的指向或趋向,增强与人沟通的能力。兴趣经常被人们看作是最强有力的动力之一。一个人对某项事物感兴趣，这种兴趣就会引导他积极地从事这方面的实践活动，所以，在沟通中谈论他人感兴趣的事情，最容易调动他人的注意力，焕发他人的积极热情，使其不由自主地被你所吸引。实践证明，沟通中谈论他人感兴趣的事情，是你进入他人心灵的捷径。它是一种愉快的与人相处的方式，与虚伪的恭维是完全不同的两码事。

刚毕业的大学生进入一个单位，往往会成为大家注意的焦点。这时候一定要注意不要过多地谈论自己，而要留心关注别人感兴趣的事情，善于倾听别人的言论，尤其不要随意打断别人的谈话。即使别人谈论的话题正是自己熟悉、擅长的，也不要因此高谈阔论。与人相处要保持平和心态，不卑不亢，这样才能赢得大家的好感，容易被大家认可和接受。

但很多人在和别人聊天的时候，经常会自己一个人在那津津有味地说着自己感兴趣的话题，没有考虑到对方是否愿意听，是否也感兴趣。职场之中，一定要注意避免这种情况的发生。

【相关链接】

怎样找到自己同别人之间的共同点

(1)察言观色，寻找共同点。一个人的心理状态，精神追求，生活爱好等，都或多或少地在他们的表情、服饰，谈吐、举止等方面有所表现，只要你善于观察就会发现他们的共同点。当然，这察言观色发现的东西，还要同自己的情趣爱好相结合，自己对此也有兴趣，才有可能打破沉寂的气氛。否则，即使发现了共同点，也还会无话可说，或讲一两句就卡壳了。

(2)以话试探，侦察共同点。遇到陌生人，为了打破这沉默的局面，开口讲话是首要的。有人以招呼开场，询问对方籍贯、身份，从中获取信息；有人通过听说话口音、言辞，侦察对方情况；有的以动作开场，边帮对方做某些急需帮助的事，边以话试探，打开口语交际的局面。一个女孩见到某男士时的开场白是："好多年前就看见你在学校球场打球了，那时就觉得你好眼熟啊。"从学校球场到打球，对对方来说都是熟悉的。两个人发现对方共同点后谈得很投机。这种融洽的效果看上去是偶然的，实际上也是有其必然原因的："火力侦察"，发现共同点，让感觉更近一层。

(3)听人介绍，猜度共同点。通过第三人的介绍，大胆猜测两个人的共同点，让彼此不熟悉的两个人顿生熟悉感。某次活动中，阿华介绍他的朋友小郑和经理认识，经理和小郑有一次简短的交流。当经理正想询问小郑的相关情况的时候，对方主动表态了："我是阿华的朋友，我们高中时就认识了。"这句话突然让他们之间的距离拉近了。谈论的话题自然在阿华的身上停留了很久，因为这就是他们之间共同感兴趣并且有话可说的地方。之后的话题，他们也谈得很顺利。小郑非常真诚地谈自己对活动的体会。这当中重要的是在听介绍时要仔细地分析对方，发现共同点后再在交谈中延伸，不断地发现新的共同关心的话题。

(4)揣摩谈话，探索共同点。为了发现陌生人跟自己的共同点，可以在需要交际的人同别人谈话时留心分析、揣摩，也可以在对方和自己交谈时揣摩对方的话语，从中发现共同点。可见细心揣摩对方的谈话，确实是可以通过找出双方的共同点，使陌生的路人变为熟人，甚至发展成为朋友的。

(5)步步深入，挖掘共同点。发现共同点是不太难的，但这只能是谈话的初级阶段所需要的。随着交谈内容的深入，共同点会越来越多。为了使交谈更有益于对方，必须一步步地挖掘更深一层的共同点，才能使沟通交往如愿以偿。

6. 学会网络沟通

随着科学技术的进步，尤其是网络技术的发展，手机的普及，人们常用的沟通的方式不再局限于面对面的直接沟通和传统的书信(文字沟通)、托人捎话(间接语音沟通)等间接沟通方式，而是越来越依赖于网络沟通、电话沟通。博客、微博、飞信、微信等，使人们之间的沟通变得更加快捷、方便，沟通方式和途径也变得更加多样化。对于习惯了网络化生存的年轻一代，更需要学习、使用、精通新媒体背景下的网络沟通技术。

网络沟通的方式包括电子邮件、网络电话、网络传真、博客、微博、QQ、飞信、微信等，其优势在于大大降低了沟通成本，使语音沟通立体直观化，极大地缩小了信息存储空间，使沟通更加便利、及时。不足则是造成沟通信息呈超负荷，口头沟通受到极大的限制，纵向沟通弱化，横向沟通扩张。因此，在进行网络沟通时，要用其长，避其短，发挥更好的效用。

一方面，注意网络沟通礼仪。不要随便要求别人加你为好友，除非有正当理由，应当了解到，别人加不加你为好友是别人的权利；在别人状态为 Busy 的时候，不要打扰。否则要 Busy 这个功能有什么用呢？如果是正式的谈话，不要用“忙么”，“there”，“打扰一下”等开始一段对话，而是把对话的重点压缩在一句话中；如果谈工作，尽量把要说的话压缩在 10 句以内。不要随意给别人发送链接或者不加说明的链接，随意发送是一种很粗鲁的行为，属于强制推送内容给对方，而且容易让别人感染上病毒。

另一方面，如果能将传统沟通中使用的“万能语”运用于网络沟通中，会有意想不到的好效果。这里所说的万能语多数是礼貌语言，能表达出一个人的修养。在日常说话的时候，经常用到的礼貌用语有：①你早、你好、早上好、晚上好；②请多指教、请多关照；③非常抱歉；④不好意思；⑤谢谢！太感谢你啦！⑥哪里哪里，不敢当，不敢当！⑦请……可以说，无论在什么场合下，平易近人、简明方便的“万能语”都是派得上用场的，包括网络沟通在内。它既让人感到对方很懂礼貌，又富有伸缩性，亦可表达事情的终结。“万能语”在会话中还能给人以灵活的感觉。既然这种不必劳神费心就能说来的语言有这许多好处，那又何乐而不为呢。

新媒体已经渗透到我们生活的方方面面，对于新媒体，我们不可能视而不见，更不可能排斥拒绝，唯有不断加强对新媒体的了解，才能更好地利用新媒体做好沟通交流，打造全新的职业交往新模式。

【相关链接】

网络沟通礼仪

1. 关于博客

(1)尊重别人的劳动，不要随意转载，不要做语文老师，或者否定对方知识层次，不要自诩高人一筹，使用侮辱性质的词句。

(2)不要做鉴定师和价值判断人，不要断章取义，不要留下一句楼主火星，鉴定完毕等鉴定师语言，不要抓住对方一句话发挥，要认真阅读后发言。

(3)说出理由，不是说出脏话。不是要大家做卫道士和道德大师，只是做好这些，您的网络沟通能更加高效。况且其实都是些基本常识，也就是日常生活中的一些沟通技巧平行推广到互联网而已。

2. 关于电子邮件

(1)主题应当精当，不要发送无主题和无意义主题的电子邮件。

(2)注意称呼，避免冒昧。当与不熟悉的人通信时，请使用恰当的语气、适当的称呼和敬语。

(3)注意邮件正文拼写和语法的正确，避免使用不规范的问题和表情符号，使用简单易懂的主题，以准确传达您的电子邮件的要点。

(4)因为邮件容易丢失，因此应当小心查问，不要无理猜测并暗责对方，在自己做到及时回复邮件的同时，不要对他人回复信件的时效性做过分期许。

(5)不要随意转发电子邮件，尤其是不要随意转发带附件的电子邮件，除非你认为此邮件对于别人的确有价值。在病毒泛滥的今天，除非附件是必需的，否则应该避免 Word、PPT 附件，多使用 PDF。在正文中应当包含附件的简要介绍，邮件要使用纯文本或易于阅读的字体，不要使用花哨的装饰，最好不使用带广告的电子邮箱。

(6)如果不是工作需要，尽量避免群发邮件。特别不要参与发连环信这种活动

（把这条消息发送给10个好友之类），群发邮件容易使得收件人的地址相互泄露，因此最好使用邮件组或者暗送（Bcc），两个人商量事情牵涉到第三方时，应该将邮件抄送（CC）给第三方。

（7）在给不认识的人发送邮件时，请介绍一下自己的详细信息，要么在签名中注明自己的身份，没有人乐意和自己不明底细的人讨论问题。

（8）如果对方公布了自己的工作邮件，那么工作上的联系请不要发送到对方的私人信箱里去，没有人乐意在和朋友们联系的信箱中看到工作上的问题。

（资料来源：网络　容一之网络沟通技巧培训）

7. 换位思考

沟通中，要学会站在别人的角度考虑问题，即换位思考。

（1）要体谅别人的感受。信息发送者必须充分考虑接受者的心理特征和知识背景等状况，据此调整自己的谈话方式、措辞或服饰仪态。譬如，在车间与一线工人沟通，如果你西装革履，且又咬文嚼字会对沟通的双方造成心理上的障碍。再如，批评时，更要注意对方感受，选择对方能接受的语言。批评要像春雨一样，既滋润枝叶，又不伤根系。下面是一个例子：

方式一："小刘，你接电话的方式真是太唐突了，你需要从现在开始接受职业化的训练。"

方式二："小刘，我正在关注你在电话中与顾客的交谈方式，想和你讨论一下。我注意到你讲话的速度相当快，因而，我担心对一些顾客来说，可能很难理解你所表达的意思，毕竟你比顾客更了解、更熟悉情况。"

假设你就是小刘，你可以比较一下上面的例子，哪个你更愿意接受。比较之后，你就知道该怎么做了。

【相关链接】

女王与丈夫

英国著名的维多利亚女王，与其丈夫相亲相爱，感情深厚。但是维多利亚女王乃是一国之王，成天忙于公务，出入于社交场合，而她的丈夫阿尔伯特却和她相反，对政治不太关心，对社交活动也没有多大的兴趣，因此两人有时也闹些别扭。有一天，维多利亚女王去参加社交活动，而阿尔伯特却没有去，已是夜深了，女王才回到寝宫，只见房门紧闭着。女王走上前去敲门。

房内，阿尔伯特问："谁呀？"

女王回答："我是女王。"

门没有开，女王再次敲门。

房内阿尔伯特问："谁呀？"

女王回答："维多利亚。"

门还是没有开。女王徘徊了半晌，又上前敲门。

房内的阿尔伯特仍然是问："谁呀？"

女王温柔地回答："你的妻子。"

这时。门开了，丈夫阿尔伯特伸出热情的双手把女王接了进去。

(2)要尊重别人的意见。尊重别人就要尊重别人的看法、想法、说法、做法。每个人都有自己的世界观，对人、对事，都会有自己的看法和想法。尊重别人就是要尊重别人的这种对人、对事的看法和想法。有的人不知是主观故意还是思维定势总是非常喜欢否定别人，否定别人的看法和想法，别人说什么想什么都不对，这个也不对，那个也不对。职业交往中，喜欢否定别人的人还不在少数。这类人否定别人，不依据事实不依据逻辑推理，只依据自己的主观。凡是符合自己主观的就是对的，凡是不符合自己主观的就是错的。尊重别人也要尊重别人的说法和做法。每个人做事的方法方式不同，这是客观事实。所以无论是在学习、工作还是生活中，无论是对同学、老师、领导、同事或是邻居、朋友甚至家人，都应该自觉做到尊重，因为每一个人都希望得到他人的尊重。

但尊重别人，不是不能指出错误，而是提醒我们要运用合适的方式方法。在不伤害别人自尊的前提下进行沟通，才能达到目的。否则，只能事与愿违，有时，甚至"好心办坏事"。

【专家观点】

"尊重别人的意见"经验谈

当罗斯福在白宫的时候，他曾这样承认：如果他每天有75%的时候是对的，那是到达他最高程度的标准了。如果这最高的标准，是20世纪一位最受人注意的人希望的，你我又该如何呢？如果你能确定，在你一整天55%的时候是对的，你可以到华尔街，一天赚进上百万元。你可以用神态、声调，或是手势，告诉一个人他错了，就像我们用话一样的有效……而如果你告诉他错了，你以为他会感激你，不，永远不会！因为你对他的智力、判断、自信、自尊，都直接地给予了打击，他不但不会改变他的意志，而且还想向你反击。如果你运用柏拉图、康德的逻辑来跟他理论，他还是不会改变自己的意志，因为你已伤了他的自尊。你千万别这样说：'你不承认自己有错，我证明来给你看。"你这话，等于是说："我比你聪明，我要用事实来纠正你的错误。”那是一种挑战，会引起对方的反感，不需要等你再开口，他已准备接受你的挑战了。假如你准备告诉别人他们有错误时，请你把鲁滨孙教授所写的一段文章读一遍。他是这样写的：“我们有时发现自己会在毫无抵抗和阻力中，改变自己的意念。可是，如果有人告诉我们所犯的错误，我们却会感到懊恼和怀恨。我们不会去注意一种意念养成，可是当有人要抹去我们那股意念时，我们对这份意念突然坚实而固执起来。并非是我们对那份意念有强烈的偏爱，而是我们自尊受到了损伤。”

如果你要纠正某人的错误，就不应该直接地告诉他；而要运用一种非常巧妙的方法，才不会伤害对方的自尊心。就像吉士爵士向他儿子说的：“我们要比人家聪明，可是你却不能告诉他，你比他聪明。”有这样一个例子：s君是纽约一位年轻的律师，最近在美国最高法院辩护一件重要案子，这桩案件牵涉到一笔巨额的金钱和一项重要的法律问题。在辩护过程中，一位法官向s君说：“海军法的申诉期限是6年，是不是？”s君沉默了一下，目注法官片刻，然后立即说：“法官阁下，海军法中并没有这样限制的条文。”s君在讲习班中，叙述当时的情形，说：“当我说出这话后，整个法庭顿时沉寂下来，而这间屋子里的气温，似乎就在刹那间降到了零度。我是对的，法官是错了，我告诉了他。可是，他是不是会对我不友善？不，……我相信我有法律的根据，而且我也知道那次讲的比以前都好。但是我并没有说服那位法官，我犯了大错，我直接告诉一位极有学问而著名的人物——你错了。”如果有人说了一句你认为错误的话，你知道他是说错了。若是用下面的口气来说，似乎比较好一些：“好吧，让我们来探讨一下，可是我有另外一种看法；当然也许是不对的，因为我也经常把事情弄错，如果我错了，我愿意改正过来……现在让我们看看究竟是怎么一回事？”

所以，如果你要获得人们对你的同意，那就要：尊重别人的意见，永远别指责对方是错的。

（资料来源：阚雅玲，吴强，胡伟《职业规划与成功素质训练》机械工业出版社，2012年1月）

8. 讨论而不争论

争论与讨论是不同的。争论造成的是“两败俱伤”。我们常常看到，相互争论的结果是面红耳赤、不欢而散，从此心理上产生了隔阂，良好的人际关系遭到了破坏。而讨论是各抒己见，相互交流思想，目的在于找出解决问题的方法。讨论而不争论是要创造一个双赢的局面。

9. 把荣誉留给别人

把荣誉留给别人，把快乐留给自己。有时候，我们不能斤斤计较，需要放下架子，舍弃矜持与虚荣，淡泊名利，尽量把荣誉留给最需要的人。要知道，要使自己光荣，最有效的办法，就是首先让别人比你更光荣。

10. 巧用肢体语言

肢体语言是指非语词性的身体信号，包括目光与面部表情、身体运动与触摸、身体姿势与外表、身体之间的距离等。肢体语言具有不受情境的限制、保密、简洁明了、可实现跨文化沟通等特点。在某种特殊情况下，肢体语言不但可以单独使用，甚至还可以表达出自然有声语言难以表达的思想感情，直接代替自然有声语言。美国著名学者、心理学家艾伯特·梅热认为：无声语言所显示的意义要比有声语言多得多，而且深刻。他还对此列出了一个公式：信息的传递＝7％言语＋38％语音＋55％表情。我们国家也早有“此时无声胜有声”的俗语，由此可以看出非言语的肢体语言沟通的重要性。

(1)体态语言。也称作身势语。是以身体动作表示意义的沟通形式。主要包括头语、身姿和手势三种，它们既可以支持修饰言语，表达口头语言难以表达的情感意味，也可以表达肯定、默许、赞扬、鼓励、否定、批评等意图，收到良好的沟通效果。

人们见面相互点头、握手或拥抱，就是用体语向对方致意、问候和欢迎。人们在交谈时身体略向前倾，不时点头，神情随着谈话的内容变化而变化，这些体态特征表示出对说话者的尊敬和礼貌。如果腿不住地乱抖，身体随意摇晃，眼睛不住地左顾右盼，那一定会使说话者感到不高兴。因为这些无声的语言传出的信息是不尊重、不礼貌和不欢迎。所以体态语言与人际沟通成功与否关系很大。

(2)脸部表情。异常丰富的脸部表情，在人际沟通中起着重要的作用。面部表情非常丰富，许多细微复杂的情感，都能通过面部种种表现来传情，并且能对口语表达起解释和强化作用。脸面的颜色，光泽，肌肉的收缩与舒张，以及脸部纹路的不同组合，便构成喜怒哀乐等各种复杂的表情。同样是笑，微笑、憨笑、苦笑、奸笑，在嘴、唇、眉、眼和脸部肌肉等方面都表现出许多细微而复杂的差别。有研究表明，在解释相互矛盾的信息过程中，人们更加看重的是脸部表情而不是言语内容或声调。这种技术在公安刑侦工作中常用，被称为“微表情”。因此，沟通中要善于观察面部表情的各种细微差别，并且要善于灵活地驾驭自己的面部表情，使面部表情能更好地辅助和强化口语表达。

(3)眼神与目光接触。眼睛是心灵的窗户，它能表达许多言语所不易表达的复杂而微妙的信息和情感。眼神与语言之间有一种同步效应。通过眼神，可能把内心的激情，学识，品德，情操，审美情趣等传递给别人，达到互相沟通的目的。不同的眼神，给人以不同的印象。眼神坚定明澈，使人感到坦荡、善良、天真；眼神阴暗狡黠，给人以虚伪、狭隘之感；左顾右盼，显得心慌意乱；翘首仰视，露出凝思高傲；低头俯视，露出胆怯、害羞。眼神会透露人的内心真意和隐秘。

目光接触是非语言交流的一种特别形式。和其他非语言交流形式一样，目光接触的意义变化很大，而且也依赖着前后情境关系；但在几乎所有的社会相互作用中，目光接触都传达着丰富的信息。首先，目光接触常用于调整谈话。比如，一位讲演者开始发言时转移目光，要结束时就抬起目光。转移目光似乎是为了预防反问和打扰，而抬起目光标志着一个问题的结束并允许其他人发言。目光接触同样也能表明他有无兴趣。电影里经常有互相凝视的两个人，以表示爱情、热情和极大的关心。当然，作为对某人表示吸引的方法，我们肯定都熟悉长时间的目光接触。另外，一次偶然的谈话，如果其中一个谈话者总保持着目光接触，就会变成一种浪漫的表示。相反，避免或中断目光接触，通常是对一个人不感兴趣的标志。的确，当某人在谈话中目光不接触时，一般就认为他或她是心不在焉。目光不接触，典型地说明他或她对所说的内容不感兴趣。然而，这种一般原则也有例外。目光不怎么接触，有时可以说明某人害羞或害怕。另外，正传达坏消息或诉说痛苦事情的人，也可能避免目光接触。

(4)人际距离。人际距离不仅是人际关系密切程度的一个标志，而且也是用来进行人际沟通的传达信息的载体。所谓人际距离是指人与人之间的空间距离。当人与人交往时处于不同的空间距离中，就会有不同的感觉从而产生出不同的反应，因为人际距离传递出了不同的信息。彼此关系融洽的朋友总是肩并肩或面对面地交谈。而彼此敌意的人只能是背对背以示不相往来。恋人之间的亲密无间能表明二人关系发展到了一定的程度。

在人际交往中距离越近，双方关系越密切。如一个人在单位中老是与他人保持一定的距离，午休同事们在一个桌上吃饭，而他却端着饭盒离得远远的，总不与其他人在一起活动，这个人的“人缘”恐怕成问题。人们会感到他难以接近，久而久之便疏远他了。

【相关链接】

表达真诚的高招

1. 表达看法或建议、要求时，话讲得慢一些，容易给人诚实的印象。说话很快，则易让人产生轻浮的印象。

2. 有十足理由的观点或要求，如能以轻声的口气说，就会较容易让人相信和接受。

3. 与人交谈的时候，上半身往前倾斜，可表现出你对交谈者和所交谈事的浓厚兴趣。

4."星期日也无妨,随时随地听您的吩咐。"这句话可使对方感觉到你的诚意。

5. 认真时,有认真的表情,可笑时,则尽量去笑,会给人良好的印象。

6. 与客人或朋友、同事握手时,走得比常规距离更近一些,能表现你的友好和热情。

7. 恪守在谈话间所订的诺言,可增强对方认为你是很诚实的印象。

8. 以手势配合讲话,比较容易把自己的热情传达给对方。

(四)建立良好的工作关系

1. 让领导认识你

与上司保持良好的工作关系,对于每一个员工来说都是非常重要的。尤其是刚毕业的大学生,职业生涯刚刚起步,个人的职业竞争力还只停留在理论上,缺乏工作经验和社会经验,因此更需要上司对你进行指导。没有上司的支持与认可,没有上司提供的机会和空间,单凭个人努力,成功有时会显得格外艰难。

(1)自觉服从领导。尊重是每个人最强烈的心理需要,上司也不例外。上司受到尊重的这种心理需要比员工更为强烈,因为他代表着一个企业或一个部门。尊重上司已经是每一个企业里不用写在制度中的规则。

服从,是每一个执行者必须具备的基本素质。很多具有满腹才华的人,就是因为缺乏服从的品性,最终一事无成。下级服从上级,是上下级开展工作、保持正常工作关系的前提,是融洽相处的一种默契,也是领导观察和评价自己下属的一个尺度。一个企业、一个组织的工作运行都是通过下级对上级的服从来完成的。下级对上级的无理拒绝,将使系统运行机制遭到破坏,工作无法进行。因此,这种现象是不允许出现的。当然,上级是人不是神,也一定会有不足的方面。无论是怎样的上级,只要你在这个单位工作,就必须听从其领导。上级的领导不是代表个人,而是受组织之托,代表组织行使权力。因此,要尊重上司,自觉服从上司的指挥,听从上司的工作安排。

(2)与上司保持密切的联系。管理大师卡耐基说:处理好与领导的关系是人际关系很重要的一个方面。我们要在生活的课堂里学好这门课。处理好与上司的关系,当然包括向上司学习,在工作中与他们保持密切的联系。每个人都有自己的优点,上司也不例外。我们要善于向上司学习,经常向上司汇报自己的工作,与上司保持工作上的联系,这样使上司对我们的工作有一个大致的了解。在工作中,我们经常会遇到这样或那样的困难。只有与上司保持密切的联系,才能得到上司的支持和帮助,这是我们做好各项工作的必要条件。我们的工作得到上司的肯定,才更觉得有成就感。

(3)勇挑重担。一位资深人士曾说过:当下属的要主动争取上司好感,向上司申请任务,而不是被动地接受摊派。请求上司的领导比顺从上司的领导是更高的层次,是一种变被动为主动的技巧,它不仅体现了下属的工作积极性、主动性,还增加了让上司认识你的机会。这种工作方式已越来越为现代型的上司和下属重视。当上司交代的任务确实有难度,其他同事缩手缩脚时,你要有勇气出来承担,显示你的胆略、勇气及能力。

有才华且能干的下属更容易引起上司的注意。上司的注意力更多地集中在才华出众的"精英"型下属身上。所以,如果你真有能力,正确的方法不是无视上司,而是认真去执行上司交办的任务,妥善地弥补上司的失误,在服从中显示你不凡的才智。这样,你就获得了优于他人的地位,工作会更加得心应手。

(4)维护上司的权威。中国人都很爱面子,在职场上上司尤其爱面子、重尊严,他们特别在乎下属对他们的态度,往往以此作为评价下属对自己尊重不尊重、会不会做事的一个重要指标。面子和尊严之所以如此重要,是因为他们与上司的能力、水平、权威性密切挂钩。历史上就有很多人因为不识时务、不看上司的脸色行事而倒霉,也有一些忠心耿耿的人因冲撞上司而备受冷落。现实中,一些人有意无意地损害上司的尊严,刺伤上司的自尊心因而经常被"穿小鞋",不能舒畅的工作。我们应该懂得,即使是最英明、最宽容、最随和的上司也希望下属维护他的面子和尊严。

当上司出现失误或漏洞时,下属一般不要当众马上批评纠正。当上司提出一项工作要你完成时,能完成的定要勇挑重担,如果是难以完成的,最好单独找上司说明理由,不要当众拒绝。如果当众拒绝,可能会让上司下不来台,不妨找一个合适的时间、地点跟上司说清楚,这样就不会引起上司的反感。

【相关链接】

敢于和上司说"不"

小朱是某学院刚毕业的学生,在一家兽药公司做助理,业务能力强,胆大心细。

一个偶然的机会,小朱发现有一个企划案似乎有点问题,但当时老板已经在大会小会上表态说这个企划案是公司近期的重要举动。看看周围的同事,大家都没有什么意见,小朱犹豫了,不知道该不该表达自己的想法。摆在他面前的路有两条:要么同意老板意见,让公司承担巨大风险;要么阻止老板,让老板对自己不满甚至砸掉饭碗。

经过深思熟虑,小朱选择了后者,但他没有在大会上公开反对,而是单独和老板推心置腹地长谈,给他分析市场,并且表示自己可以承担一切后果,包括引咎辞职。小朱的诚恳引起了老板的思考和斟酌，最终撤回了这个企划案。

就这样，小朱用自己的努力和勇气赢得了老板的信任，很好地处理了这次危机。

2. 让同事支持你

职业交往中，与同事交往的概率是最高的，但也是最难以处理好相互间的关系。我们要学习掌握与同事交往、与同事沟通的诀窍。

(1)尊重同事。共同的事业、共同的目标，使彼此不同的人结为同一个集体。在职业岗位上，每一个人都可能是你的老师，因为他们都可能在某一方面掌握了丰富的工作经验和娴熟的业务技能，要尊重你身边的每一个人，虚心向他们求教，增长自己的才干。不要妄自尊大，盛气凌人。对人的尊重不应该有任何的前提，不应该以财富的多少、分工的不同来衡量。

(2)平等相待。尽管每个人秉性不同、爱好各异，但在人格上是平等的。同事之间应以诚相待。平等待人是搞好人际关系的重要准则，只有平等相待才能被接纳。不要以职务的高低来决定对他人的态度；不要亲近一部分人，疏远另一部人；不要认为某人对自己有用就打得火热，某人暂时没用就疏远不理；不要见了上司就低头哈腰、满脸堆笑，见到同事就视而不见，甚至冷若冰霜；不要卷人是非矛盾之中，拉帮结派、搞小团体，而应该尽力与所有的同事发展平等互助的友好关系。

(3)热心助人。俗话说患难见真情。同事间的相互帮助，既可以锦上添花，更应当雪中送炭。特别是当别人有困难时应伸出热情的双手给予帮助，切不能袖手旁观、坐视不管，更不能落井下石、见利忘义。关心别人要从小事做起，主动发现别人的需求，及时对人伸出援助之手。有时一个鼓励的眼神、一句轻轻的问候，也能让别人感受到温暖，让世界充满爱。只有热心帮助别人的人，才能赢得人心，也才会得到别人的真心相助，这样良好的同事关系会迅速建立。

但实际的职场中，有很多人处理不好同事之间的关系，其主要原因是：应帮别人也能够帮别人，但没有这样做。只顾自己不顾别人。这往往在彼此心理上形成长期的隔阂，造成同事间面和心不和或关系淡漠，应该引以为戒。

(4)随和相处。谦虚随和、平易近人的人，给人一种亲近的感觉，人人都愿意和他交往。交往是双方之间主动的行为，每一方都应有主动的意思，争取自己先开口、先叫人，切不可自命清高，拒人于千里之外。

(5)严己宽人。一要严格要求自己，自觉遵守道德规范和工作纪律。不利于团结的话不说，不利于团结的事不做。不当“长舌妇”，不挑拨是非，不猜疑嫉妒。堂堂正正做人，踏踏实实做事。受到委屈和误解时要胸怀大度，冷静处理，多做自我批评，积极承担责任。二要与人为善，宽容大度，在非原则问题上不斤斤计较，不苛求他人，多一些宽容、谅解和理解。同事做错事或有不好的习惯，要善意地指出，多一些关心，少一些指责。只要我们能正确地对待他人，始终以平等、诚实、宽厚的态度待人，就一定能建立和谐的同事关系。

四、案例分析与思考

案例一

水果店与面包店

沟通交往是商业贸易的灵魂，是社会发展的关键。两家大型食品商店同时开在了一条车水马龙的大街上，一家是卖水果的，一家是卖面包的。那家卖水果的商店的老板和员工们打成一片，总是会心地和员工们交流经验，时常教导员工要把服务质量放在第一位。从大街上透过玻璃窗总能看到他们攀谈的影子。他们做事都很主动。而另一家面包店的老板性格十分内向，完全靠着传下来的家产建立起来的商店。他从来不与员工们谈心，只是十分呆板地告诫员工们，这该怎么做，那该怎么做，意外情况的处理办法是必须得到批准才能实行。员工们做事都很被动。一年过去，那家水果店的生意十分兴隆，门口的顾客川流不息。而那家面包店却濒临破产。

分析与思考：

真诚的沟通与交流，可以形成良好的工作氛围，调动员工的工作积极性，促进事业发展；缺乏沟通与交流，则会使人失去工作热情，应付工作，局面自然只会越来越糟。

案例二

不会沟通，从同事到冤家

小贾是公司销售部一名员工，为人比较随和，不喜争执，和同事的关系处得都比较好。但是，前一段时间，不知道为什么，同一部门的小李老是处处和他过不去，有时候还故意在别人面前指桑骂槐，对跟他合作的工作任务也都有意让小贾做得多，甚至还抢了小贾的好几个老客户。

起初，小贾觉得都是同事，没什么大不了的，忍一忍就算了。但是，看到小李如此嚣张，小贾一赌气，告到了经理那儿。经理把小李批评了一通，从此，小贾和小李成了绝对的冤家了。

分析与思考：

小贾所遇到的事情是在工作中常常出现的一个问题。在一段时间里，同事小李对他的态度大有改变，这应该是让小贾有所警觉的，应该留心是不是哪里出了问题了。但是,小贾只是一味忍让,这个忍让不是一个好办法,更重要的应该是多沟通。

小贾应该考虑是不是小李有了一些什么想法,有了一些误会,才让他对自己的态度变得这么恶劣,他应该主动及时和小李进行一个真诚的沟通,比如问问小李是不是自己什么地方做得不对,让他难堪了之类的。任何一个人都不喜欢与人结怨的,可能他们之间的误会和矛盾在比较浅的时候就会通过及时的沟通而消失了。

第六章　职业能力

引　言

在求职的过程中，机遇对于每个人都是平等的，你所具有的能力决定了你在职场的地位，决定你在职场的身价。因此，在大学阶段，每个人都应抓住职业能力培养这个重要时期来提高自己，为今后的职业生涯和人生发展打下坚实的基础。

拓展项目一　基础核心能力

一、学习目标

职业能力是大学生从事职业活动和推进职业发展的核心要素之一，也是大学生职业素质的最为关键的因素。本模块的具体目标为：了解职业能力的概念及功能，认识大学生职业能力的特点、职业能力培养的意义，掌握如何提高专业能力、学习能力、团队协作能力、社会能力等基础核心能力。

二、拓展训练

（一）团队协作能力训练

翻"叶子"

1. 训练目的

(1)提升对团队作用的认识；

(2)培养学生的协作能力和团队精神；

(3)培养学生时间管理的能力；

(4)培养危机意识和应对危机的能力；

(5)培养学生的乐观心态。

2. 训练时间

需要 20～30 分钟。

3. 训练步骤

参加项目的学生都必须站在教练指定大小的、象征"叶子"的塑胶帆布上，然后将"叶子"翻过来。整个拓展训练过程中所有学生的身体任何部位均不得接触地面。

(1)操作指导:①所有人都必须站在"叶子"上,只要团队内任何人的身体任何部分碰触到地面就要重来。②观察学生整体倾斜与个别出现违规。③学生轻易完成之后,可以换更小的"叶子"或者允许更多的人加入尝试,并估计相应的难度系数。④如果团队总是倾倒,可以适当进行提示,比如不要所有的人都单脚站立,可以脚交叉分腿站立等。注意事项:根据人数多少给予大、中、小的"叶子";强调学生在项目实施中注意安全,不要踢伤"翻树叶"的队友;尽量避免学生踩在队友的脚上保持平衡,坚持不住的学生要及时报告;活动之初要严格要求,学生在"翻叶子"时手指触地要重新开始。

(2)讨论分享:①我们怎么办到的?在过程中听到什么?有何感受?每一位学生均要发言。②对团队中各成员的角色和分工进行回顾总结。

(3)思考提升:①当个人感觉不平衡时候,整体却处于平衡状态,而个人想调节平衡时候,团队立刻开始失衡。如何调整个人与团队的平衡?生活中的类似情况是怎么样的?②生活中很多重要的事情都有困境到顺境的转变,想想"塞翁失马"的故事,积极的生活态度也许会让我们更加开心。

(二)求职面试训练

你准备好了吗?

1. 训练目的

(1)通过收集求职信息,了解职业素质要求,有所准备;

(2)事先想好如何应对企业的面试提问;

(3)培养各种职业能力。

2. 训练时间

需要30～45分钟。

3. 训练步骤

(1)操作指导:①收集信息。分组收集以下信息:来校招聘的企业、单位基本情况;招聘单位的用人标准;与本专业对口的岗位信息。了解的方法是提出想了解的内容,由学校集中反映给招聘单位,或从网上了解,或通过各种社会关系得到真实的情况。②分组讨论。对收集到的情况进行汇总,由小组发言人介绍各自收集的企业信息有哪些,对我们准备应聘有什么意义?结合自身情况,每个人想一条,企业招聘人员最看重的是什么,怎么才能让招聘者更愿意或更多地了解我们?

(2)讨论分享:①听一听来自行业、企业的心声(由学校就业指导部门事先向往届毕业生进行调查,掌握不同企业更看重的素质和能力是什么,信息汇总后反馈给学生)。②各组选择一个"企业",设计企业面试的题目,由其中一名组员扮演企业招聘人员(不暴露其在企业里的身份),向大家表演面试的过程。③各组进行面试表演,并评论一下,是否接近真实情况,给表演者以鼓励。

(3)思考与提升:①专业知识学习对促进职业能力培养有哪些作用?②思考在大学阶段,自己准备如何提高自己的职业素质,并做哪些相关实践活动?

三、理论导航

(一)职业能力概述

职业能力是指人们从事某种职业活动必须具备的,并影响职业活动效率的个性心理特征。人的职业能力是多种能力叠加和复合而成的,是人们从事某项职业必须具备的多种能力的综合,是胜任职业岗位工作的基本要求,也是个人立足于社会、获取生活来源、取得社会认可、谋求自我发展之本。

在职业领域中,能力是影响人们职业活动效果的基本因素。一方面,我们只有具备与职业相关的能力素质,才有可能从事某项工作。能力水平越高,工作表现越好;另一方面,我们只有对自己的职业能力有充分的认识和判断,才能"量体裁衣",找到适合自己的工作。合适的工作有利于促进个人职业能力的进一步发展,两者相互促进,带来职业上长足的发展。因此,一个人了解了自己的能力情况后,就可以取长补短、扬长避短。在职业选择时,把握自己的优势所在,做出最佳选择。

职业能力与职业资格紧密联系在一起,具备相当的职业能力可以获得相应的职业资格,凭这个职业资格从事特定的工作。例如律师、会计、导游等。《中华人民共和国劳动法》第六十九条规定"国家确定职业分类,对规定的职业制定职业技能标准,实行职业资格证书制度。"今后将会有越来越多的工作都要具有相关的资格证书才能从事。

职业能力由两大部分组成,即专业能力和关键能力。

专业能力是指某一专业所对应的职业岗位(群)必须完成的工作任务和职责,即根据职业的特点、技术工艺、设备材料以及生产方式等要求,对劳动者的业务知识和技术操作能力提出的综合性水平规定。专业能力主要包括专业知识、专业技能、资格证书、专业拓展等。

关键能力包括学习能力、外语能力、计算机应用能力、信息能力、社会能力、团队协作能力、创新能力等。关键能力是一种可迁移的跨岗位、跨职业的能力。由于当今的职业和岗位都处于不断变化之中，一个人一生可能会从事多个职业。专业能力在你寻找第一份工作时起到至关重要的作用。但在人员进行流动的过程中，社会适应能力、交际能力、团队协作能力等关键能力不依专业知识而独立存在于你头脑之中，将会起到比专业能力更为重要的作用。

(二)职业能力的功能

我们在人才培养的过程中发现，有些学生在校时学习成绩很优秀，走上工作岗位后，并没有做出什么创造性的成果，而不少分数平平的学生，走上工作岗位后却硕果累累。究其原因，在于他们能力的差别上。知识是取得成就的基础，而职业能力则是取得成就的关键。

职业能力的高低决定了你在社会受欢迎的程度。从某种意义上来说，职业能力是你进入社会的法宝。曾有资深职业顾问认为，现在很多大学生之所以不能得到用人单位的认可，其中很重要的一个原因就是目前大学教育和职业对接脱节，“在学校里，学生学习只以课本知识为主，而对职业上的基础知识却很少涉及，致使企业不得不承担教育体系本身应该完成的工作”。学生只有具备了全面的职业能力，才能更易于被社会所接纳，在社会工作和生活中如鱼得水。

(三)大学生职业能力的特点

1. 潜力大，可塑性强

大学生被誉为“天之骄子”，就说明了大学生的优秀，说明能够进入高等学府的人是佼佼者。虽然近几年高校不断扩招，但是接受高等教育的机会还远没有像中小学教育那样普及。能进入梦寐以求的大学殿堂，必须经过多年辛苦学习和努力拼搏。正是由于前期已经具有这种肯吃苦和拼搏进取的精神，进入高校后大学生学习和进步的速度快，职业能力的可塑性强，无论是在校期间还是走上工作岗位，无论是基本能力的培养还是专业能力的培养，大学生的高素质都将得到体现，得到社会和用人单位的认可。

2. 涉及面广，可选择性强

就目前而言，我国的中小学教育中，应试教育的成分还占很高的比重。而高等教育则为学生的自我发展提供了更加宽容的环境，尤其注重学生自学能力和自我管理能力的提高。大学中，学生们的兴趣爱好有了充分发挥的空间和充分展示的舞台。在学好课本知识的同时，大学生有充足的时间学习广博的知识，涉猎更深的专业知识，参加丰富的文体活动和社会实践，独立处理个人生活等。通过大学生活与学习，大学生的团队协作能力、学习能力、理论研究能力、实践动手能力等方面得到了很大提高，为将来进入社会奠定了扎实的基础。当然，每一个人的精力是有限的，目标也各不相同，所以应该有所侧重。广泛的涉猎有利于进行比较和体会，选择自己更感兴趣和对自身发展更有帮助的努力方向，有利于学生的成长成才。

3. 深度不够，针对性弱

第一，在当今社会要从事某种职业必须经过专门的职业训练，专业性要求高。随着现代社会分工日趋精细，职业活动的对象和范围有着很大的不同，各行各业对从业人员的职业能力要求有很大的差异。某些职业能力对从事该职业的人员来说具有重要的意义，但对从事其他职业的人员来说可能并不很重要。第二，大学生虽然会逐渐将精力投入到某些感兴趣的能力培养上，但是毕竟在校时间有限，所需知识的深度和技能的熟练程度都不够，与工作岗位所需职业能力存在一定的差距。第三，虽然要求大学生要有自己的努力方向，但无法将其锁定在某一工作岗位上，社会也要求大学生能够适应不同领域不同岗位的用人需求，所以大学生职业能力的培养针对性较弱。

4. 系统性差，规范性弱

任何一种职业能力都包含了综合能力要求，需要经过不断训练和培养，才能形成稳定的能力体系。大学生在非工作环境下进行职业能力培养，多以基本能力的培养为主，而且是自发式的主观培养，缺少与真实工作岗位的对接，职业能力培养不成体系。现在越来越多的职业能力培训机构看到了大学生的这一劣势，对大学生进行系统培训，虽然能够起到较好的促进作用，但与真实工作要求相比，仍然存在较大差距。同时，职业能力不像书本知识那样可以突击获得，而是在较长时间内逐渐形成并发展起来的，它需要通过系统的、反复的训练才能获得。“读万卷书，行万里路。”大学生只有加强对社会的了解，积极参加社会实践，形成较为规范的职业能力，才能有效缩短将来步入社会的适应过程。

（四）基础核心能力提高

职业能力培养是高等职业教育的目标和特色，但职业能力究竟如何培养，一直是教育者们关注的热点，也是难点。职业能力从来不是孤立的个体，而是一个有机整体，其中任何一种单项的能力要素都难以完成职业活动。

1. 专业能力

作为职业能力的核心，专业能力是大学生就业创业的核心竞争力。职业能力包括“必需、够用”的专业知识和理论，熟练的职业技能以及专业扩展能力等。

(1)努力掌握“必需、够用”的专业知识和理论。专业知识是与具体岗位任务直接联系的知识，是专业能力形成的基础。大学生在工作中不仅要知其然，还要知其所以然，专业知识正是解决这个知其所以然。

掌握专业技术应用能力是高等职业教育的目标。但是能力的形成必须以知识为基础。由于大学生的学习年限只有 4 年，加之很多高校实行“3＋1”或“2＋1＋1”的教学模式，所以真正用来学习专业知识，特别是理论课的时间只有 3 年。在这 3 年期间，学习的内容是有限的，因此，学生们在学习专业知识时不应该一味求深，而是要掌握基本的原理与知识，在学习专业知识的同时侧重于应用。要善于将多门课程结合到一起学习，将专业知识与实践应用结合起来学习，满足工作岗位的要求。

(2)掌握熟练的应用技能。应用技能是指利用工具，按照一定的程序和方法进行操作的能力。应用型高校学生的特长在于动手操作能力强，工作上手快，能够很快地适应新的工作岗位。这就要求应用型高校学生在学习期间要努力提高实践动手能力。因此，在校期间要积极参与到专业实践活动中，将理论知识应用于实践，将课堂所学应用于生产实际，勤学苦练，掌握扎实的基本功，练就一身技能，并锻炼灵活运用知识、不生搬硬套的能力。

(3)获取多张职业资格证书。在许多单位的面试要求中，我们常常可以看到这样的内容：“参加面试，请带大学毕业证书、职业资格证书及相关资料”、“诚聘通过正规高等教育和职业资格考试的专业人才”。随着用人单位对劳动者职业技能和专业知识一视同仁，如今在就业市场上，写有上述内容的招聘广告越来越多。近年来的招聘市场统计信息显示，那些持有大学毕业证书和职业资格证书的“双证书”人才，始终是用人单位急需的对象，其求职成功率往往高达 90％以上。毕业证书＋专业资格证书＋技术等级证书，正成为应用型高校学生就业的必需“护照”。

职业资格证书包括国家职业资格证书、技术等级证书和行业资格证书。很多高职院校学生为使自己求职机会更多，纷纷加入考证大军，报考各种证书，如兽医类专业报考国家执业兽医资格证书和动物疫病防治员证书、经济类专业的学生报考电子商务师资格证书、会计专业报考会计证等。对于种类繁多的证书，应用型高校学生在选择报考时，一方面要与所学的专业相结合，考试的内容与所学科目有所重复，这样考试的难度会降低，在寻找专业对口的工作时能起到帮助作用。另一方面，要与自己的兴趣相结合，为自己将要从事的工作做好准备。

由于学校的教学与资格证书考试之间存在一定的距离，所以要获取这些资格证书，需要付出额外的努力与费用，通过进行自学、培训等，可以提高获取证书的概率。

(4)拓展专业能力。拓展专业能力要求应用型高校学生具有成本意识、质量意识、市场运作意识,理解本专业的最新技术应用情况,具有解决问题的能力。

市场经济如今已经渗透生活的每个角落,仅具有专业操作技能是不够的,还需要具备经济头脑。应用型高校学生的定位是在生产一线从事技术或技术管理工作,因此,除掌握专业操作技能外,还应关心企业的生产成本,并能进行市场调查,具备相应的技术创新能力。

①成本意识。企业在生产过程中,成本控制是非常重要的环节。只有成本降低,企业的效益才会提高。因此,在校学习期间应关注产品在生产过程中的流程是否科学合理,产品设计是否完善,了解节约生产成本的途径,帮助企业节约生产成本。

②质量意识。产品或服务质量是企业的生命线,应牢固树立"质量第一"的意识,在以后从事的工作中严把质量关。

③市场运作意识。了解产品的市场营销过程,能进行市场调研,根据市场的需要进行生产,为今后从事多个相关的岗位做好准备。

④专业发展能力。主要是指技术改造能力和运用新技术的能力。具体说,一方面要求应用型高校学生具有根据自己所学的专业知识和技能,对现有的生产流程、生产技术、产品设计进行部分改造的能力;另一方面要具有紧跟本专业技术、工艺的最新发展,理解并掌握新技术、新工艺,并将其应用于生产的能力。

2. 学习能力

学习是指人获得和积累经验的过程,也是个体以心理变化适应环境变化的过程。学习能力是指学习的方法和技巧,是所有能力的基础。

大量调查分析表明:大学一年级学生在学习方面存在的主要问题之一是对大学的教法和学习方法感到茫然,甚至无所适从。大学的学习与中学时代的学习不同,终身学习理念又对大学生提出了更高的要求。会不会学习的标志在于是否认识和掌握了学习的客观规律,是否能正确处理学习中的矛盾现象,是否有科学的学习程序、习惯和方法。因此,如何提高学习能力必须从以下方面入手:

(1)了解大学的学习特点。大学生的学习内容广、课程多、难度大。开设的课程分必修课、专业选修课、选修课三种类型,又可分为公共课、基础课、专业基础课、专业课四个层次,每一个层次或类型的课程均由许多门课程综合而成。课程涉及的内容范围广,深度和难度都比较大。

大学更加注重学生的独立学习。学校为学生提供了良好的学习环境,有藏书丰富的图书馆,有设备先进的实验室,还有多样的课外科研活动。学校的教学计划还安排了大量的教学实验、实习、社会调查、毕业设计等实践教学环节。这些都要求学生要充分利用好这些教学资源进行独立学习，教师对于学生的帮助更多的是引导入门，修行多深主要靠学生自己。另外，在学习中更注重能力的培养，尤其是思维能力、思维方式的训练。很多时候能力的提高是在解决问题、进行发明创造的过程中进行的。学习不仅可以在学校，还可以在社会实践和企业顶岗实训的过程中进行。

(2)掌握科学的学习方法。学习方法是一门科学，学习方法因个人而异、因不同的学习科目而异、因不同的学习环境而异、因不同的学习手段而异，理工类专业的学生与文科类专业的学生在学习方法上也会有差异。

【相关链接】

学习方法介绍

①归纳学习法。把课程各组成部分、各部分的内在联系和全课程整体结构结合起来学习，从而获得对课程的整体认识。这种方法适用于复习备考阶段。

②发现学习法。经过观察、质疑、联想，运用已有的知识去发现问题、提出问题、解决问题，学会或发现所需要的知识和技能。适用于一些培养创新能力的课程和专业课程的学习，着重于培养创新能力，发现新知识。

③问题学习法。一般由教师向学生提出问题，学生根据问题寻找有关资料，提出假设，进行实验，以求解决问题的方法。此方法有利于启发学生思考，调动学生的学习兴趣和积极性，培养学生的综合能力。

④协作学习法。通过两个或两个以上的个体在一起组成团队进行学习，从而提高学习效率。协作学习多表现在一些集体项目中，团队成员为了共同的目标而努力，每个人既有自己的专攻，又与别人协作，进行共同学习。

(3)培养自学能力。现有知识与未知知识之间总是存在着矛盾。学校里所学的知识与工作岗位实际要求之间存在差距，工作岗位的内涵也处于不断变化之中。解决这个矛盾的最有效的办法就是增强自身的学习能力，当环境变化时，及时学习新的东西，适应新的环境。

具体来说，大学生可从以下方面培养自主学习的能力：

①学会自我激发学习动机。包括培养强烈的求知欲，确定学习目的，制定具体的、能够完成的学习目标，在学习中体验成功等。

②充分了解自身的条件。如通过学业考试了解自己对知识、技能的掌握情况；通过心理测试了解自己的智力水平、学习风格、个性特征等。

③掌握学习策略，对自身的学习活动进行自我监控。经常对自己的学习进行

自我意识、自我规划、自我管理和效益效果等方面的评价。

④善于从各种渠道获取信息。如从图书馆、互联网上查阅需要的信息资料，自主决定学习内容，灵活选择学习材料。

(4)在社会中学习。社会也是一所大学，处处留心皆学问。与学校学习相比，人在社会中的学习时间更长。学校为个人的成长打下基础，使个体具备了进入社会的能力，但从书本上学习的知识毕竟有限，我们还要在社会中学习，而且要坚持学习，不断成长，持续发展。可以从以下几方面做起：

①在工作中学习。工作环境是多变的，每一个变化在带来挑战的同时，也带来学习的机会。在工作中学习，能增强适应社会的能力，更新知识，保持与社会同步。

②向同事学习。三人行，必有我师。每个人的特长都不同，善于向他人学习，将使你集众家之长，成就非凡事业。

③从成功中学习。每一次成功都是一次尝试，应当认真总结经验为以后的工作和学习所借鉴。另外，可以从失败中学习。要认真地总结经验教训，避免重蹈覆辙，找出其中正确的做法，应用在其他工作中。

3. 团队协作能力

团队协作是指具有优势互补，致力于一个共同的宗旨、一系列共同的业绩目标、一系列有效的共同方法，并共同对此承担权利与义务的集体行为。团队协作不仅强调个人能力表现，更强调团队协作的整体效果。团队协作是在集体调查研究和决策以及资源共享的基础上，强调通过个体的努力，求得整体收益大于个体收益的总和。

现代企业的生产、管理等运作方式，要求员工具有较强的团队协作能力，新进员工要善于与领导、同事配合开展工作，在团队中注重协作与协调。团队协作能力对新经济如IT产业更是必不可少的成功法则。在一个软件企业，不论创业者如何能干，都无法胜任多个环节的工作。企业中分工详细，如生产部门、计划部门、市场部门、公关部门等，使得企业中的各个部门之间以及部门内部的协作更加密切。因此，要注重团队协作能力的培养。主要做好以下几个方面：

(1)信任。相信自己，相信团队中的同伴，相信团队的领导者。团队是一个相互协作的群体，它需要团队成员之间建立相互信任的关系。只有相互信任、相互依赖，团队中的每个人才能发挥出自己最大的优势，整个团队才能集中到更多的智慧，才能使整个团队更具竞争力，才能达到成功的彼岸。

(2)宽容。在竞争激烈的职场中，宽容是让一个人尽快融入团队之中的捷径。宽容是团队合作中最好的润滑剂，它能消除分歧和矛盾，使团队成员能够相互尊重、彼此包容、和谐相处、从而安心工作，促进团队发展。

(3)沟通。在团队中,成员间的较强的沟通能力是保持团队旺盛生命力的必要条件。当团队遇到困难和矛盾时,有效的沟通能加快解决问题的速度。然而,团队成员唯有从自身做起,有方法、分层次地对待不同的意见并探讨问题,汇集经验和知识,才能凝聚团队共识,激发自身和团队的力量。

(4)奉献。团队精神的核心是奉献。奉献是激发团队成员工作的动力,能为工作注入能量。每个人都有自己的想法,都有自己独特的个性,即使在团队中也往往会考虑自己的利益,这个并没有错,但是在团队中,只有整体的利益得到了满足,个人利益才会实现。

(5)尊重。平等待人,有礼有节,既尊重他人,又尽量保持自我个性,这是团队合作能力之一。团队中的每一个人,由于生长环境、教育背景、个人经历不同,所形成的价值观也各不相同。但不论其资历深浅、能力强弱,每一个人同样都有渴望被尊重的需要。

(6)欣赏。团队中每一个人的身上都会有闪光点,都值得我们去学习。要想成功地融入团队之中,就要善于发现每个工作伙伴的优点。拥有谦虚的品质会让我们正视自己的短处,看到他人的长处,从而赢得众人的喜爱。团队的效率在于每个成员配合的默契,而这种默契来自于团队成员的互相欣赏和熟悉,欣赏长处、了解不足,扬长避短。

总的来说,在日常的工作、学习中,努力做到充分的信任、适度的宽容、有效的沟通、诚心的奉献、足够的尊重和真心的欣赏,不断地修炼,这样方能提高团队协作能力,不仅有助于自我价值的实现,更有助于促进团队执行力的提升。

4. 社会能力

社会能力,又称社会适应能力,是个体在实现社会化的过程中,有效地应付和顺应社会生活环境,使个体内部以及个体与社会环境之间保持平衡与协调的一种能力。社会适应有两种方式:一是个体通过调整自己的态度和改变自己的行为以适合外部环境的要求;二是尽最大可能去改变环境使之适合自己发展的需要。作为大学生,走上社会的第一步,首先是适应这个社会,尔后才是改变这个社会。

社会适应能力是综合能力,主要由以下几种能力复合而成:

(1)表达能力。指运用语言阐明自己的观点、意见或抒发思想的能力,包括书面表达和口头表达能力。在社会生活中,我们需要与人交往,进行沟通,良好的口头表达能力和书面表达能力是最基本的前提。普通话是口头表达的标准语言,每个人都应能流利地、有条理地、准确地将自己的想法表述出来,如面试时的自我介绍。书面表达要求能将事实或思想用逻辑性很强的文字表达出来,用词贴切,如自荐信、工作汇报等。

(2)自我推销能力。自我推销就是给予他人正确的信息,从而促使他人做出"接纳"的决定。在求职或工作的过程中,恰当的自我推销,会给自己更多的发展机会。

(3)自立能力。自立能力是指不依赖别人、依靠自己努力做事的一种自我生存的能力。表现在生活上能自理自立,自己当家作主;表现在工作上能够独立决策,解决遇到的问题,确保工作顺利开展。

(4)运用法律保护的能力。大学生初入社会,在很多方面还很不成熟,既容易因为无知或冲动做出违法的事,又容易上当受骗,受到伤害。因此,应该了解相关的法律知识从而规范自己为人处事的行为,也可以维护自己的合法权益。

总之,大学生应主动、积极地适应社会、适应环境,而不应消极地等待和回避困难,更不应对消极现象认同。只有具备较强的社会适应能力,才能尽可能地缩短自己的适应期。适应社会能力的强弱与一个人的思想品德、知识技能、活动能力、创造能力、处理人际关系能力以及健康状况等密切相关。一般来说,一个素质比较高、各方面能力比较强、身心健康的毕业生走上社会后,能够很快适应环境、适应工作,即使是在比较困难的条件下和比较差的环境中,也能变不利因素为有利因素,通过自己的努力取得好的成绩。

四、案例分析与思考

案例一

这样的人才哪个单位都欢迎

小张在一所应用型本科大学的计算机专业读书。大四那一年,通过父亲朋友的介绍,小张进入某大城市的一所著名科研机构实习。刚去的时候他除去帮忙打扫办公室卫生,打些开水,只能干坐着。领导看他有点可怜,就交给他一个材料说:"三个月内完成就行,到时给你一个实习鉴定。"

后面的三天时间里,他干脆住在单位,日夜加班,终于完成了领导交给的任务。第四天上午,当他告诉领导任务已经完成时,领导吓了一跳,立即对他刮目相看。领导又给他几个任务,并且规定很短的时间完成,他都提前完成了。

实习结束,领导没多说什么,但不久便指示人事部门负责人要亲自去小张的学校点名要他。人事部门负责人很奇怪:"来我们这里求职的名牌大学本科生、硕士生十几个,还有博士生,你都不要,却非要一个普通本科学生,不是开玩笑吧?""不开玩笑,他有专长、有能力并且踏实。"

小张进入单位后工作很努力。后来,这个科研机构的主管部门临时借调他去帮忙。结果是:这个部门以前的报表都是最后一个交,并且经常返工,但这一次,小张不仅第一个送上报表，而且一次性顺利通过。于是上面点名要调他，而下面坚决不愿意放，但硬是被调走了。现在他已经成为一个部门的负责人，并且下属多是名牌高校的本科生、硕士生。

在就业竞争激烈的形势下，小张何以如此轻松找到满意的工作？他总结的经验是：把自己所学的知识对应于社会职业的一个领域，并在这方面强化，找一切机会转化为实践能力。

职业能力是一个综合的能力，学习成绩仅是其中的一个方面，随机应变的能力，人际交往与自我表达的能力同样重要。在校的大学生切不可将学习成绩当成大学期间唯一的评价标准，而应在学习知识的同时，注重知识的运用，注重参加社会实践，全面培养职业能力。

案例二

小江的升迁

某公司从人才市场高薪聘请了网络管理员小江。小江在工作中表现突出，技术能力得到了大家的认可，每次均能够按计划、保证质量地完成项目任务。在别人手中的难点问题，只要到了小江那里，十有八九是迎刃而解。

一年时间过去了，公司对小江的专业能力非常满意，总经理有意提升他为项目主管。但经过考查，总经理发现小江除了完成自己的项目任务外，从不关心其他事情，同事的电脑出了问题，找他帮忙，他很少为别人答疑，并且对分配的任务有时也是挑三拣四，从来都不参加公司举办的各种集体活动。几经思考，总经理决定忍痛割爱，不再考虑小江的升迁问题。

小江的技术能力没得说，但团队协作精神和对同事的态度却是明显的存在问题。这成了他升迁的阻碍。从中我们可以看出，只有技术好，在职场中是远远不够的。

案例三

“与别人相比，我要做的还很多”

小夏是某校文秘专业的学生，从 2012 年开始，到一个外企实习。公司是德资的，所以有一部分德国实习生，与德国实习生相比，小夏发现自己还有很多不足。最开始的时候，经理让小夏写一份调研报告，按照学校的习惯，小夏就问经理：“您要多少个字？”经理当时就愣了，看着小夏说“不是字数的问题，而是质量的问题。”他告诉小夏：“在外国，学生是很擅长做调研报告的，从主题讨论到查资料，从对手分析到撰写成文，思路非常清晰，不需要上级告诉他具体的步骤和规则。”不仅如此，经理还坦言："很多中国学生在学校里被保护得太好，结果该在学校里完成的实践只能在社会里完成，社会和职业能力太差。试想，一个无法自立，连传真机、Excel都不会使用的人，公司如何敢把重要任务交给他？"

此后，小夏经过仔细观察，发现确实如此。在进入工作状态方面，自己落后同事一大截儿。他非常感谢这次实习机会，也许可能留不下来，但他明白了："与别人相比，我要做的还很多。"

【相关链接】

大学生职业能力培养的意义

1. 体现了我国高等教育的发展

在计划经济体制下，我国高校毕业生就业实行的是政府"包分配"制度。学校的任务集中在"教书、育人"两大方面，较少涉及学生就业问题。随着社会主义市场经济的发展，毕业生就业制度为双向选择、自主择业。在激烈的就业市场竞争中，学校作为培养学生的主体，职能和义务也必须与时俱进、协调发展，避免教育与实际的脱节，应当以学生为本，促进学生就业为己任，加强职业能力培养，切实为学生的成长成才服务。

2. 有助于缓解社会压力，实现和谐就业

随着就业制度的改革和高校连续数年的扩招，毕业生就业已从"卖方市场"转变为"买方市场"。有相当部分学生在毕业时仍未签订就业协议，毕业生就业压力大，同时也给政府、学校、家庭等社会各界造成不小的压力。学生就业变成了关乎社会稳定、国计民生、构建社会主义和谐社会的重大问题，需要全社会的共同关注和积极参与。在这种情况下，加强对大学生的职业能力培养，有助于增强毕业生就业能力，促使毕业生尽早找到合适岗位，缓解社会压力，实现和谐就业。

3. 有利于大学生的成长成才

在进入大学之前，中学教育基本上是以高考为导向，不少学生是"两耳不闻窗外事，一心只读圣贤书"，学习任务重，能力培养欠缺。在大学阶段，加强对学生职业能力的培养，提高学生的综合素质，有利于学生全面发展，健康成长。更重要的是，进行职业能力培养，与社会需求对接，一方面引导大学生朝着奋斗目标提高能力，另一方面大学生在职业能力的培养过程中，能够逐渐发现自己的兴趣和优势所在，对于合理定位与今后在工作岗位上顺利发展、实现自我价值有着重要的意义。

4. 有利于大学生提高就业能力

很多单位招聘时，应届毕业生表现出的职业能力往往不足以达到用人单位的要求。所以大部分用人单位更加青睐于有工作经历，在工作中培养了一定职业能力的应聘者。虽然有“进入大学就等于步入半个社会”之说，但是大学生平时的能力锻炼还远远不够。因此，加强职业能力的系统培养，积极参加实践活动对于提高学生的团队协作能力、专业能力，提高大学生的就业能力起到了积极的促进作用。

5. 有利于缩短职业适应时间，提高工作效率

一般情况下，刚参加工作的大学毕业生都会参加单位组织的上岗培训，而且需要经过较长时间的适应和实习才会正式从事一线工作，对于用人单位而言，投入精力大，耗时较长。通过在校期间的职业能力培养，学生有意识地参加相关的职业能力培训和资格考试，把精力向专业课程与实践倾斜，减少了适应职业的时间，同时也提高了工作效率，节省了用人单位的成本。

拓展项目二　拓展核心能力

一、学习目标

拓展核心能力包括解决问题能力、信息能力、创新能力、创业能力、实践能力等。本模块的具体目标为：提高大学生解决问题的能力，使学生具备较强的信息能力，培养和锻炼大学生创新创业能力。

二、拓展训练

解决问题能力训练

1. 训练目的

(1)寻找问题出现的原因和解决办法；

(2)如何提高解决问题的能力。

2. 训练时间

需要20～30分钟。

3. 训练步骤

(1)操作指导：①三人一组，找出网络上或报纸上某种争论或者冲突的例子，作为训练素材。②两人分别扮演权益受益者和受害者，各自陈述理由，另一人扮演调停人，任务是帮助两人找到解决办法。③可以建议大家集思广益，请大家提示帮助解决问题，完成任务。

(2)讨论分享：①为了防止问题的再次发生，在方法上、态度上应该有哪些变

化？每一方的感受如何？他们主要的抱怨、感受、需求和动机是什么？②在多大程度上该问题会被预测或避免，该怎么做？③别人该如何从中吸取教训？有建设性的解决办法吗？

(3)思考提升：①可以通过网络或报纸的特别报道为材料来源以解决问题。②每个学生都要有做调停人的经历，鼓励学生找各种不同的事情进行联系，并进行自我评估。让同学们反馈他们的认识，对问题研究的深度，有什么领悟，如何推动问题解决办法的产生，运用了哪些技术来解决问题。

三、理论导航

(一)解决问题能力

解决问题能力指在不需要别人指导的情况下，能够独立解决工作中从来没有遇到过的问题，从而使工作顺利开展的能力。

人们越来越认识到，仅有丰富的知识是不够的，唯有当那些知识能帮助你解决问题时，它们才显得重要起来。在工作中，无论是公司老板、部门主管，还是基层的员工，我们所要做的一切都是为了解决问题，从而实现工作目标。因而存在各种各样的问题是工作常态，而解决一个个问题也是我们的目的所在。从这个意义上说，拥有解决问题的能力比拥有学历、知识更重要。

解决问题的能力往往决定一个人工作绩效的高低。在面对同一项工作时，解决问题能力强的人所花费的精力和时间远比解决问题能力弱的人少得多；在同一时间内，解决问题能力强的人能够想办法最终突破，而解决问题能力弱的人往往束手无策。可见，一个人解决问题的能力与他的成就之间有着密切关系。解决问题的能力越强，成就会越大；反之，成就越少。

良好的解决问题的能力是当问题接踵而来而且复杂度不断升高时，不抱怨、不气馁、不绝望，积极寻求解决办法，最终系统地找出问题的成因，对症下药，以最有效的方式解决问题。

那么怎样提高自己解决问题的能力呢？

1. *积极面对问题，主动承担*

当问题出现的时候，不要害怕问题，不要为自己找一些诸如这是根本不能解决之类的借口，不要有担心问题解决不了会很丢脸的心态。提高解决问题的能力的关键之一是尽量多承担工作，并真正投入其中，坚持不懈，迫使自己的能力得以提高。俗话说，办法总比问题多，问题接触得越多，解决问题能力就越强。

2. 认真做好一件事

知道如何做好一件事,比对很多事情都懂一些皮毛要强得多。一位企业家在一所高校演讲时对同学们说:"比其他事情更重要的是,你们需要知道怎样将一件事情做好;与其他有能力做这件事的人相比,如果你能做得更好,那么你就永远不会失业。"每一件事情的完成,哪怕是极小的事情,都有助于提高解决问题的能力。

3. 用目标来激励自己

确定一个努力的方向,这样即使遇到的问题很多,也不会放弃。反之,如果没有目标,一遇到困难就会退缩下来。我们可以把大目标分成若干个小目标,并启发自己为了这个目标而努力。每一个人在潜意识里都会有自我实现的愿望,为自己树立一个工作目标,是发挥潜能、提升工作能力的重要途径。

4. 培养正确的思维方式

每个人都有自己固有的思维模式,这种思维方式在工作中的应用直接影响到解决问题的效果。建立合理的思维方式是提高解决问题能力所必需的。不要拘泥于以往的思维,要有所创新。

5. 养成思考的习惯

解决问题能力比较强的人都特别善于思考。思考是成长的唯一方法,思考是人类作为高级动物的特征。优秀的人经常面对问题去思考,在思考中成长,在思考中找到工作的方法,在思考中领悟工作的快乐,解决问题的能力也在思考中得到进一步的提升。

当然,提高解决问题能力的方法有很多,我们平时要在实践中摸索,培养这种意识,要多动脑、多动手,把事情办好。

(二)信息能力

信息能力是能够判断什么时候需要信息,懂得如何去获取信息,懂得如何去评价和有效利用所需的信息。大学生的信息能力包括以下内容:

(1)熟练掌握信息工具的能力。指能熟练使用各种信息工具,特别是网络传播工具的应用能力和熟练使用英语的能力。

(2)迅速准确获取信息的能力。根据工作学习目标或科学研究方向,能够正确地选择信息源,迅速获取所需信息。除了传统的对于图书、期刊、资料等纸质文献的检索外,还能够利用网络上的信息检索服务系统。

(3)合理科学处理信息的能力。当前,信息的产量剧增而质量下降。只有对收集到的信息经过集中筛选、分析综合、归纳分类的加工处理,才能使生成的信息富有个性特色，发挥更大作用。

大学生应学好信息检索课，熟悉本专业图书资料和工具书的基本情况和检索查询方法，了解图书馆藏书和书刊的编排与类目，从而提高信息检索效率。另外，网络技术的发展也给我们提供了许多便利的检索工具，如谷歌、百度等。我们可以利用这些网站检索需要的各种资料，如果需要更深层次的知识，还可检索专门性网络数据库，它们可以提供更专业的文献资料，如中国期刊网CNKI数字图书馆（http://www.cnki.net）、超星数字图书馆（www.sslibrary.com）等。

（三）外语与计算机应用能力

现代社会对大学生的外语与计算机应用能力提出了更高的要求，它们既是大学生的重要求职工具，也是重要的学习工具。

1. 外语能力

目前，高校的外语教学以四级应用能力考试为主。学生的日常用语能力尚可，但是专业用语方面则相形见绌。一些学生虽然通过了四级外语考试，但是遇到专业词汇还是会卡壳，所以，外语考级仅是外语学习的一个方面，却不是最终目的。关键要应用在工作和学习中，应用在与人进行沟通中。因此，大学生学习外语关键在应用能力的培养，体现在听、说、读、写4个方面。

2. 计算机应用能力

掌握计算机及软件应用技术，是提高自己职业能力的重要环节。现在，社会进入了网络时代，计算机技术在我们学习、工作的各个环节中都有普遍的应用，成为一项重要的基本技能。作为大学生来说，一定要努力学习计算机技术，熟练掌握常用的office等办公软件。使自己的职业发展具备基本的条件。

大学生的计算机应用能力的获取主要有以下两种方式：

(1)主动学。计算机在我们的学习、工作和生活中的应用程度日益加深，当每个人的学习内容、工作岗位发生变化时，对计算机应用能力的要求也会相应提高。另外，计算机技术的发展与日俱进，新的软件、硬件层出不穷，在工作上的应用更加多样化。因此，当新的技术出来之后，一定要主动去学习，掌握最新的操作技术，以满足学习、工作的需要。否则将会成为新的功能性文盲。

(2)经常用。要善于将计算机技术应用于工作之中，提高工作效率。同时学习独立地解决计算机应用中的问题，不断提高自己的计算机应用水平。因为在计算机技术普及的同时，也带来了许多应用中的问题。计算机经常会出现一些意想不到的问题，如病毒、网络攻击，程序不兼容等引起的死机现象。这些日常碰到的应用问题，要学会独立解决。

(四)创新能力

创新能力是由众多能力复合而成的一种能力,由探索问题的能力、统筹思维活动的能力、转移经验的能力、侧向思维的能力、形象思维的能力、联想的能力、灵活思维的能力、评价的能力、产生思想的能力、预见的能力、运用语言的能力和完成的能力等构成。创新能力是综合能力的体现与运用的结果,是在解决现有问题的基础上表现出来的。

20 世纪 80 年代,拥有一张金光灿烂的大学毕业文凭,在人才市场自然是“皇帝的女儿不愁嫁”;90 年代,经验开始风靡起来,“是骡子,是马,拉出来遛遛”成为用人单位响亮的口号;21 世纪,经验热悄然退潮,创新热粉墨登场,现实的经验并不重要,未来的发展与创新则显得更加重要。企业用人不仅考虑现在,并且考虑未来的发展潜力。这一新的职场动向给我们每一个求职者透露的信息是:单纯用“经验”打造的敲门砖已经难以敲开新经济的大门。网络时代,使新潮职业“芝麻开门”的是“经验”加“创新”。

社会进步需要不断创新。用创新的方式、方法解决成长和发展中遇到的问题,是每一位大学生立足职场、得以发展的关键。

1. 创新能力培养

要培养创新能力,就要具有创造性思维,同时还要具备以下素质:

(1)好奇心——创新的驱动力。好奇心对原始创新是至关重要的,原始创新不是事先能够预料的,往往是在好奇心的推动下迸发出来的。大学生在读书期间应有意识地培养自己的好奇心。

(2)注意力——决定思维的深度。如果你有好奇心和兴趣,对所从事的专业感兴趣,那么在学习的过程中就会全力关注所学习的内容,思考也会更深一些。思维越深,越容易发现别人不能发现的东西。

(3)想象力——创造的翅膀。“创造”一般是运用自己的知识和经验通过有意识的想象产生出以前尚不存在的事物,因而想象是创造心理活动的起点和必经过程。事实上,大多数创造都是经过“想象—假设—实践”这样的三段式递进实现的。想象力是多种知识相互启发而产生的,因此大学生应当涉猎多个领域的知识,努力形成合理的知识结构。

(4)创新技能——创造的方法。创新技能是根据一定的目的和任务,开展能动的思维活动,产生新知识、创造新事物的能力。创新能力的实质是运用已知的信息,在新的情境中建立新的组合和系统的能力。

(5)实践创新——创造的原动力。对于大学生来讲,创新的重点在于解决现实的问题。应主动参与到实践中去，在解决实践问题的过程中进行创新，这也是进行创新的原动力。

(6)观察思考能力——创造的关键途径。创新是与思考密不可分的，也许你会有突然的灵光一现，但这毕竟不会是常有的事。让你的大脑始终处于思考的状态，才能训练思维独辟蹊径。如果安于工作现状，不勤于思考，或凡事照搬别人的经验，遇到挫折与困难时坐等“援兵”，那么在工作中就不会主动行动，也就无法高质量地达到目标，更无法超越别人。因此，养成独立思考的习惯，对大学生来说是非常重要的。

2. 创新方法

(1)头脑风暴法。美国创造学奠基人奥斯本所倡导的头脑风暴法(或脑力激荡法)，是一种借助个人和集体思考相结合来启发思想的方法。是在一种集体的、大家都跃跃欲试的氛围中，促使参与者产生想法、念头。个人掌握的信息、知识、经验是有限的，而且每个人都有着自己固有的思考和行动模式。如果将许多人凑在一起，信息和经验也就会多种多样。不同的信息和想法的交流，扩大了产生新思想的可能性。头脑风暴法除能涌现出许多想法，使人们将注意力集中于新的想法的产生和实现之外，还可以通过成员间的彼此补充和相互启发，克服思维障碍，从而更具有创造性。该方法能有效地培养发散思维，发展创造性潜能，在广告、艺术设计等方面广为使用。

(2)冲破思维定势法。思维定势就是当人们长期处于某一环境，多次反复某一项活动或反复思考同类问题时，在大脑中形成的思维习惯。举个简单的例子：如果给你看两张照片，一张照片上的人英俊、潇洒，另一张照片上的人丑陋、庸俗，然后对你说，这两个人中有一个是全国通缉的罪犯，人们通常倾向于后者是罪犯，这就是思维定势。因为人们在习惯上认为坏人看上去是不受人欢迎的，然而事实并非如此。因此，要突破经验、书本、权威等思维定势。

(五)创业能力

自主创业是近些年的一个热门话题。大学生毕业后，不到别人的公司去工作，而自己开一家公司做老板，这已不是一个梦，而是现实。大学生利用自己在学校里所学的特长，加上自己创业的思想及相关资金、项目支持，独立开公司，这不仅能解决自己的就业问题，也为解决社会就业做出了重要贡献。

1. 创业者必需的心理品质

要想在竞争激烈、变化多端的经济社会中立足并发展，创业者就必须具有适应变化、利用变化、驾驭变化的能力；在经营过程中，有赔有赚、有成有败，创业者必须具有承受失败和挫折的能力，具有能忍受局部、暂时的损失，而获取全局、长期收益的战略胸怀。要做到这些，必须具备以下素质：

(1)敢于冒险的精神。对于看准的事情，不怕失败，敢于采取果断的行动。这里的冒险不是盲目的，而是要有可靠的依据，是在科学的基础上决策的。

(2)积极的心态。创业过程中遭遇不顺、受骗上当、决策失误是每分钟都可能发生的，就看以何种心态对待。创业者应以乐观的态度豁达地看待生意起伏、赚钱赔钱。

(3)理性的思考。对于创业者来说，恒心和坚持对于创业成功至关重要。如果顺利地做成了第一笔生意，很可能有一种做生意不难的感觉，这时最容易出问题。所以创业者创业前期应该注意坚守一种业务主线，不要轻易跨行业发展。

在校大学生自主创业面临几大问题：一是知识的限制，所学的知识大部分仅限于校园、课堂，缺乏创业的相关知识；二是社会经验不足，对市场缺乏驾驭能力，遇挫折时承受不了；三是资金方面筹措渠道窄小，回旋余力小等。为此，对于在校生来说，应注意学习一些创业基础知识，积极争取参与创业培训，积极参加创业实践，不断积累创业经验，以便在创业中减少风险，提高创业成功的概率。

2. 创业者所必须具备的创业知识

要创业就必须有相关的知识作为基础。不同的时期、地域和行业(职业)，对创业所应具备的知识和能力的要求也不同。综合起来，以下知识是创业者所必须掌握的：

(1)企业管理。创业必须学习如何创建、经营和管理一个企业，包括基本的步骤、必备的条件、创业的程序、编制商业计划书、经营模式、管理规章等。

(2)市场营销。企业商品营销的方法与技巧。

(3)法律知识。企业创建、运营中所涉及的法律问题，如经济、环保、质量、劳动、税务等相关法律知识。

(4)财税知识。投融资与企业财务管理、税务管理等知识。

(5)相关政策。社会鼓励大学生进行自主创业的相关政策。

3. 创业者应具备的创业能力

作为一名创业者，将同时担当三个角色：创业家角色、管理者角色、技术人员角色。相应的，创业者应具备这三方面的能力。

(1)创业家能力。指超前思维、缜密分析、创新能力、领导能力等。

超前思维：对于事业的判断具有长远的眼光，目光超前，在别人看不到商机的地方看到商机，能抢先一步抓住机遇。要创业就必须能准确地对各种信息进行判断，避免错误的投资。

缜密分析：对市场进行细分，根据自己的情况，瞄准一个切入点。

创新能力：不拘泥于现有的条条框框，能跳出去进行思考。在创业的过程中能不断进行管理创新、产品创新、营销创新，不断增强公司的技术实力去适应市场的需求。

领导能力：既表现为创业者独立处理问题的能力，更表现为组织、领导他人共同解决问题的能力。

(2)管理者能力。指组织能力、经营能力、交际能力等。

组织能力：能组织团队为一个共同的目标而努力，能将创业的意义、思路、发展策略等准确地传达给团队中的每一位成员，并将团队的合力引向既定的目标。对于已经决定的事情，能组织团队全力以赴，共同攻克难关。

经营能力：是一种人、财、物、时间、空间的合理组合、科学运筹和优化配置的能力。它是决定创业能否成功的关键。创业者要有财务意识、成本意识、运作意识、市场意识、风险意识等。

交际能力：创业者不但要与消费者、本企业员工打交道，还要与供货商、金融和保险机构、本行业同仁打交道，更要与各种管理部门打交道。因此，创业者必须具有较强的人际交往能力。

(3)专业能力。指专业知识及技术，即企业中与经营方向密切相关的主要岗位或岗位群所要求的能力。创业者在创办自己的第一个企业时，应该从自己熟悉的行业中选择项目，从而大大提高创业的成功率。

4. 进行创业能力训练

(1)参与创业计划大赛，培养周密的思考能力和团队合作能力。创业计划包括组建团队、选题、立项、调研、开发、融资、运作、营销等环节，全方位锻炼创业能力。

(2)进行小型创业活动，积累经验。有些高校创立了校内创业特区，即从校内辟出一块地方，交给校内学生创业管理部门管理，向学生提供创业所需要的各种条件，使学生在校内具有一个创业的小环境。学校鼓励大学生结合自己的特长进行小型创业实践活动。如空调制冷专业成立制冷协会，上门为居民清理空调；服装专业学生进入社区进行裁剪、熨烫、缝制等服务；中药制药专业开设食疗药材网店等。这样既可以丰富社区居民的生活，也可以提高学生的动手能力，更能培养学生的创业能力。学校内的众多社团也是创业的好地方。这些小型创业活动将为学生积累宝贵的创业经验。

(六)实践能力

“纸上得来终觉浅，绝知此事要躬行。”南宋著名诗人陆游的传世名言说明了一个道理，那就是知识的获取不能满足于字面上的理解，而要躬行实践，在实践中加深理解，只有这样才能把书本上的知识变成自己的实际本领。什么是社会实践呢？对于大学生来说，社会实践是青年学生按照学校培养目标的要求，利用节假日等课余时间参与社会政治、经济、文化生活等活动。通过社会实践活动，可以在社会生活过程中达到教育学生的目的。社会实践是学生亲身参与为主要教育途径的特殊教育形式，离开了学生对社会生活的亲身参与，就无所谓“实践”，也无从达到社会实践活动的教育目的。另外，社会实践活动一般是在课余时间进行的教育活动，是教育实践环节的必要补充。

大学生如何做好社会实践活动，增强实践能力，应注意以下几方面的问题：

1. 实践活动时机的选择

实践机会毕竟是有限的。据报道，在一些比较热门的实践岗位上，数十名甚至成百上千名大学生蜂拥而至已经成为司空见惯的事了。那么，作为大学生来说，如何发现、把握合适的社会实践机会呢？一般来讲，第一，对自己要有清楚的认识，既要了解自己的优势和特长，更要发现自己的缺点和不足，这样才能给自己一个清晰的定位；第二要明白自己的真正需要，这样才能达到参加社会实践的目的；第三，要学会从学校、社会等各种途径搜集社会实践的相关信息，并进行遴选和过滤，从而发现自己真正需要的内容；第四，要结合自己的课程学习、生活和就业，选择合适的社会实践形式和内容。

2. 拟订实践活动的计划

要想在实践中有所收获，一个科学的实践活动计划是必不可少的。不同的年级，实践侧重点也是不一样的。大一应以接触社会为主，初步了解职业，提高人际沟通能力。可选择快餐店、销售、家教等接触人多的工作；大二应以素质储备为主，根据自己所缺乏的能力适当安排计划，如语言表达能力欠缺可选择客户服务、前台接待等职位，并应有意识地提高自己的责任感、主动性和受挫能力，如果实习能提高自己的英语口语能力和增强计算机应用能力就更为完美了；对于大三，以寻找适合自己的方向，与自己长期目标相匹配的技能储备为主，争取能够在实践中担任主要工作，最大限度地展现自己，把社会实践变为工作的前奏。

3. 实践过程的控制

(1)目标要明确。实践作为很多大学生从学校迈向社会的第一步，一定要能够为自己以后的职业发展打下基础，要从自己的职业潜质和希望的职业发展方向出发，尽量找一份对自己的职业发展更有帮助的实习，可以保持与将来工作岗位的对接。没有明确的计划将会直接影响到实践的开展和实践的效果。

(2)心态要积极。参加社会实践活动，调整心态，转变角色，主动适应公司的管理制度、工作环境和学习氛围。加快大学生与社会、企业的交流，加快学生向准员工的转换速度，提高完成工作任务的责任感和紧张感。应该明确实践的主要目的是积累经验、提高职业能力，而不是赚钱，所以参加实践的学生切忌在待遇报酬上斤斤计较。

(3)沟通要主动。一方面因为专业指导教师、企业负责主管经验比较丰富，他们的指导可以让学生在社会实践中少走一些弯路；另一方面因为很多高校把实践作为一门课来考查，加上高校对学生人身安全的顾虑，加强联系也是学校对实践考核的重要要求，而对于企业主管也需要学生、单位双方加强交流。

(4)准备要充分。参加社会实践需要有较强的职业能力和业务技能，因而参加社会实践的学生尤其要在专业动手能力、沟通能力、吃苦耐劳精神方面做好充分准备，否则将难以融入团队，无法完成所分配的任务。

(5)实践要勤奋。在实践过程中做到勤看、勤问、勤记、勤做，及时总结实践工作，迅速改正缺点和问题。如果眼高手低、自负清高，就很难与企业员工或团队成员打成一片。有些学生在社会实践初期会做些端茶倒水的工作，对于这种现状，参加实践的学生要多一点务实的心态，努力感悟企业文化，并在行动上体现企业文化。多做一些实事，静下心来面对可能很琐碎的事情。

(6)不要急于求成。要踏踏实实地多做事情，不少用人单位把学生的社会实践和招聘工作结合起来，通过实习考察进而筛选到满意的员工。但是，大学生社会实践本质上是走向就业的一个缓冲适应阶段。大学生在实践中不要急于求成，而是要根据自身能力，尽快完成心态的转变，突破传统择业观，勇于吃苦，从最基本的工作做起，才能真正提高职业能力，在职场上如鱼得水，进退自如。

四、案例分析与思考

案例一

小发明，大创意

可以说，凡是用过剃须刀的人，都知道吉列的名字。作为著名品牌“吉列”的创始人，谁知道他拥有的这些财富只不过源于一个小发明。

在 19 世纪 50 年代，当时的剃须刀是刀身和刀柄连在一起的，既笨重，又不锋利，刮脸费时费力，稍不留神还会刮破脸。由于刀片不能更换，要使剃须刀好使一些，只有频繁地磨刀。当时磨刀有两种办法：一是送到专业磨刀店里去研磨，费时又费钱；二是在刀布上来回磨，这种办法至今还能在一些老式小理发店里见到。当时的吉列是一个干了 24 年推销的普通人，他每次会见客户前，总要修饰打扮一番，为此不止一次地尝到剃须很不顺手的苦处。某一天，吉列产生了灵感。他想生产一种轻便、锋利、安全的剃须刀来代替这种老式剃须刀。这种新型剃须刀特别是刀片能和刀柄分开，代替刀身的薄刀片可以用完即扔。

一个吉列刀片售价 5 美分，可以使用 6～7 次，因此每刮一次所花的钱不足 1 美分，甚至不到去理发店所花费用的 1/10。剃刀和刀片分离，新刀片瞬间就可装上，省时省力，刮时不但不会伤及皮肤，而且舒适无比，所以消费者都愿意买。别人关注的是剃刀本身，吉列关注的则是刀片。他靠的是一种创意、一种灵感，所以才有了方便和安全的吉列剃刀。

案例二

创业成就事业

“诚心服务社”的小李是一名大三的学生，他与另外三个同学合作接下了“诚心服务社”的业务。在以往联系家教、钟点工、市场调查及推销等业务的基础上，应广大同学的要求，增加了电脑维修、电脑出租等业务。为了建立广阔的信息网络，服务社配置了办公电话和手机，还同市内几家信息广告公司、家政服务中心建立起了业务联系，为众多的勤工俭学的学生建立起《信息档案》。他说：“摸着石头过河，创业就像探索，经历是最重要的。我们可以学会与不同的业务人员打交道，口才、人际交往、为人处世的能力也得到了提高。”

【相关链接】

创新能力训练

1. 词语发散训练

词语发散是发散思维训练的基本方法，可以进行名词发散、动词发散、反义词发散、标题发散、情节发散等很多训练。

例如：动词发散（10 分钟内尽可能多地写出与“开”有关的动词），如拉开、打开、撬开、别开、碰开、撞开、割开、踢开、捏开、拧开、扒开、撕开……

动词发散训练对于科学技术工作者或有志于发明创造的人特别有用，因为所要解决问题常常涉及动作。如过去罐头口只能撬开，很难开，我们就可以用上面“开”的发散方法找出一些简便易行的开启方法。

2. 方法和用途的发散训练

(1)看谁能说出曲别针的多种用途。

(2)用空易拉罐做出各种实用物品。

一个小小的改变往往会引起意想不到的效果。当我们面对新知识、新事物或新创意时，千万别将头脑封闭，置之于后，应该将头脑打开，接受新知识、新事物。

也许一个新的创意能让我们从中获得不少启示，从而改进业绩、改善生活。

(3)旧物改造。这是中央电视台《交换空间》节目的一个环节。旧物改造的过程就是创新的过程。针对自己或他人学习、生活中的种种旧物，展开奇思妙想，生活会由此变得丰富多彩。

(4)玻璃球是小孩子玩的玩具，你还能找出其他用途吗？

(5)你注意过哪些物品带有环形结构吗？如果把它扩展到生活中的各个领域，还能对你产生哪些启发，激发哪些灵感呢？

附　录

附录一　大学生职业素质拓展训练项目推荐

模块一　心理素质类

推荐项目一　空中抓杆

一、项目简介

本训练是一个操作较困难的项目。它能够帮助学员建立临危不惧的自信心，挖掘自身的潜力；培养心理调节能力，增加自我控制能力和自我管理能力；提高勇于把握机遇的胆略。因此，本游戏特别适合于基层员工和基层管理人员参加，通过他们的奋力一跃，挑战自我心理极限。所需道具为固定于地面的高约 10 米的楼梯以及相应的安全设施（保护绳、安全带、头盔等）。

二、训练步骤及注意事项

1. 学员系好保护绳、戴好安全带、头盔等保护设施，所使用的保护绳和安全带可以承受 2 吨左右的冲坠力。

2. 学员在周全保护下依次独立爬上约 10 米高的楼梯，站稳后，双腿同时用力蹬出，双臂前伸，抓住挂在上前方约 2 米的单杠。

3. 在项目过程中，经验丰富的培训师会随时保护学员的安全。

4. 所有学员训练结束后，由培训师带领学员讨论本训练的感受和启示。

三、总结提高

1. 不要给自己设立上限，应该敢于挖掘自己的潜能，实现更高的目标。只需要下定决心，就可以完成看似不可能完成的任务。你唯一所要做的就是跃起，紧紧抓住目标。空中飞腾的刹那间你会明白，原来成功离你只有一步之遥。

2. 做决定时果断是种优势，在楼梯上站立的时间越久，楼梯抖动得就越剧烈，而跳跃的勇气就越来越小，患得患失才是成功最大的敌人。这就是我们经常说的“当十全十美的计划出炉时，十全十美的机遇已经溜走了。”

3. 队友的鼓励对于实现目标相当重要。如果没有队友的鼓励，可能爬到中途就半途而废了。

4. 这种看似很容易的游戏却让许多人望而却步，或是临阵脱逃。原因何在呢？主要是因为我们很多时候很难战胜自己。扪心自问：生活中，我们给自己规定的极限是否大大低于实际上能够达到的程度？对于想要达到的目标我们是否竭尽全力了？在生活与工作中，我们往往要面对很多机遇，做出许多抉择，作抉择需要的是勇气，把握机遇需要的是决心。但很多时候我们站在原地考虑所有的利弊，考虑了太多的“万一”，让机遇在我们犹豫不决之时与我们擦肩而过。可当你经过推荐项目后，你就会发现其实生活中有些事情就像上面的训练一样，本来没有那么复杂，只是因为我们的心理负担太重，顾虑太多，以至于事情尚未发生，心理的困扰早已跑到了事实前面。

推荐项目二　跨越断崖

一、项目简介

如果平时有人问你能否步迈过 1 米的距离，你可能会觉得有些好笑，那有什么难的。但是，试想下把这个距离放到 8 米高空，踩的是一块只有 0.3 米宽、1 米左右长的木板，要跨到另一块同样细长的木板上，两者间距虽然只有 1.1 米。你能保证自己心里一点儿也不打鼓吗？跨越断崖就是通过让你在高空迈过这艰难一步来进行心理训练的一个好游戏，它能令你勇气倍增。所需道具为一座高空断桥（高约 10 米、宽 0.3 米、间距 1.1 米）以及相应的安全设施（保护绳、安全套、头盔等）。

二、训练步骤及注意事项

1. 学员系好保护绳、戴好安全带、头盔等保护设施，所使用的保护绳和安全带应可以承受 2 吨左右的冲坠力。

2. 学员在周全保护下依次独立爬上 8 米高的断桥，独立完成跨越断桥的任务。

3. 在项目进行过程中，经验丰富的培训师会随时保护学员的安全。

4. 所有学员训练结束后，由培训师带领学员讨论本训练的感受和启示。

三、总结提高

1. 本项目是对个人心理素质的一种考验。如果在地面上，这样宽的距离很容易跳过去，但在高空断桥上，人们容易受到高空的影响，产生一种恐慌心理。如果我们能够克服心理障碍，战胜自己，其实是很容易完成的。这就告诉我们，一件事情如果决定去做，就应该相信自己，不受周围环境的影响，勇往直前去完成，最后的胜利一定属于我们。

2. 犹豫，只会错失良机，面对困难果断跨越，超越自我。冶炼人格，跨出的是脚下一小步，超越的是人生一大步。

推荐项目三　跨越缅甸桥

一、项目简介

缅甸桥是由一根走绳和两根扶绳组成的钢丝桥，长约 30 米，离地面 7 米。一次最多可让 3～5 位队员同时行走，要胆大心细。本项目可以锻炼勇气，让队员克服恐高症及胆怯心理，体验杂技中走钢丝的感觉，更可认识到面临绝境的时候，沉着、冷静是化险为夷的制胜武器、同时锤炼队员坚忍不拔的品质和应具备的自我完善的精神以及永不放弃、追求胜利的自信心。所需道具为：长约 30 米的钢丝绳 3 条，保险衣、保险绳、保护网等。

二、训练步骤及注意事项

1. 将学员随机分成三组。

2. 学员在培训师的要求下穿戴保险衣和保险绳，站在钢丝绳的一边，脚踩一根钢丝，两只手分别抓住两侧的钢丝绳，行进到钢丝绳的另一边。分组进行比赛。

3. 最快到达另一端的为胜。

4. 所有学员训练结束后，由培训师带领学员讨论本训练的感受和启示。

三、总结提高

生活、工作中每件事情都犹如这样一座桥，目标就在桥的那头，走缅甸桥的过程就恰如我们面对困难又克服困难的心路历程，从“我怕，我能行吗？”到“我试试”，从“我不行了，我挺不过去了”到“坚持、再坚持”，直到我们取得最终的胜利。在面对困难时要坚持下去、永不放弃。一旦自身失去了自信心，任何人都帮不了你。无论前面的路有多艰难，一定要有足够的耐心和毅力，只要坚持就能迎来胜利。同时这个训练也告诉我们：在你即将取得成功的时候，往往也是你最困难的时候，这时需要一种信念的支撑，更要在环境的压力和自我的犹豫不决中寻找平衡，无论面临怎样的风险和动荡，我们都别无选择，只有继续向前才是最安全的。目标也许离你很遥远，但只要你继续保持平稳积极的心态，像最开始时那样充满信心，你最终就可以取得成功。

模块二　沟通能力类

推荐项目一　盲人足球赛

一、项目简介

这个蒙眼踢足球的训练方式能够增进学员之间的沟通和交流，培养团结合作精神。让学员体会沟通的方法有很多，当环境及条件受到限制时，你是怎样去改变自己，用什么方法来解决问题的？所需道具为：2个足球（要用含气量不足的足球，这样每踢一下，球不会滚得太远）一把哨子和2种颜色的蒙眼布。

二、训练步骤及注意事项

1. 留出2～3个人作为监护员。监护员的任务是负责安全问题，同时兼任边裁。把其他的队员带到场地中间，把他们分成两个人数相同的小组，注意，要求每个小组的总人数为偶数。

2. 每个队员在自己的小组内找个搭档。

3. 根据蒙眼布的颜色给两个小组命名。如果你买的是黄色和绿色的蒙眼布，那么把一个队称为黄队，另一个队称为绿队。把黄色的蒙眼发给黄队，绿色的蒙眼布发给绿队，确保每对搭档拿到一块蒙眼布。每队搭档中只有一个人戴蒙眼布，另一个人不戴。

4. 告诉大家：我们即将进行一场别开生面的足球赛。每对搭档中只有被蒙上眼睛的队员才可以踢球，他的搭档负责告诉他向什么方向走、做什么。

5. 详细解释游戏规则。要求那些被蒙上了眼睛的队员保持类似于汽车保险杠的姿势——弯曲双肘，手掌向外，手的高度与脸齐平。在发生意外碰撞时，这种姿势有助于避免或减轻对身体上半部的伤害。负责指挥的队员不允许碰自己的同伴，只能通过语言表达指令。这场球赛中没有守门员，每个队踢进对方球门一个球得一分。任何队进球后，都要把球拿回场地中间，重新开始比赛。不允许把球踢向空中，在任何时候，球都应在地面上滚动。如果某个队员踢了高球，裁判会暂停比赛，并把该队员罚下场一段时间。如果球被踢出界了，裁判将负责将球踢回场地。除此之外，没有其他的关于出界处理的规则。比赛共进行10分钟，中场休息，交换场地。

6. 宣布完游戏规则之后，让 2 个小组用投掷硬币的方法选择场地。场地定好后，把 2 个球放在场地中间，然后吹哨，开始游戏。用 2 个球意味着比赛中每个队一个球，各自为多得分而奋斗。

7. 确保那些被蒙上了眼睛的队员保持类似于汽车保险杠的姿势。

8. 不允许把球踢向空中，因为这非常容易导致队员们受伤。

9. 在中场休息的时候，你可以让每队搭档交换角色，即蒙上负责指挥的那个队员的眼睛，让原来被蒙上眼睛的队员指挥。

三、总结提高

游戏结束后，由培训师带领学员讨论下列问题：

1. 哪个队取得了最终的胜利？主要因素是什么？

2. 被蒙上眼睛的队员感受如何？

3. 指挥者的指令的清晰度如何？哪些方面还有待于改进的。

推荐项目二　积极反馈

一、项目简介

相信大家都玩过词语接龙或续写故事的游戏，比如前一个人为一个故事起了个开头，大家就按照这个思路把故事接下去，一直到形成一个完整的故事为止。这个训练项目就是将上述形式深化了一下，目的在于让受训者明白如何在受到限制的情况下发挥想象力和创造力。所需道具为一块黑板。

二、训练步骤及注意事项

1. 将受训者两两分组，进入一场与某个话题(可以任意选择，只要大家感兴趣，比如旅游)有关的演出。

2. 指定每组的两个成员中，一人为 A，一人为 B。被称为 A 的人是这场游戏的演员，被称为 B 的人是 A 的台词提示者。

3. B 组挨着 A 组的同伴站着，当轮到自己的角色说话时，就会把台词告诉 A。而每个 A 同伴的任务就是接受 B 同伴提供的任何台词，在此基础上再加以发挥，把戏演下去。A 成员要密切配合 B 成员，好像这些台词就是他们本人想出来的一样。

4. 为了使受训者充分理解培训师的意图，培训师可以先做下示范。挑选一位学员后，培训师开始说："我非常想和你一起旅游，因为小王你——"

5. 培训师然后拍下小王(B组人)的肩膀。小王需立刻接下去"我总是与你的喜好一致。"培训师结合小王的话继续说,"总是与我的喜好一致。事实上,我们有过一次愉快的旅游经历,那一次——"

6. 再次拍小王的肩膀。他也许会说:"我俩结伴去了黄山,"培训师接着说:"我俩结伴去了黄山,真是一次美妙的经历。"

7. 又次拍小王的肩膀,小王可能说:"什么时候我们还能共同休假呢?"培训师说:"什么时候我们还能共同休假呢?那时我们再一起出游吧。"

8. 让所有受训者观看示范,然后让他们各组散开练习一下,5分钟后大家集合,集体完成一次演出。

9. 无论A组还是B组成员,都不可以故意迟钝地、恶作剧地做这个训练,否则不仅会给搭档造成困难而且会破坏训练的效果。大家的目的是将一个故事合理、顺畅地完成下来,而不是给别人出难题或显示自己的才能。这个游戏体现了公平的合作精神,即快乐来自于与他人分享创意。

三、总结提高

1. 一个团队最不可缺少的就是团队的合作精神,而合作精神最重要的就是要善于倾听别人的意见——像对待你的意见一样,给予他人的想法和念头以足够多的关注。这个团队也许最终会同意采用你的想法,但这在集体讨论会上不是最重要的,最重要的是要善于倾听他人的发言。

2. 训练结束后,由培训师带领学员讨论下列问题:

(1)请A组人员考虑:为了适应并转换B组搭档的台词,你必须做些什么?是否感到吃力或有其他感觉?怎样才能使这个过程不那么别扭呢?

(2)请B组人员考虑你们的任务是帮助A组人员完成任务,所以为他们提供台词并使这一切进行得容易些,你们需要做些什么?当A组队员没能顺利地按照你的台词表演时,你有何感觉?

推荐项目三　快乐大转盘

一、项目简介

人与人之间的交流或交往可以通过语言、表情和动作等很多形式来达成。动作和语言等。人际交往可以说是上述方式的集合,缺少某一项很可能会使交流受阻。这个游戏就是通过几个步骤的训练,让学员体会表情、动作和语言在人际交往中的重要性。

二、训练步骤及注意事项

1. 每人眼朝天花板，面无表情地随意走动，遇人转开。

2. 每人眼朝自己脚尖，面无表情地随意走动，遇人转开。

3. 每人眼看他人脸，面无表情地随意走动，遇人转开。

4. 每人眼看他人脸，面带微笑，随意走动，遇人点头。

5. 每人眼看他人脸，面带微笑，随意走动，遇人握手。

6. 每人眼看他人脸，面带微笑，随意走动遇人握手，心中说："你好！我喜欢你。"

7. 每人眼看他人脸，面带微笑，随意走动遇人握手，口中说："你好！我喜欢你。"

三、总结提高

1. 人与人之间的交往是个很复杂的过程，两个人从陌生到熟悉，需要运用很多方法来建立彼此的关系，这些方法包括语言、动作和表情等。如何运用这些方法也是门学问，那些在平时生活中就不苟言笑的人常常被人认为是难以接近和不好相处的，这种认识无形中增加了他与别人沟通的难度。人都是感情动物，需要情感的表露来让别人知道自己的想法，特别是在工作场合，如何运用沟通技巧来融洽同事关系和客户关系是一门很大的学问。

2. 对于每个人来说，沟通技巧不是天生就掌握的，即使有些人在这方面有天赋，也离不开后天的训练。据说，不止人类，各种灵长类动物在幼年时都需要学习如何掌握自己的表情，在这方面欠缺的动物受到攻击的概率要大得多。可见沟通技巧在交往中的重要。这个训练项目虽然简单，却让学员一步步体会到交流形式的丰富性和必要性。课后应该以此为启发，思考该怎样改进工作态度。

模块三 团队信任类

推荐项目一 信任背摔

一、项目简介

站在1.5米的高台上，双手被绑，身体挺直，向后倒下，倒落在下面队友的手臂中。此项目看似简单，但在整个过程中，完成的不同效果是不同的。这可以反映出很多情况，如团队中信任如何建立，信任如何达成，是否遵守信用；是否能换位思考,体会站在高台上的人的感受,个人是否具有责任感、自我控制能力和勇气等。所需道具为一个 1.5～1.8 米高的平台。

二、训练步骤及注意事项

1. 游戏开始之前,让所有学员摘下手表、戒指以及带扣的腰带等尖锐物件,并把衣兜掏空。

2. 选两个志愿者,一个由高处跌落,另一个作为监护员,负责监控整个游戏进程。让他俩都站到平台上。

3. 其余学员在平台前面排成两列,队列和平台形成一个合适角度,例如,垂直于平台前沿,这些人将负责承接跌落者。他们必须肩并肩从低到高排成两列,相对而立。要求这些学员向前伸直胳膊,交替排列,掌心向上,形成个安全的承接区。他们不能和对面的队友拉手或者彼此攥住对方的胳膊或手腕,因为这样承接跌落者时,很有可能会相互碰头。

4. 监护员的职责是保证跌落者正确倒下,并做好充分准备,能直接倒在两列学员之间的承接区上。因为跌落者要向后倒,所以他必须背对承接队伍。监护员负责保证跌落者两腿夹紧,两手放在衣兜里紧贴身体,或者两臂夹紧身体,两手紧贴大腿两侧(这样能避免两手随意摆动)。跌落者下落时要始终挺直身体,不能弯曲。如果他们弯腰,后背将会戳伤那些承接员——换句话说,他们有可能会被砸倒在地。监护员还要保证落者头部向后倾斜,身体挺直,直到他们倒下后被传送至队尾为止。

5. 监护员应该负责察看承接队伍是否按个头高低或者力气大小均匀排列,必要时让他们重新排队。并且要时刻做好准备来承接跌落者。

6. 跌落者应该让监护员知道他什么时候倒下。听到监护员喊:“倒”之后,他才能向后倒。

7. 队首的承接员接住跌落者以后,将其传送至队尾。

8. 队尾的两名承接员要始终抬着跌落者的身体,直到他双脚落地。

9. 刚才的跌落者此时变成了队尾的承接员,靠近平台的承接员变成台上的跌落者。依次一直循环下去,让每个学员都轮流登场。别忘了让监护员和队友交换角色,好让他也能充当承接员和跌落者。

10. 组对儿承接跌落者的人要摘下眼镜、手表、戒指等装饰物,以免擦伤他人或自己。

11. 应尽量保证身高相同的人在一起组对儿,并让个儿矮的排在靠近高台的地方,个子高的排在平台的远端。要脚靠脚,腿并紧,手平铺,与身边的人紧密相依，才能保证跌落者的安全。

12. 跌落者准备好后，说一句："请朋友们保护我。"承接队准备好后集体回答："请你相信我们。"然后再由培训师向跌落者发出开始的口令。摔的人可把手捆起来，防止本能反应张开双手抡着人，头要自然低下，不能昂头，肩也要收紧，保持自然状态靠重力下落。

13. 如果遇到学员胆怯，可以先让他（她）当承接者，并不断在进行中鼓励他。如果大家都非常胆怯，可以先降低平台或架子高度，甚至在平地上进行。训练结束后，一定让每个学员分享自己的感受，这一点非常重要。

三、总结提高

1. 学会换位思考，同理心。为什么在下面时觉得很容易，到了上面就害怕？

2. 做好本职工作，就是减轻团队的压力。

3. 信任是如何产生的？对彼此的了解；有效的、严谨的规则，好的能力和态度；过去的成功经验等。

4. 对社会、对团队、对他人的责任感。

5. 成功源于对本能的突破。

推荐项目二　有轨电车

一、项目简介

队员两脚分别踩在两根长 3.6 米、宽 0.15 米的木板上——我们称它为"有轨电车"，手提两根与木板连接的绳子，按照教练的命令前进或后退。最后团队队员利用"有轨电车"从起点到达终点。这个游戏是团队合作项目，目的是要求学员体验团队互相配合的重要性，尤其是配合默契的重要性。这个项目非常挑战团队的协调一致、通力协作的能力。这个活动看似简单，做起来却不容易。所需道具为两根长 3.6 米、宽 0.15 米的木板，绳子若干。

二、训练步骤及注意事项

1. 活动中要保持步调一致，遇到情况及时调整，如果调整不及时出现摔倒状况，手要扔掉绳子，同时大声告诉队友停止前进。

2. 不要把绳子缠绕在手上。失去平衡的时候要把脚向两侧踏，不要向中间踏。

3. 在活动进行中随时提醒可能会触及障碍物的学员注意安全。

4. 如果拐弯，要控制好速度以免摔倒。

三、总结提高

1. 经验是在不断地失败和尝试中总结出来的，注意体会积极的尝试对完成任务的重要性，如先期演练对于实际工作的价值。

2. 体会良好沟通对团队合作的重要性，感受个人目标的实现有赖于团队目标的实现。团队目标的实现需要团队中的每个人发挥作用，个人在组织中起积极作用时也许不明显，但一旦起破坏作用，对组织的危害就非常大。

3. 体验简单事情复杂做和复杂事情简单做的不同结果。

推荐项目三　无敌风火轮

一、项目简介

无敌风火轮又称坦克链，是一个充满趣味和想象力的活动，是一个团队合作项目。要求在40分钟内每个团队要用所给的资源制作一个可以容纳此队所有队员的运输带，此运输带可以载着所有队员前进。40分钟后每个队用自己制作的运输带进行15米距离的比赛。这个项目的训练目的是：提高组织纪律性，磨合团队；学习合理利用有效资源：突破思维定势，进行创作；培养竞争意识。所需道具为：报纸、胶带或胶水、剪刀。

二、训练步骤及注意事项

1. 只允许用所给的材料制作，在制作的过程中不允许向教练询问任何问题。

2. 在比赛前进过程中不允许队员的脚踏地。

3. 制作不成功的团队不得参加比赛。

4. 剪刀不能进行抛接。

三、总结提高

1. 在资源有限的情况下，积极运用PDCA工作方法。

2. 尤其要理解，抱怨解决不了任何问题。

3. 计划、组织、协调能力在整个活动中起到的关键作用；服从指挥、一丝不苟的工作态度也缺一不可；队员间的相互信任和理解、团队合作和沟通是活动能够顺利完成的最基本的因素。可以说，心灵的默契是团队合作的最高境界。

【相关链接】

PDCA **工作方法**

1. P,PLAN。计划。预先思考,作好工作计划。年度计划,季度计划,月度计划,周计划,日工作计划。在排定工作计划过程中采取六点优先工作制,第一重要的排在第一位,做完第一重要的才着手第二重要的工作内容,依次类推。同时在排定计划同时,将条件相当的事件放在一起完成,比如采购路线相近的,比如生产模式相当的,可以更加方便完成的。每天做好 13 件事情的计划,那么只要我们完成了 8 件就已经足够证明我们的工作效率了。实际是,只要一个人每天能够完成六件事情的,那么他的工作效率就已经相当可观。

2. D,DO。执行。执行力是管理工作当中要求最高的。一个有执行力的主管才是合格的主管,一个执行力度强的企业才能创造真正的效益。D,很简单,按照我们事先计划好的工作内容,一件一件去完成它。当然,在计划的同步,我们应该已经有想好正确的合用的工作方法,让我们能够在最短的时间内完成预定工作内容。

3. C,CHECK。检查。检查,就是针对我们计划好的已经安排执行了的工作内容进行检查,已经完成的检查工作结果,正在完成的检查工作进度,没有进行的检查为什么还没有执行。

4. A,ACTION。处理,改进。一项工作安排下去,不一定就能很直接地就出来我们想要的结果。可能我们的决策方向不一定完全正确,可能我们交代的工作内容与我们的现实条件存在一定距离。那么我们就要根据工作进展中发生的各种状况,在计划完成时间内,去思考,去对比,去决策,去处理,该解决的解决,该改进的改进,该取消的取消。选择一个最合理的结果让工作能够顺利展开,为企业取得效益。我们需要牢记的是:事先做好计划,然后马上用适当的方法去做,中间注意检查多多关注,最后过问结果,针对不同结果进行处理改进。这是适用于任何一件事,适用于每一天,保证能够让你得到收益的工作方法。

模块四　合作能力类

推荐项目一　同心协力

一、项目简介

学员背靠背蹲下,双臂相互交叉,合力使双方一同站起来。可以从两人开始,不断增加人数,以参与人数多、同时站立起来用时最少者为胜。这是一个很有意思的训练，它可以调动参与者的兴趣，并且能让他们从训练中体会友谊的珍贵和协作的乐趣。另外，这个训练还可以在培训中场或者结束时使用，既可以活跃训练气氛，还能增强学习效果。

二、训练步骤及注意事项

1. 将学员分成四组。

2. 每组先派出两名学员，背靠背蹲在地上。

3. 两人双臂相互交叉，合力使双方一同站起来。

4. 依此类推，每组每次增加一个，如果尝试失败需再来一次，直到成功才可再加一人。

5. 教员在旁观看，选出人数最多且用时最少的一组为优胜者。

6. 不要搭肩进行，以免关节脱臼，站起时避免手臂松脱，朝下跌倒；不要在坚硬地面进行，每人背后应该有人保护，人多时避免一边倒。

7. 别看这个项目简单，但是依靠个人或几个人的力量是不可能完或的。因为在这个项目中，大家组成了一个整体，需要全力配合才可能达到目标。它可以帮助学员体会团队成员相互激励的含义，帮助他们培养团队精神。

8. 另外，这个项目还考验每个小组的领导者，看他怎么指挥和调动团队成员。因为这个游戏不但需要大家通力合作，还需要每个参与者的密切配合。如果步调不一致，大家的力气再大也不可能顺利完成。这种情况下，作为小组的领导者，应该想些办法来解决这个问题。比如可以让大家以他马首是瞻，跟随他的动作，更有效的就是想出个口号，既可以鼓舞士气又能统一大家的节奏。

三、总结提高

任何一个人的不配合都会对团队的行动产生负面影响。因此，培训师应注意，在训练结束后，要帮助完成不好的小组找出原因，帮助他们树立团队意识，引导他们总结自己的失误。这对学员的素质提高有很大的帮助。

推荐项目二　穿越电网

一、项目简介

这是一个团队合作项目，其目的是：锻炼学员学习团队的工作方法；增强相互合作的团队精神；体会计划和精心操作的重要性；认识每个人在团队中的角色及其作用；理解细节的重要性。要求学员在规定时间(40 分钟)内，全队队员从“电网”

的一侧，在不触动“电网”的情况下通过“网眼”穿越到另一侧。所需道具为：一张 4 米宽、1.6 米高的绳网（“四框麻绳”，框内经细棉纶绳拉出 15～20 个高低、大小、形状各不相同的网眼），最小的网眼可勉强通过比较瘦小的学生。

二、训练步骤及注意事项

1. 不允许蹿跃过网。
2. 搬运队员过程不允许抛接，通过后先放脚再放头。
3. 搬运女队员，必须脸朝上。
4. 如在夏季，学员可穿着越少越好，女生不要穿裙子。
5. 将身上的硬物取出。

三、总结提高

1. 项目结束后，团队成员需要集中起来进行分享活动。请每个队员谈谈自己的体验和感悟。如团队工作运用了哪些方法、做项目时具体是怎么分工的、都有哪些团队角色等。

2. 工作质量与执行者的关注程度成正比，细节决定成败。在工作中不能忽视各种隐患，哪怕是微不足道的细节。对机会的把握：机会往往只降临一次，容易丢失，不容错过，要珍惜每一个机会。

3. 在选择团队成员时，不仅要考虑到成员的技能，还应考虑成员的性格类型是否能够相互配合来完成。对资源进行管理：网眼的大小、人员的体型、特长，每个网眼、每个成员包括时间都是我们的资源，要学会合理利用资源，要对所掌握的资源有一个清醒的认识。分工要合理、明确，不能浪费资源。

推荐项目三　空中相依

一、项目简介

空中相依，顾名思义是在空中需要相互支持应对挑战的项目。这个项目要求两个人结成一组，顺着柱子爬到 7 米的高空，两人相对从自己的起点位置走到另一端终点。目的是培养学员体会相互合作的重要性；通过掌握平衡体会两人默契的感觉；体验经艰苦努力共同走过的路程后的成就感；体验在全体队员的鼓励下坚持走过距离的喜悦感，享受集体支持的重要性。所需道具为：可攀登的 7 米高台、安全绳索、安全帽等。

二、训练步骤及注意事项

1. 头、颈、肩、腰、背、椎有问题者及严重心脑血管疾病、低血糖者不能够做这个项目。

2. 参训学员要系上安全带并戴上安全帽。

3. 向上攀爬时速度不能过快。

4. 攀登者要穿长裤。

5. 参训队员不能留长指甲，长发要盘入头盔。

6. 令行禁止，没有教练指令，不允许开始攀爬。

三、总结提高

1. 项目结束后，团队成员需要集中起来进行分享活动。请每个队员谈谈自己的体验和感悟，如体验互相协作的重要性、体会帮助他人和被他人帮助获得成功的成就感。

2. 障碍往往来自我们的心理，克服心中的障碍是我们首先需要面对的。

3. 困难的时候人们更容易相互支持，但自己需要信任别人。

4. 合作需要有一定的能力作为基础，提升自己的能力是必需的。

5. 协作中主动伸出你的手更重要。

模块五　创新思维类

推荐项目一　头脑风暴

一、项目简介

这是一个团队合作项目，任务是请学员在 1 分钟以内针对铅笔或者其他任何一样物品想出尽可能多的它的用途。每个团队选出一人记录本队所想出的主意的数量，在一分钟之后推选出本队中最新奇、最疯狂、具有建设性的主意，想法最多、最新奇的团队获胜。目的是激发学员的创新思维，鼓励学员更有创造力地去解决问题。

二、训练步骤及注意事项

1. 不许有任何批评意见。只考虑想法，不考虑可行性。

2. 想法越古怪越好，鼓励异想天开。

3. 可以寻求各种想法的组合和改进。

三、总结提高

1. 人的大脑是个无比奇怪的器官，它所蕴藏的力量是无法估量的。在短时间内，聚精会神努力搜索大脑会有助于许多创造性思维的提出。

2. 不要嘲笑人们想法的异想天开，要知道科技和人类的进步正是建立在一项一项的异想天开的基础上的。试想，如果不是古人一直希望像鸟儿一样在天空飞翔，又怎么会有莱特兄弟历尽艰辛去制造飞机？如果没有千里传音的想象，又怎么会有现在电话的产生？

3. 在解决问题的时候，头脑风暴往往用来解决诸如创意之类的难题，但是它还取决于一个环境氛围的因素，只有在一个民主、完全放松的环境中，人们才能异想天开地解决问题。如果有的团队没有发挥好头脑风暴法的作用，不一定是成员缺乏创意，可能是团队缺乏一个民主的氛围。

推荐项目二　孤岛求生

一、项目简介

在茫茫的大海上，由于发生海难，人员分别被汹涌的波涛分隔到了 3 个岛屿上。第一组队员，由于饥饿难耐，误食了一种食物，导致暂时性的双目失明；第二组队员，由于饥饿难耐，误食了一种食物，导致失去了言语能力，成为哑人，他们不能发出任何声音，周围是湍急的洋流。最后一组非常幸运，因为他们不仅吃饱了肚子，并且都没有中毒，所以他们是健全人。所在的岛屿叫珍珠岛。3 个岛屿的周围都是湍急的洋流。盲人、聋哑人和健康人望着一望无际的大海，他们需要想办法回到陆地。

这是一个团队合作项目，要求在规定时间(40 分钟)内，3 个岛上的队员完成任务书上的任务。活动的目的是：训练学员的主动沟通能力以及体会信息共享的重要性，尤其要学习运用资源和决策的重要性，当然，换位思考、突破思维定势也是本活动的重要方面。所需道具为：木台(作小岛，面积约 1 平方米，高约 20 厘米)3 个、木板两块、眼罩 5 副、塑料桶 1 个、网球或乒乓球 3 个、一次性筷子 4 根、生鸡蛋 1 枚、胶带 1 卷、A4 白纸两张、笔 1 支、任务书 3 份。

二、训练步骤及注意事项

1. 将所有队员分成 3 组，分别模拟盲人、哑人、健全人，并被请到 3 个岛屿上。

2. 3 个岛屿之间的概念距离是数千海里，相互喊叫是没有用的。

3. 盲人组的队员不要磕腿和乱动。

4. 队员在搬动木板时，手不得压在木板下，也不得在木板上横向滑动，需要挪动木板的队员要戴上手套。

5. 盲人组戴上眼罩后，被带到一个大约 20 厘米高的平台，慢慢站上去，注意不要掉下去。

6. 项目结束后戴眼罩的盲人把手伸入眼罩内，轻轻捂住双眼，慢慢揉搓眼皮后再睁开眼睛，等适应光线后再摘下眼罩。

7. 令行禁止。

三、总结提高

1. 沟通的重要性。在现实生活和工作中，层级间、部门间存在很多的沟通障碍，越过沟通障碍需做到：①系统思考，充分准备；②沟通因人而异；③充分运用反馈；④积极倾听。

2. 运用时间管理窗（如下图），遵循 ABC 原则，合理安排工作。

	紧迫	不紧迫
重要	1st	2nd
	急	重
不重要	3rd	4th
	轻	缓

所谓 ABC 原则是一种分清工作轻重缓急，合理分配时间，保证重点工作优先完成的一种时间管理分类排序法。A. vital—must be do——生死攸关且必须做；B. important—should be done——重要且应该做；C. trivial—may be done——琐碎的，可做可不做的。

按照把“重要”放在第一维度、“紧迫”放在第二维度的原则，我们要做的事情就被分为 4 类：重要而紧迫的事情（A）、重要而不紧迫的事情（B）、不重要而紧迫的事情（C）和不重要也不紧迫的事情（D）。按照时间矩阵，我们做事情的正确顺序是：第一要做的是“重要而紧迫”的事情；第二做“重要而不紧迫”的事情；第三做“不重要而紧急”的事情；最后做“不重要也不紧急”的事情或者不去处理。因此，根据时间矩阵，我们就能把纷繁的工作分出轻重缓急，优先顺序。知道了正确地做事情顺序后运用 ABC 法管理时间还需要进行些具体的工作。

第一,要明确方向,即明确自己近一段时间要做事情的目标。

第二,列出工作清单,写得越详细越好。

第三,分类并制定相应的学习、生活、工作任务表。根据做事情的正确顺序分别对清单上的内容进行分类。把一天中认为重要而且紧急的事情归入A类任务,把重要但不紧急、紧急但不重要的均列入B类任务,把不重要也不紧急的列入C类任务,如果还有某些事情无法确定,那么也归入C类中。

推荐项目三 雷阵

一、项目简介

这是一个团队合作项目。要求团队成员在规定时间(40分钟)内,全队队员通过一片模拟的布满地雷的地图,一旦触雷,则该队员会被“炸断”一条腿。该雷区有100余个区域,无规则地设有若干地雷,且地雷永久存在。全体成员依次从雷区入口进入,通过雷区,到达对岸。训练目的是突破思维定势,进行创新;同时学习团队工作方法,提高组织纪律性,以及学习合理利用资源的方法;学会认真倾听等。所需道具为:事先制作好“雷阵图”两种,分“训练用”大图和“教练用”小图两种(“教练用”小图阴影部分表示有“雷”)。

109	110	111	112	113	114	115	116	117	118	119	120
97	98	99	100	101	102	103	104	105	106	107	108
85	86	87	88	89	90	91	92	93	94	95	96
73	74	75	76	77	78	79	80	81	82	83	84
			67	68	69	70	71	72			
	禁区		61	62	63	64	65	66		禁区	
			55	56	57	58	59	60			
			49	50	51	52	53	54			
37	38	39	40	41	42	43	44	45	46	47	48
25	26	27	28	29	30	31	32	33	34	35	36
13	14	15	16	17	18	19	20	21	22	23	24
1	2	3	4	5	6	7	8	9	10	11	12

雷阵图(训练用)

109	110	111	112	113	114	115	116	117	118	119	120
97	98	99	100	101	102	103	104	105	106	107	108
85	86	87	88	89	90	91	92	93	94	95	96
73	74	75	76	77	78	79	80	81	82	83	84
			67	68	69	70	71	72			
			61	62	63	64	65	66			
			55	56	57	58	59	60			
			49	50	51	52	53	54			
37	38	39	40	41	42	43	44	45	46	47	48
25	26	27	28	29	30	31	32	33	34	35	36
13	14	15	16	17	18	19	20	21	22	23	24
1	2	3	4	5	6	7	8	9	10	11	12

雷阵图(教练用)

二、训练步骤及注意事项

1. 左右两侧线无限延长，不可绕过。

2. 所有学员分为2组，一组可从1～6任意格进入；另一组可从7～12任意格进入。

3. 每次只允许一个人在雷区活动。

4. 进入雷区者只能走相邻的格子，地雷的分布对学员是未知的，每走一格大声向教练通报格内数字，然后听教练的口令当说“请继续”，表示无雷，可以继续前进；当说“有雷”时，即表示队员被炸伤，请该队员按原路单脚返回至入口处。

5. 被炸伤的队员单脚返回至入口处后，还有一次尝试的机会，若再一次被炸伤，即两腿均受伤，此时伤员需被健全队员按原路进入雷区将其背出。

6. 被炸伤两次的队员不可再次独立行走进雷区，只能依靠其他队员的协助完成余下的项目。

7. 雷区内队员不允许跨越、不允许踩线、不允许试探。

8. 违例的6种现象：重复触雷、踩线、未按原路返回、跨越格子、试探、非进入雷区者进入雷区；初始分100分，每次违例罚1分，每超过10分钟罚5分(规定时间：40分钟)。

9. 不可以在雷区内做永久型记号，如雷阵图所示。

三、总结提高

1. 项目开始的时候，要求大家仔细听规则，就是要求参与者要善于倾听，把所需要的信息收集全，这才有利于下一步的操作，如果我们没有认真地倾听规则，犯错误肯定是在所难免的。

2. 有一个很值得注意的现象，参与者都能够主动利用身边的工具，很快地找到解决问题的捷径。俗话说“好记性不如烂笔头”，准确地记录会给大家的决策提供极大的帮助。

3. 在工作和生活中，许多东西是被人们无意识地认为是“理所当然”的，这是一种“思维定势”。突破思维定势需要富于创新精神。

4. 注意防范决策的误区和注意细节，杜绝重复犯错。

模块六　竞争意识类

推荐项目一　合力建桥

一、项目简介

这是一个团队合作项目，刚拿到任务时大家可能会感到手足无措，甚至怀疑能否完成任务。这就是团队合作项目的真正意义所在。本活动的目的是团队成员能够理解分工协作的重要性，学会合理利用资源。这个活动要求在规定的时间（50分钟）内和不能完全沟通的情况下共同完成一座桥梁的设计和制作（如图所示）。每个团队拥有的资源是报纸10张、剪刀1把、胶带2卷（一大一小）、水笔1支。

二、训练步骤及注意事项

1. 桥梁的要求符合建筑学原理、美观、耐用。

2. 造桥过程中，各队之间有两次沟通讨论的机会。每次沟通时间不超过5分钟。

3. 学员在活动中使用剪刀时注意安全，只能手递手传递，严禁抛扔。

4. 教练口令不容置疑，令行禁止。

三、总结提高

1. 在沟通存在困难的时候，需要找到有效的沟通方式，并让这种沟通使其他成员接受。

2. 在一个比较复杂的任务当中，分工协作需要考虑到每个人的特长，然后进行明确的分工和资源的分配和利用。

推荐项目二　红黑对决

一、项目简介

这是一个团队合作项目，要求两个团队分别代表两个公司。双方通过出牌进行交易最后盈利多者获胜。得分计算方法见后面的“二、训练步骤及注意事项”，最终结果记入下列“红黑对决得分表”。牌只有红、黑两种。目的是为让参与者了解市场规则的建立与形成，体验市场竞争的残酷性与现实性，培养积极、客观的心态看待与面对市场竞争。

红黑对决得分表

轮次	一	二	三	四	五	六	七	最终结果
A公司								
B公司								

情境导入：学员分成两大组，分别是有竞争关系的两个集团公司，各下辖两个实业公司、分别有着不同行业的竞争关系。两个公司之间是两两竞争的关系，可以看作大家生产同一种产品，都有同一个市场，红黑可以理解成一种战略。

项目背景介绍：本项目是在管理界广为人知的“囚徒困境悖论”博弈游戏基础上加以发展创新而来的。原始背景是这样的：甲、乙两个嫌疑犯被警方逮捕了，警方没有足够的证据确定他们有罪。警方把两人分开关押后，分别和他们见面，并提供相同的选择：如果其中一个人作证检举另外一个人，而另外一个人保持沉默的话，这个沉默的同谋将被判处整整10年监禁，背叛者将被释放；若两个人都保持沉默，警方只能给每个人6个月的轻微指控；如果两个人都背叛对方，他们都将被判处5年监禁。

当一个囚徒假定他们俩都自私自利，要将自身的监禁期限缩至最短时，困境就出现了。每个囚徒有两个选择：与同谋合作，保持沉默；或者背叛同谋，供出证据。每种选择的结果都依赖于同谋的选择。但是，任何一个囚徒都不知道他同谋的选择，即使他们能交谈，亦无人能肯定相信对方。

让我们来设想故事中的囚徒。如果他们理性地做出自己的最佳选择。如果他的同伴保持沉默，他的最佳选择是背叛，因为这样他能获得自由，而不是得到轻微6个月的判决。如果他的同伴背叛，他的最佳选择仍然是背叛。因为背叛他只需监禁5年而非10年。同样地，另一个囚徒的理性思考会导致相同的结论，并因而选择背叛。

一个囚徒选择合作将是不理性的，即使他能肯定另一个囚徒会合作。如果从团体（两个囚徒组成）的最优利益来考虑，正确的结论将是两个囚徒彼此合作。因为这将使他们的总监禁时间减少到 6 个月。任何其他的结果都将比两个囚徒的合作要差。然而，由于每个人都只追求他们的个人利益，两个囚徒都得到了更长的判决，这实际既伤害了团体的利益，也伤害了他们的个人利益。

二、训练步骤及注意事项

1. 两个公司各有红、黑牌各一张，双方通过出牌进行交易。

2. 双方同时出红各亏损 30 万元，双方同时出黑各盈利 30 万元；一方出红一方出黑，红方盈利 60 万元，黑方亏损 30 万元。

3. 第三轮结果乘 3，第六轮结果乘 6，其他保持不变。

4. 第一轮结束后，两公司可为今后交易谈判，第七轮不可谈判。

5. 所有交易费用来自银行贷款，需要予以偿还。

6. 每一轮小组商量时间为 5 分钟，每个小组采用少数服从多数的原则决定出牌。

7. 了解竞合思想，增强在竞争环境下善于合作，把握机会的能力；启发竞争环境下的全局观念、胸怀、气量以及突破思维定势以实现双赢。

三、总结提高

1. 圆满的合作关系是相互的，如果你丝毫不肯让步，便不能期望别人与你合作。相反地，你也不可能老是扮演让步的角色，因为合作绝不代表屈服。任何事情都是“有所得必有所失”，任何人都不能予取予求，随心所欲。

2. 真正的胜利者则持着“大家一起赢”的态度：如果我帮助你获胜，那么我也就胜利了。

3. 设身处地为别人着想，设法了解他的处境和观点。

4. 乐于付出，你会发现得到的比付出的多。为自己着想也不忘他人的权益，谋求两全其美之策，这种关系自然令人满意乐于合作。一般人看事情多用二分法；非强即弱、非胜即败。其实世界之大，人人都有足够的生存空间，他人之得不必就视为自己之失。

推荐项目三 抢滩登陆

一、项目简介

抢滩登陆项目具有一定风险，操作较困难，主要以团队为挑战对象，一般适合基层员工和中层管理人员参加。它有利于学员在团队内部巧妙地分工合作;改进团队运作效率;增强团队凝聚力;提升个人的计划、组织、决策和领导能力。所需道具为:竹子、绳索若干条、救生衣(每人一套)、领队旗两面(具体数量视分组数而定),所需场地为河边。

二、训练步骤及注意事项

1. 将学员分组,每组 10 人。

2. 每组利用所给的器材和资源制作竹筏,然后利用竹筏将全组成员送至指定位置。比赛过程中,只可以通过泼水方式阻拦对方前进。

3. 到达指定位置并率先将领队旗竖好的队伍获胜。

4. 各组陆续竖起领队旗,任务结束。

5. 为获胜组发奖,并讨论总结。

三、总结提高

1. 在整个活动过程中,参与者印象最深刻的是什么?为什么?

2. 在抢滩之前,参与者都做了哪些准备工作和计划?

3. 整个活动过程中,参与者认为最困难的事情是什么?为什么?

4. 重新回忆这一流程,参与者认为哪些方面可以改进?

附录二 大学生团体心理辅导项目推荐

推荐项目一 “我能行”——自信心团体辅导训练方案

一、目标

通过“我能行”自信心团体心理辅导，使学生发现自己更多的优点，摆脱自卑的束缚，找到自信的依据，建立理性的自信系统——“我能行”，在认识自我的基础上悦纳自我，拥有成功的人生。

二、活动安排

每周一次，共6次，每次60分钟左右。

活动名称	活动内容	时间	地点	次数
共建精神家园	1. 棒打薄情郎 2. 信任之旅 3. 签订合约 4. 相亲相爱一家人	第五周	各系依据实际情况具体安排	第一次
认识自我	1. 可怜的小猫 2. 循环沟通 3. 猜一猜 4. 积极赋义 5. 领导者总结	第六周	各系依据实际情况具体安排	第二次
突破自我	1. 合力顶气球 2. 我是谁? 3. 情绪 A—B—C 4. 领导者总结	第七周	各系依据实际情况具体安排	第三次
悦纳自我	1. 口香糖，粘什么 2. 优点轰炸 3. 自我寻宝 4. 领导者总结	第八周	各系依据实际情况具体安排	第四次

续表

活动名称	活动内容	时间	地点	次数
发展自我	1. 瞎子背瘸子 2. 秘密大会串 3. 自信百宝箱 4. 领导者总结	第九周	各系依据实际情况具体安排	第五次
温馨祝福	1. 比一比 2. 同一首歌 3. 温馨祝福 4. 我的收获	第十周	各系依据实际情况具体安排	第六次

注：此团体辅导最好放在学期中间进行，所以选择从第五周开始，可以依据具体情况调整。

三、所需材料

胸卡、纸棒、白纸若干，小黑板一块，大硬纸一张，笔、口香糖、气球、心卡、彩笔若干，歌词、电脑、音响设备等。

四、具体操作

第一次活动：

目标：澄清目标、形成团体氛围、增进成员间的相互信任与接纳。

程序：

1. 棒打薄情郎

(1)填画胸卡：自己命名，成员之间接触交流，建立信任。

为自己挑选一个昵称，填写在胸卡上，并进行团体交流：为什么喜欢这个昵称？

(2)棒打薄情郎：成员了解和记住彼此的名字，促进了解。

围圈就座，选一人手执报纸卷成的“棒子”，指导者喊出一位成员的昵称，被叫者左右两侧的成员要马上站起来，否则由被叫者给与当头一棒，“棒打薄情郎”，反复做，直到大家熟悉彼此的名字。

2. 信任之旅：准备眼罩或小毛巾若干，成员两人一组，一人盲行，一人引导，走完指定路线。盲行和引导者相互交换。通过助人与受助的体验，增加对他人的信任与接纳。

讨论：在本次信任之旅活动中，你作为引导者，当时是怎么想的，作为被引导者你又是如何想的。参加本次团体辅导时，团体成员间应该是怎样的关系？

3. 我们的承诺:讨论哪些行为会影响团体辅导的进行,应该建立怎样的团体规范?在一致通过的基础上签订合约。

4. 相亲相爱一家人:准备《相亲相爱》歌词,打开电脑、音响,共唱手语歌曲《相亲相爱》。

第二次活动:

目标:探索自我,认识自我,从别人的积极反馈中了解自己的优点。

程序:

1. 气氛调动游戏:可怜的小猫

方法:

(1)全体围坐成圈,一人当小猫坐在中间。

(2)小猫走到任何一人面前,蹲下学猫叫。面对者要用手抚摸小猫的头,并说"哦!可怜的小猫。"但是绝不能笑,一笑就算输,要换当小猫。

(3)抚摸者不笑,则小猫叫第二次,不笑,再叫第三次,再不笑,就得离开找别人。

(4)当小猫者可以装模作样,以逗对方笑。

2. 循环沟通:通过活动,探索自我概念,增进自我了解。

所有成员围成一圈,两两面对面站好,指导者提供话题,先由里圈成员谈话,外圈成员倾听,并相互交换角色。之后,里圈成员向右跨一步,交换谈话对象,指导者提供新的话题,开始新一轮交流,由外圈成员先谈,里圈成员倾听。依此类推。话题:假如我是一种动物(植物、颜色、交通工具、电视节目、上帝……)我希望——因为——

3. 猜一猜:让成员思考自己的性格特征,并对自己的性格特征进行描述。

每人拿出一张白纸,在纸的正面写下自己认为好的性格特征,在背面写下自己认为不好的性格特征,越详细越好,或者说你该怎样描述你自己,才会让别人知道那个人是你。记住自己写的内容,写好后交给领导者。领导者随便抽出几份,然后读出每一张纸上的内容,让成员们猜猜看,纸上说的究竟是谁?如果你"有幸"被猜中了,恭喜你,你对自己的性格特征有比较清晰的了解。

4. 积极赋义:分小组(5~6 人)围成圈坐好,对每个成员写下的不好的性格特征进行积极赋义,如多疑——积极赋义就是自我保护意识强;竞争意识不强——积极赋义就是不争强好胜;鲁莽冲动——积极赋义就是勇敢积极;畏首畏尾——积极赋义就是小心谨慎。每组一人做记录,将小组所做的所有积极赋义的例子进行团体分享,并讨论某些性格特征什么情况下具有积极作用,什么情况下具有消极作

用,如何避免其消极作用。(白纸,笔)

5. 领导者总结:苦瓜向来喜欢抱怨自己,抱怨老天,因为不仅生就一张凹凸不平的脸蛋,味道尝起来更是苦呀!所以它平日就是那副愁眉苦脸的样子。夏天来了。苦瓜遇见甘蔗,它对甘蔗说:"老天真是不公平,你的脸长得这么平直光滑,汁液又这么甘甜可口,人人都喜欢,而我,唉!"

甘蔗经他一说,只是谦虚地点点头,若有所思地说:"是啊!天生的我就是讨人喜欢的甜味,和你是相反的,不同型的。可是如果没有你的苦,人们怎么知道我的甜呢?再说,你天生的苦,并不坏呀!只有你才能让大家从小记得这种吃苦的滋味,吃下了你,也就不怕吃苦了。还有,从小也会记得摆一副苦瓜脸是不好看的,这可是你与众不同的特色呀!瞧!你是多么特殊!"

苦瓜心想:"我比别人特殊多了!"从此他总是高高兴兴地展现自己,劝大家别怕吃苦,吃下它也就不怕吃苦了!

每个人都有自己的长处和短处,每一种性格都有其好的一面和不好的一面。性格本身无所谓好坏,环境不同,同一种性格特征带来的结果截然不同。所以,只要能在适当的场合恰当地应用,任何一种性格的人都能取得很好的成绩。

第三次活动:

目标:利用团体的力量寻找自卑的根源,学习和非理性信念对质的方法,从而克服自卑,树立自信。

程序:

1. 齐心协力(顶气球)。热身,感受团体的力量。

操作:分两组进行比赛,看哪个组救起的气球多,坚持的时间长。

2. 我是个什么样的人?每个人在一张纸上写下至少 10 个对自己的评价,可以是任何方面:如长相、性格特征、学习、人际关系等。越多越好。

3. 情绪 A—B—C。领导者跟进讲解情绪 A—B—C 理论及 7 种非理性信念的典型特征。

讨论:根据前面的自我评价,分析我存在哪些非理性信念,选择其中一两个成员的自我认知进行对质,教会成员学会自我对质的方法。

4. 领导者总结

第四次活动:

目标:寻找自信的支点,开发自身的潜能,在认识自我的基础上悦纳自我。

程序:

1. 口香糖,粘什么?打破彼此的距离感,增进亲密度,激发活力。

人数为偶数,有一人做发令员。所有人问发令员“口香糖,粘什么?”,发令员发令,例如“口香糖,粘肩膀”,所有的参加者包括发令员必须迅速地找到另一个人,两人的肩膀粘在一起。最后剩下一个人,变成发令员,继续。游戏前,有声明,有些指令应该被禁止。

2. 优点轰炸:小组成员轮流坐到中央,其他成员从他身上找特别的地方,然后用发自内心的语言赞美对方。

团体分享:当别人赞美你时,你的感觉如何?你赞美别人时,通常赞美哪些地方?你能给所有的人不同的赞美吗?你在赞美别人时,感到自然吗?为什么会这样?是否有一些优点是自己以前没有意识到的?是否加强了对自身优点、长处的认识?

3. 自我寻宝:学会发现自己更多的优点,找到自信的依据,建立理性的自信系统。

操作:

(1)寻宝方式:我开始喜欢我自己,因为……

(2)寻宝要求:①必须实事求是;②必须是自己的优点或特长,也可以是自己的进步;③每个人至少找到自己的5个珍宝。

4. 领导者总结

第五次活动:

目标:利用团体的力量克服自卑树立自信。

程序:

1. 瞎子背瘸子:锻炼沟通配合能力,活跃气氛。

游戏规则:当场选六名成员,三男三女,男生背女生,男生当“瞎子”,用纱巾蒙住眼睛,女生扮“瘸子”,为“瞎子”指引路,绕过路障,达到终点,最早到达者,为赢。其中路障设置可摆放椅子,须绕行;气球,须踩破;鲜花,须拾起,递给女生。

2. 秘密大会串:帮助成员面对与处理目前的困扰,使其能拥有较愉快的生活,并能顺利发展未来。

(1)请成员将目前最感困惑的一件事写在纸上,并将纸折叠好置于团体中央。

(2)领导者抽取一张纸并读出其内容,请成员共同思考问题的解决方法。

(3)解决问题的方式可以采用讨论,示范,角色扮演,书面资料提供等。

(4)逐个解决问题。

3. 自信百宝箱

操作:在心卡上填写“在自信心方面,我无法做到……”

脑力激荡：团队所有的成员对心卡上无法做到的事献策，不评价，重数量。

4. 领导者总结

第六次活动：

目标：结束团体，处理离别情绪，反思总结收获，自信人生。

程序：

1. 比一比：每队派出一人比不同的单位。

游戏方法：

(1)分组，不限人数，至少要二组，每组 5 人。

(2)老师宣布要比的小组，然后每组派出一位他们认为会赢此小组的人。

(3)等被派出的人都出来后，老师再说比什么。

(4)计算每次比完的输赢即可。

题目例子：这个游戏的题目就是要想越不会被大家猜中的越有趣！

比长：比手臂；比上衣；比头发……

比短：比手指头；比裤子或裙子……

比高：比声调；比手抬起来的高度……

比大：比眼睛；比手掌……

比多：比身上饰物；比穿的衣服；比身上的扣子……

题目必须在看到被派出的人之前想好！

2. 同一首歌：在歌声中回顾走过的风雨成长心路，感受团体的力量。

操作：胳膊挽在一起围成一个圈共同唱起《同一首歌》

附：《同一首歌》歌词

鲜花曾告诉我你怎样走过，大地知道你心中每一个角落，
甜蜜的梦啊谁都不会错过，终于迎来今天这欢聚时刻。
星光洒满了所有的童年，风雨走遍了世间的角落，
同样的感受给了我们同样的渴望，
同样的欢乐给了我们同一首歌。
水千条山万座我们曾走过，每一次相逢和笑脸都彼此铭刻，
在阳光灿烂欢乐的日子里，我们手拉手啊，想说的太多。
阳光想渗透所有的语言，春天把友好的故事传说，
同样的感受给了我们同样的渴望，
同样的欢乐给了我们同一首歌，同一首歌。

3. 温馨祝福：祝愿自信人生到永远，感受团队的力量。

操作：互赠嘱咐

4. 我的收获：反思总结收获，自信人生。

操作：学生反思总结收获。

推荐项目二　“我的未来”
——生涯规划团体辅导方案

一、辅导对象

各院系新生通过自愿报名、条件筛选的方式，确定团体成员 30 人。这些学生有生涯上的困扰，对生涯规划有强烈的愿望。

二、辅导方法

1. 采用“大学生职业生涯规划调查问卷”进行前测和后测。

2. 使用 SPSS11.5 进行数据统计。

3. 采用自编“大学生生涯规划团体辅导方案”开展生涯规划团体辅导活动。

4. 采用自编“大学生生涯规划团体辅导满意度评估表”进行生涯规划团体辅导效果评估。

三、“我的未来”——生涯规划团体辅导的设计

生涯规划团体辅导开课前一周，用“大学生职业生涯规划调查问卷”进行前测，团体辅导活动方案以社会学习理论、团体动力理论以及人职匹配理论为基础，根据生涯规划的内容和学生要求，将全程按主题分为 10 个单元，各单元之间相互衔接、循序渐进，团体辅导方式采用团体讨论、角色扮演、行为训练、游戏、案例分析，辅导时间共 10 周，每周 1 次，每次 2.5/3 小时，辅导目的是引导学生认识自我，了解职业，掌握求职的方法和技巧，制定科学的生涯规划，提升就业能力，辅导活动结束后一个月，进行后测，最后进行数据比较，结合访谈，分析辅导效果。

四、生涯规划团体辅导的安排

“我的未来”——生涯规划团体辅导共进行 10 次活动，每次为一个单元。

活动安排	活动名称	活动目标
第一单元	导向与建团	其目标是介绍生涯规划团体辅导的内容概要，营造团体氛围，明确团体目标和制定团体规则。
第二单元	探索自我	其目标是全面剖析自己（需要、兴趣、特长、气质、性格、学识、技能、智商、情商、思维方式、道德水准以及组织管理、人际关系等能力），澄清我适合做什么、擅长做什么。
第三单元	我的价值观	其目标是了解自己的心理需求、价值观及价值取向，澄清我想做什么。
第四单元	环境分析	其目标是通过对所受教育、职业环境、家庭环境、社会环境做全面了解，搞清楚环境对职业发展的影响，澄清允许我做什么。
第五单元	生涯定位	其目标是分析个人的就业条件与所选职业的匹配度，如兴趣与职业的匹配、性格与职业的匹配、特长与职业的匹配、专业与职业的匹配等。
第六单元	生涯目标	这是生涯规划的核心，澄清自己想成为一个什么样的人，其目标可分为长期目标、中期目标和短期目标。
第七单元	生涯规划	其目标是拟定职业生涯规划，并分析计划可行性，掌握生涯规划的具体方法、策略。
第八单元	求职与面试	其目标是形成正确的求职态度，掌握求职与面试的方法与技巧。
第九单元	反馈调整	其目标是使生涯规划在不断变化的环境中，各个环节都得到及时修正，使其更加完善。
第十单元	回顾与结束	其目标是总结前 9 次团体活动，谈收获与不足，进行团体辅导效果调查，鼓励成员依据自己的职业生涯规划去努力。

五、生涯规划团体辅导的效果分析

可以采用两种方法对生涯规划团体辅导的效果进行评估：一是团体结束后，让成员填写“大学生生涯规划团体辅导满意度评估表”，以了解其对生涯规划团体辅导的整体满意度；二是团体成员自我评估，使用“大学生职业生涯规划调查问卷”，进行前后测，以了解生涯规划团体辅导前后的变化情况。

推荐项目三 “我的心情我作主”
——情绪管理团体辅导方案

一、团体名称

我的心情我作主

二、团体性质

结构式,封闭式,同质性,成长性小组

三、团体目标

1. 帮助成员正确理解情绪对个体社会生活和身心健康所具有的意义。
2. 帮助成员检省自己的情绪,了解自己的主导情绪特点。
3. 帮助成员掌握调节情绪的方法和技巧,学会管理情绪,构建愉悦心情。

四、参加对象

各院系在校大学生

五、团体规模

8～10 人

六、成员招募方式

海报宣传、自愿报名、面谈筛选。

七、团体活动次数和时间

总时间为 12 小时,分为 6 次,每次 2 小时。

八、活动地点

学院心理咨询中心

九、领导者介绍

杜鹏娟:女,河南牧业经济学院药物工程系党总支书记,国家二级心理咨询师。为人热情、乐观,具有一定的亲和力和组织能力,具有一定的心理辅导理论基础和实践经验。

十、理论依据

1. 情绪管理理论：情绪的管理不是要去除或压制情绪，而是在觉察情绪后，调整情绪的表达方式，通过一定的策略和机制，使情绪在生理活动、主观体验、表情行为等方面发生一定的变化，从而使人学会以适当的方式在适当的情境表达适当的情绪。

2. 情绪 ABC 理论：这一理论认为，正是由于一些不合理的信念才使得人们产生情绪困扰。因此，帮助个体形成良好的情绪体验，应该从改变认知，形成对事件的合理认识入手。

十一、评估方式

项目一：领导者自我总结

项目二：团体成员反馈单

十二、单元设计大纲

次序	单元名称	单元目标	主要活动内容	时间
第一次团体	周末喜相逢	1. 团体领导者与组员相互认识，促进成员熟悉，建立良好的团体心理辅导关系。 2. 团体组员认识自我，了解自我。 3. 制定团体合约书。	1. 幸福拍手歌 2. 认识团体 3. 志趣相投 4. 我想认识你 5. 制定团体合约书 6. 分享与讨论 7. 总结	2 小时
第二次团体	情绪彩虹	1. 提高成员对团体的凝聚力及参与度。 2. 让成员审视自己平日的情绪及反应。	1. 另类打招呼 2. 信任考验 3. 冥想放松 4. 交流、分享 5. 讨论与总结	2 小时
第三次团体	情绪气球	1. 协助成员面对不良的情绪。 2. 接纳自己的不良情绪。 3. 发泄自己的不良情绪。	1. 活跃气氛 2. 制造情绪气球 3. 创意情绪气球 4. 分享与讨论 5. 总结	2 小时

续表

次序	单元名称	单元目标	主要活动内容	时间
第四次团体	情绪变化	1. 协助成员面对不良的情绪,接纳自己不良的情绪。 2. 引导成员透过生理的反应察觉自己的情绪,并能适当表达自己的不舒服的感觉。 3. 在团体活动中,使成员获取处理不良情绪的经验,发泄自己不良的情绪。	1. 翻叶子 2. 采摘情绪蘑菇 3. 情绪雕塑 4. 情绪盾牌 5. 分享与讨论 6. 总结	2 小时
第五次团体	怒也可遏	1. 帮助成员了解愤怒对人行为、身心的影响。 2. 帮助成员学会宣泄、表达愤怒的方法,掌握控制愤怒的有效策略。	1. 情景表演 2. 引导成员讨论 3. 我也有愤怒 4. 制怒法宝 5. 分享 6. 总结	2 小时
第六次团体	七彩祝福	1. 让成员体会情绪很难假装,学习适当表达而非隐藏。 2. 藉由成员彼此分享情绪宣泄的方法与经验,提供其他成员学习更丰富的资源。 3. 提供成员用信息来做情绪宣泄。	1. 时光倒转 2. 全新的开始 3. 优点轰炸 4. 送"七彩苹果"	100 分钟

十三、分次单元设计

第一单元名称:周末喜相逢	地点:心理咨询室	所需时间:2 小时

单元目标:

1. 团体领导者与组员相互认识,促进成员熟悉,建立良好的团体心理辅导关系。
2. 团体组员认识自我,了解自我。
3. 制定团体合约书。

续表

<table>
<tr><th>活动名称</th><th>活动流程</th><th>材料准备</th><th>所需时间（分）</th></tr>
<tr><td>1. 幸福拍手歌</td><td>1-1 全体成员围成一圈，伴随音乐，在领导者的带领下共同演唱《幸福拍手歌》。要求：大声歌唱，并且要配合歌词，做出相应的肢体动作。</td><td>录音带、歌词</td><td>15</td></tr>
<tr><td>2. 认识团体</td><td>2-1 领导者自我介绍，向成员说明本团体的名称、性质、进行方式及目标。
2-2 领导者：每个人日常生活中都会有心情好或心情不好的时候，你们想知道自己常出现的情绪是什么吗？面对自己的情绪该怎么办？我们这个团体就是要来让各位同学更认识自己的情绪，并且能适当表达及管理自己的情绪。</td><td></td><td>10</td></tr>
<tr><td>3. 志趣相投</td><td>3-1 给每个成员发放一张“志趣相投”卡片，样式如下：
<table>
<tr><td>喜欢蓝色</td><td>喜欢踢足球</td><td>心直口快</td><td>爱广交朋友</td><td>喜欢旅游</td></tr>
<tr><td>会一种乐器</td><td>性格开朗</td><td>不喜欢说话</td><td>从不传闲话</td><td>爱看军事杂志</td></tr>
<tr><td>喜欢吃肉</td><td>喜欢打篮球</td><td>爱看名著</td><td>喜欢独处</td><td>喜欢上网</td></tr>
<tr><td>喜欢小制作</td><td>喜欢画画</td><td>喜欢唱歌</td><td>爱看电视剧</td><td>爱看 NBA 比赛</td></tr>
<tr><td>放学先写作业</td><td>喜欢外语</td><td>爱写作</td><td>喜欢跳舞</td><td>喜欢轮滑</td></tr>
</table>
3-2 请成员先圈出最符合自己主要特征的那一项。
3-3 让学生拿着卡片随便走动，去寻找符合自己志趣的同学，请那个同学在符合要求的格子里面签名（可能每个人有数项符合，但只在最符合自己的那个格子里签名）。
3-4 根据领导者发出的信号，请相同志趣的同学聚在一起聊几句，相互熟悉一下。</td><td>“志趣相投”卡片、笔</td><td>30</td></tr>
</table>

续表

4. 我想认识你	4-1 领导者发给每位成员 5 张便条纸，请成员在每张便条纸上都写上自己的名字，分别在每张便条纸上写上一种自己想让别人认识自己的项目，（如：星座、最喜欢去的地方、个性、兴趣、偶像等）。与之前“志趣相投”卡片的内容不要重复。 4-2 把自己的便条纸贴在自己的背后。 4-3 听从领导者的指示，成员彼此拔取背后的纸条。 4-4 拿到纸条的成员可以对纸条的主人发问纸条上的项目，增进团员彼此认识。	便条纸、海报纸	30
5. 制定团体合约书 6. 分享与讨论 7. 总结	成员分享今天在团体中的感受 领导者做单元总结并提醒团体成员下次团体时间 布置作业：本次团体活动的感受		10 20 5

第二单元名称：情绪彩虹	地点：心理咨询室	所需时间：2 小时

单元目标：

1. 提高成员对团体的凝聚力及参与度。
2. 让成员审视自己平日的情绪及反应。

活动名称	活动流程	材料准备	所需时间（分）
1. 另类打招呼	1-1 成员先绕圈说出自己的姓名。 1-2 请成员先随意走动，分别使用身体的各部位（眼睛、手、脚）去和遇到的成员打招呼。 1-3 为了加深成员们和领导者之间的认识，彼此熟记名字，玩一个小游戏： 首先由领导者将小布偶丢给某一成员，接到的成员不必响应，由其左右两边的成员代为回答其名字，待左右两位成员均正确回答出接到布偶的成员名字后，接到布偶的人再将布偶丢给其他人，接到的人左右两边的成员再接着回答出其名字，依此类推。	小布偶	30

续表

2. 信任考验	2-1 请成员两两一组。一位戴上眼罩，由另一位成员引导他走。 2-2 两位互换。领导者在过程中需叮咛同学要注意安全，不可故意害同学跌倒或撞到东西。 2-3 讨论一下活动带给自己的感觉是什么。	眼罩多个	30
3. 冥想放松	3-1 伴随舒缓的音乐，选择舒适的姿势，成员放松肌肉，回想近一时期生活中发生的事件，并注意自己情绪上的变化。 3-2 发给成员每人一张卡片，要求成员完成下列句子。 1. 最近让我感觉高兴的事情是______。当时我的心情是______，现在想起这些事，我的心情是______。 2. 最近让我感觉不高兴的事情是______。当时我的心情是______，现在想起这些事，我的心情是______。 3. 每当心情好的时候，我会觉得______。 4. 每当心情糟的时候，我会觉得______。 5. 我的心情总是______。	便条纸、海报纸	30
4. 交流、分享	分享今天在团体中的感受		20
5. 讨论与总结	领导者做总结 布置家庭作业：情绪体验		10

第三单元名称：情绪气球	地点：心理咨询室	所需时间：2小时

单元目标：

1. 协助成员面对不良的情绪。
2. 接纳自己的不良情绪。
3. 发泄自己的不良情绪。

续表

活动名称	活动流程	材料准备	所需时间（分）
1. 活跃气氛	1-1 进行“大西瓜 小西瓜”的游戏。 领导者说“大西瓜”，成员用双手比画“小西瓜”的样子；领导者说“小西瓜”，成员用双手比画“大西瓜”的样子。领导者的语速先慢一些，然后适当加快，直至成员屡屡出错，哄堂大笑为止。 1-2 领导者说明我们的感受有很多种，有开心的感受，也有不舒服的感受。		10
2. 制造情绪气球	2-1 领导者拿出气球，说明气球代表我们的身体。领导者请团体成员将气球吹起，说明气球里装的空气有如我们心里不舒服的感觉。 2-2 领导者问团体成员，如果这些不良的情绪一直在气球里会怎样？如果气球是他们的大脑，而不良情绪一直堆积在他们的大脑中，他们还能清晰地思考吗？ 2-3 领导者请团员将气球吹得更大，请团体成员想一想，当不良的感觉一直堆积，会有怎样的后果？ 2-4 领导者等团体成员有人将气球吹爆，解释如果气球是一个人，气球的爆破就像是不良情绪（如：愤怒）去伤害别人或其他事物。问团体成员这是不是个好的宣泄方法？ 2-5 接着请团体成员再吹起一个气球，但不要吹爆也不要绑起来，请团体成员拿着气球不要使空气跑出来。再次解释气球就是身体，而身体里面的空气就是不良情绪。 2-6 让团体成员慢慢放出一些气体，然后又捏紧。问团体成员气球是否有变小？气球有没有爆炸？这是个宣泄的好方法吗？在宣泄时气球是否很安全？ 2-7 持续让团体成员将气球里的空气释放出来。 2-8 请团体成员在气球上写上自己曾经历过的不舒服感觉（如：愤怒、羞愧、孤单、挫折感……），并分享每个人所写的感觉有哪些。 2-9 请团体成员再次吹起自己的情绪气球，请团体成员注意到自己写的不舒服感觉都变大了。 2-10 让团体成员轮流放开手中的气球，代表释放自己的不良情绪。	气球、签字笔	40

续表

3. 创意情绪气球	3-1 请团体成员以墙报纸、奇异笔或包装纸将气球进行创意改造(如变成花朵、蝴蝶……)。 3-2 请团体成员分享自己的作品。 3-3 分享刚才不舒服的感觉变成什么了?	墙报纸、奇异笔或包装纸	40
4. 分享与讨论	4-1 讨论及分享当次团体的感觉。 4-2 成员讨论以前处理不良情绪的经验与今天处理不良情绪的经验有何不同。 4-3 讨论如何适当表达不舒服的感觉。 4-4 讨论如何让不舒服的感觉转化成不一样的意义。		20
5. 总结	领导者做单元总结 布置家庭作业:总结处理不良情绪方法		10

第四单元名称:情绪变化	地点:心理咨询室	所需时间:2 小时

单元目标:

1. 协助成员面对不良的情绪,接纳自己不良的情绪。
2. 引导成员透过生理的反应察觉自己的情绪,并能适当的表达自己的不舒服的感觉。
3. 在团体活动中,使成员获取处理不良情绪的经验,发泄自己不良的情绪。

活动名称	活动流程	材料准备	所需时间(分)
1. 翻叶子	1-1 给出一张较小的塑胶帆布,要求全体成员都必须站在塑胶帆布上,然后需要将塑胶帆布翻过来。 规则: 1. 所有人都必须站在叶子上(包含讨论)。 2. 只要有人的身体任何部分碰触到地面就要重来直到顺利过关。	塑胶帆布	10
2. 采摘情绪蘑菇	2-1 事先领导者制作了彩色蘑菇的图片若干个,贴在咨询室墙壁上。在每一个蘑菇上,都写着表示成员情绪的词语,如高兴、愤怒、伤心、苦闷、激动、沮丧等。 2-2 领导者讲明游戏规则:请成员采摘符合自己这一周里情绪状态的蘑菇,然后回到座位上。 2-3 伴随着《采蘑菇的小姑娘》的乐曲声,成员采摘情绪蘑菇。 2-4 说说自己为什么要采这几朵蘑菇?最近这一周里发生了什么事情,才使你有了这些情绪?	彩色蘑菇的图片若干	30

续表

3. 情绪雕塑	3-1 领导者发下橡皮泥,请团体成员回想让自己很讨厌很不舒服的事并将它捏出形状来。 3-2 团员彼此分享为什么会捏成这个造型、为什么选用这个颜色、这个形状代表什么意义。 3-3 请团员把令人讨厌的事抛在空中让它自由坠下。 3-4 请团员捡起坠下的橡皮泥,再重塑自己不舒服的感觉,再丢一次。反复重复。 3-5 分享当下的感觉。 3-6 请团体成员重塑那块橡皮泥,使它成为自己较愿意接受的样子。 3-7 分享团体成员的作品。 3-8 分享刚才不舒服的感觉变成什么了?	橡皮泥若干	30
4. 情绪盾牌	4-1 领导者请成员分享自己曾做过的一件,不恰当地表现不舒服感觉的事。而这件事是在社会规范中不被认可的。(如有一次被同学羞辱,趁同学回家后把他的桌子推倒)。 4-2 领导者发下两张,请团体成员将一张图画纸剪成一个盾牌的形状,另一张剪成心形。 4-3 请团体成员在盾牌上画上自己做过的激烈反应(社会规范不被认可的事,如:把同学的桌子推倒)。在心形画出或写下在做出激烈反应前自己所感受到的不好情绪(如:自尊心被伤害的羞辱感受)。画好后,把心形贴在盾牌后面。 4-4 请团体成员分享所画的内容。领导者把成员所分享的感受写在墙报纸上。 4-5 请团体成员检视墙报纸上所写的负面感受,并以肢体或表情表现出来,每一个感受的表现维持 1～2 分钟。(如每个人都表现生气的样子 1～2 分钟)。 4-6 每表现一个感觉后,请团体成员写下来当时的生理反应。(如生气时,手握拳、肌肉僵硬、心跳加快)。 4-7 领导者与团员一起检视生理反应与情绪间的关联。	图画纸、 剪刀、 笔、 双面胶	30

续表

5. 分享与讨论	5-1 成员讨论以前处理不良情绪的经验与今天处理不良情绪的经验有何不同。 5-2 讨论如何透过生理的反应察觉自己的情绪；讨论觉察自己情绪后如何适当地表达自己的不舒服的感觉。		15
6. 总结	领导者总结 布置作业：活动感受		5

第五单元名称：怒也可遏	地点：心理咨询室	所需时间：2 小时

单元目标：

1. 帮助成员了解愤怒对人行为、身心的影响。
2. 帮助成员学会宣泄、表达愤怒的方法，掌握控制愤怒的有效策略。

活动名称	活动流程	材料准备	所需时间（分）
1. 情景表演	1-1 两位同学分角色扮演进教学楼时不小心相撞，但互不相让；话不投机，发生争吵，导致双方情绪越来越激动，越来越愤怒，乃至于发生肢体冲突的情景。	相关视频	10
2. 引导成员讨论	2-1 怎样看待这一事件？为什么会出现不可控制的局面？如果是你，你会怎样做？		20
3. 我也有愤怒	3-1 纸笔练习：写出自己曾经历的愤怒事件，当时自己的心情、生理反应、行为、后果、事后自己的感受。 3-2 分享讨论 1. 成员间交流自己所写内容。 2. 讨论：(1)是否应该表达愤怒？(2)应该怎样表达愤怒？ 成员逐一发言，提出自己控制愤怒等不良情绪的策略，其他成员认真倾听。	纸、签字笔	40
4. 制怒法宝	领导者带领成员对各种方法的可行性进行鉴别，归纳、整理控制情绪的有效策略。		30
5. 分享	引导成员分享本次团体活动的收获和体会。		10

续表

6. 总结	领导者总结：向成员提出控制和管理愤怒的意见和建议。 预告成员：团体还有最后一次。 布置作业：微笑每一天		10

第六单元名称：七彩祝福	地点：心理咨询室	所需时间：100 分钟

单元目标：

1. 回顾团体历程。
2. 提供团体成员回馈。
3. 团体成员彼此祝福。

活动名称	活动流程	材料准备	所需时间（分）
1. 时光倒转	1-1 领导者请成员回忆这几次团体进行了哪些活动。		20
2. 全新的开始	2-1 领导者发下图画纸，请团体成员将水彩挤在图画纸上（可挤成点状或线状）。 2-2 请团体成员将图画纸对折后打开。看看不一样的结果。 2-3 请团体成员运用亮粉、彩色笔对自己的图画纸进行装饰。 2-4 请团体成员分享自己的作品。想想自己参加团体后是否已经跟以前不一样，如同图画纸对折后打开，已是一个不一样的新面貌了。	图画纸、水彩、亮粉、彩色笔	30
3. 优点轰炸	3-1 请团体成员写下每个成员的优点至少 3 点 3-2 请团体成员轮流坐在国王椅上，接受其他团体成员对自己的称赞。	纸、签字笔	20
4. 送“七彩苹果”	4-1 给每个成员发 7 张 7 种颜色的苹果形卡片。 4-2 想想给每位小组成员写一句祝福语，祝福语应该是有针对性的。 4-3 播放《七色光》的乐曲，成员随意走动，把代表不同祝福的色彩鲜艳的“苹果”送给同学，并说一句祝福的话。 4-4 享受祝福。自己读后，在集体中分享。 4-5 分享对团体历程的感受。		30

推荐项目四 “挫折与成长”
——面对挫折团体辅导方案

一、活动主题

正确面对挫折

二、活动目的

1. 让成员意识到人生难免有挫折，能正确、客观、辩证看待、认识挫折。
2. 成员间相互分享资源，并学会采用积极的方式方法应对挫折。

三、活动过程

（一）相逢是首歌（形成团队）

1. 刮大风游戏

成员站成一个圆圈，主持人：刮大风，刮大风，请……的同学站出来。那么具有主持人所说的相同特征的同学应立即相互转换位置，违规者将走到大圈中表演一个节目。

2. 滚雪球

由第一位同学（可以由主持人指定或组内推选）开始进行自我介绍（我是来自……的……级……系的……），第二位同学自我介绍要把第一位同学的信息包括进去（我是来自……的……级……系的……旁边的来自……的……级……系的……），依此类推，最后一位同学要把所有的信息都包括进去。

注意：考虑到成员多少，可以分组进行。

3. 晋级游戏（鸡蛋—小鸡—母鸡—人）

所有成员蹲在地上，扮装鸡蛋，然后一对一，采用猜拳的方式进行 PK，决出胜负，胜者晋升一级，即为小鸡，作半蹲状，并与其他胜者的小鸡进行猜拳 PK，争取下一次晋升：负者仍为“鸡蛋”，继续寻找其他负者的鸡蛋进行猜拳 PK，争取晋升机会。由此推想：小鸡与小鸡 PK 的胜者即晋升为母鸡，可以站立，母鸡与母鸡 PK 的胜利者便晋升为鸡领袖——人，可以回到自己的座位。如此进行，直至绝大部分成员都成功晋升为人为止。

游戏要求：

(1)所有成员都要牢记蜕变的顺序及相应的姿势，按照规则猜拳 PK，不要颠倒顺序，更不能越级晋升。

(2)专心参与，用心投入，互相尊重，注意安全。

游戏延伸：

(1)领导者请若干成功晋升为人的成员分享自己的蜕变过程，特别是猜拳胜出时的感受体会，并请若干蜕变不成功的成员讲述自己的故事，分享感谢。

(2)引导思考：如果将这个游戏看成我们的人生或生活，晋升的过程就是我们成长的过程，那么猜拳象征着什么？猜拳的结果又意味着什么？

(引出活动主题：挫折)

提问导出：谁在蜕变过程中的每一次 PK 都是胜利者？

(简单统计成员在蜕变 PK 中所遇到的失败，结合主题，让成员认识到人生不可能永远都成功、顺利，难免有困难挫折，所以要学会如何面对和应对。)

4. 我们的承诺

讨论哪些行为会影响团体的进行，应该建立怎样的团体规范？在一致通过的基础上订立合约。

5. 领导者总结

(二)抗压的秘诀

1. 热身活动：棒打薄情郎

成员围成一个圆圈，选一位执棒者站在圈内，由他所面对的人叫出另一个人的名字，执棒者马上跑到那位被叫的人面前，此时如果他无法马上叫出另一个人的名字，则执棒者棒打一下，将他喝醒。如果他能叫出另一位的名字，则执棒者就跑到那人面前，如果他无法马上叫出另一个人的姓名，则照样一棒打下去，如此连续下去。被棒打的人担任执棒者。

2. 蜗牛的家

参加的同学围坐成一圈，然后把身体屈成 90°后，用手从背后托起椅子，背在背上。每个人与前面的人保持距离，防止椅子相互碰撞。然后，保持弯腰驼背的姿势，所有学生转向顺时针的方向，跟着前面一个同学往前走。教师提供指导语，想象我们都是一只小小的蜗牛，背上背着重重的壳。

控制行走的速度，不要完成得太快，留出足够的时间让学生体验蜗牛壳的压力。所有的学生走完一圈，回到原地，放下椅子，坐好。

讨论：

(1)刚才背上压着东西是什么感觉？

(2)这种感觉在生活中是否也存在？

(3)蜗牛背着它的房子，那么，每天压在我们背上的是什么？

3. 抗压天使

体验面临压力时用积极的理念与消极的想法对抗。

三人一组，大家轮流扮演天使、凡人与恶魔。

担任凡人者说出那个自己觉得有压力的事件，恶魔的目的是让凡人压力更大，说出使人压力更大的话，天使则必须帮助凡人解除压力。

每次由天使先说 30 秒，再换恶魔说 30 秒，每个人皆轮过三个角色为止。每个人轮流在组内说出刚刚扮演不同角色的感受。邀请愿意主动发表的同学分享。

结论：

消除压力的方法有很多，有一种方法就是多听听自己的天使说话，让恶魔闭嘴。多想一些乐观的、理性的、积极的想法。

(三)勇往直前

1. 热身游戏：诺亚方舟

(1)把比人数少一个数目的椅子围成一圈。除了诺亚外，其余的人坐在椅子上。

(2)每个人必须为自己选个代表的动物。

(3)诺亚必须站在中央，一一走到每个人面前，他可叫任何一个动物，被叫到的动物必须站起来跟着他走。当诺亚说："洪水来了！"全部的人，包括诺亚必须赶紧找个空位坐下，没有座位的那人则变成诺亚，原诺亚则变成该动物。

2. 解开千千结

(1)让每组队员站成一个面向圆心的圆圈。

(2)教师说：请记住你左面的人是谁？右面的人是谁？

(3)松开双手，任意走动，当老师说停时，在原地仍与你原来相邻的人牵好手。即你的左边和右边的人必须同刚才一样。

(4)在不松手的情况下，想办法把这张乱网解开，最后形成大家开始时手拉手围成的一个大圆圈。

(5)注意事项：不能抓自己身边队员的手，自己的两只手不能同时抓住另外一个人的两只手，在任何情况下，队员的手都不能松开。

3. 翻叶子

(1)整组人员站上叶子后由训练员开始宣布规则。

(2)所有学员现在是一群雨后受困的蚂蚁，在水面好不容易找到一块叶子站上，却发现叶面充满了毒液，除非大家可以将叶子翻面，否则又将遭受另一次生命的威胁。

(3)整个过程都站在叶子上。

(4)所有人身体的各部位均不可碰触到叶子以外的部分，否则重来。

(5)用时最少者胜。

道具：每组一块布或较大的报纸(约可让整组人站上或稍大)。

(四)珍惜美好

1. 热身活动：松鼠与大树

(1)三个人一组，两个人扮演大树，围成圈，一人扮演松鼠站在圈中。

(2)组织者喊："大树跑"，大树就要立即解散，重新和其他大树组成圈，并选择松鼠围在圈中，之前助手加入到游戏中，多出来的没组成圈的大树要出来；同样，喊："松鼠跑"，松鼠要逃跑，到别的大树身边；喊："地震了"，全都要解散。

(3)每次助手都要加入，最后几轮下来会出来几个没抢到位置的人，可以让他们谈感受，也可以从中引出压力的存在。

2. 突围与闯关

成员自愿报名做挑战者。突围：成员手拉手肩并肩面对面紧紧地围成一个圈——"围城"，并快速走动。挑战者站在圆中央，想方设法伺机从"围城"中突围，活动过程不得有打人现象，注意安全。

闯关：成员手拉手肩并肩背对背紧紧地围成一个圈，挑战者站在圈外，想方设法闯入"城"中央。活动直至挑战成功为止。若挑战不成功，挑战者要举手表示投降。活动后团体分享。

3. 发放彩色纸

请成员写下一句激励的语言，鼓励彼此勇敢面对挫折，做挫折中的英雄。

4. 大团圆

请大家站立，围成圆圈，将两手搭在两侧成员的肩上，聚拢静默30秒。然后随着音乐轻轻地哼唱歌曲《阳光总在风雨后》，并随着旋律自由摇摆。使全体成员在一个充满温馨甜蜜而有内聚力的情景中告别团体，走向生活，留下一个永远的、美好的、极有象征性的、难忘的记忆。

推荐项目五　“甩开‘它’,大家来!”
——学习压力应对团体辅导方案

一、活动主题

甩开“它”,大家来!

“学习,你要好好学习”,我们每时每刻面临着父母或者老师的期望和叮嘱,可我们做到了吗？面对如此殷切的希望,我们可能会因为这巨大压力而止步;所以,及时缓解各种学习压力,让我们重拾学习热情,就是我们这次活动的主要目的。

二、活动目的

1. 帮助学生找到压力源,直面压力并寻找合适的释放方式;
2. 鼓励学生间相互交流,寻找适合自己的方法;
3. 帮助学生重建自信,重拾学习热情。

三、活动时间

45 分钟。

四、活动地点

活动室、操场或者教室。

五、参与人员

班级同学、指导老师、班主任等。

六、活动总体方案

阶段	阶段目标	老师指导	学生参与	进行时间
准备阶段		准备视频、压力关系表、信纸和活动室		
暖身阶段	1. 活跃团体氛围,让学生放开心怀; 2. 让学生产生共鸣,切入主题。	1. 介绍自己和团体活动; 2. 进行分组,保证每组 8 至 10 人左右; 3. 播放视频《我很忙》; 4. 引入活动主题。	1. 音乐欣赏; 2. 配合老师,完成共鸣。	3 分钟

续表

阶段	阶段目标	老师指导	学生参与	进行时间
游戏阶段	1. 帮助学生认识压力及其危害； 2. 积极寻找可能的压力源，以帮助学生应对。	1. 导出游戏和规则； 2. 引导学生发现出错的原因； 3. 点明压力与错误率的关系； 4. 引导学生说明对压力的看法和可能的源泉。	1. 游戏一：青蛙跳水； 2. 说明自己以为的原因； 3. 讨论压力源。	12分钟
	1. 帮助学生认识并释放压力； 2. 相互学习应对方式； 3. 增进同学间的交流和互助。	1. 发放压力关系表； 2. 示范和引导游戏； 3. 引导学生分享游戏结果； 4. 发放信纸； 5. 鼓励学生写给压力一封信； 6. 引导学生分享游戏感受。	1. 游戏二："外化压力"； 2. 分享自己的游戏成果； 3. 分享自己的应对方式； 4. 写信； 5. 游戏感受探讨。	15分钟
	1. 帮助学生自我激励； 2. 指导学生相互激励，重拾信心。	1. 发放彩色信纸； 2. 督促学生写下励志语言； 4. 组织学生自由组队； 5. 说明组队目的和意义。	1. 写下并朗诵励志语言； 2. 自由组队； 3. 鼓励队友； 4. 分享有效的应对方法。	8分钟
结束阶段	1. 让学生明白活动的意义； 2. 增强学生信心。	1. 引导学生回顾活动，点明主题； 2. 分享压力应对方式； 3. 激励学生重拾信心； 4. 播放音乐《阳光总在风雨后》，准备结束活动。	1. 配合相应的应对方式做出反应； 2. 高呼"××，我不怕"； 3. 全班合唱《阳光总在风雨后》。	7分钟

七、活动实施

(一)音乐欣赏

第一步(老师)：介绍自己和活动。范例："大家好，我是这次的活动老师××，今天我们一起来完成这个‘甩开它,大家来!’活动。首先,大家先猜猜这个‘它’指什么?”

第二步(学生):讨论和发言;

第三步(老师):播放视频《我很忙》;

第四步(学生):欣赏视频并体验讲述的内容;

第五步(老师):引导学生产生共鸣,点明活动主题。

(二)青蛙跳水

第一步(老师):游戏开场白。范例:“今天我们一起来玩一个游戏《青蛙跳水》,希望大家积极认真参加,输了的同学要接受相应的惩罚。”

第二步(老师):组织学生按组围圈站好。

第三步(学生):配合老师围圈站好或坐下。

第四步(老师):指导和示范游戏及规则:每人每次只说一个字,顺时针依次说“一只青蛙跳下水,咚,两只青蛙跳下水,咚咚……”出错的同学要学习青蛙跳水的动作。

第五步(学生):进行游戏。

第六步(老师):督促游戏,及时发现出错的同学。

第七步(学生):接受惩罚。

第八步(老师):及时记住几位常出错的同学,请他们分享。范例:“××同学,你出错了。我可不可以知道你是怎么出错的呢?”

第九步(学生):寻找自己出错的原因。

第十步(老师):鼓励出错的同学不要灰心,接着来;同时询问未出错的同学在游戏中的心情和感受。

第十一步(学生):分享自己在游戏中的感受。

第十二步(老师):对比出错同学和未出错同学的分享,指明犯错率和任务压力相关;同时请学生说说压力的危害。

第十三步(学生):讨论压力的危害并发言。

第十四步(老师):提出质疑“我们生活中还会遇到那些压力?”

第十五步(学生):讨论压力源并发言。

第十六步(老师):总结学生的讨论和发言,指出压力的危害,引出下一个游戏环节。

注意:

(1)对出错的同学要及时给予信任和鼓励,千万不能批评或嘲笑。

(2)对出错和未出错同学的感受分享一定要及时对比，以帮助学生形成压力对我们的学习生活是有害的想法。

(三)外化"它"

第一步(老师)：引入新活动并发放纸笔。

第二步(学生)：围成圈坐好，配合老师，准备跟随老师的提问写下相应的回答。

第三步(老师)：首先，要求学生给"它"取一个名字并画出相应的形象，越能表达自己的想法越好。

第四步(学生)：取名并画画。

第五步(老师)：继续提问，如它给你造成了什么影响，它一般在什么时候出来捣乱，它在什么时候对你影响最大，什么时候影响最小，你有没有成功压制过它，你认为要压制它最需要什么，你要怎么获得这种最需要的力量？

第六步(学生)：及时写下老师问题的相应答案。

第七步(老师)：游戏结束，引导学生分享自己写下的结果。

第八步(学生)：分享结果(3～5名)。

第九步(老师)：对游戏进行总结，点明压力不可怕，关键在于怎么应对。

第十步(学生)：讨论压力应对方式。

第十一步(老师)：发放纸张并鼓励学生写给"它"一封信。

第十二步(学生)：写信，内容必须是怎么面对"它"。

第十二步(老师)：引导学生分享信的内容。

第十三步(学生)：分享信件内容。

第十四步(老师)：总结游戏，引导大家分享参加完游戏的感受。

第十五步(学生)：分享参加游戏的感受。

注意：

(1)对"它"的绘画越详细越好，以方便学生后面的宣泄；

(2)对"它"的提问一定要涉及时间、造成影响、应对方式、需要力量等方面；

(3)一定要及时点明"它"不可怕，并积极寻找有效的解决方式。

(四)协同走过

第一步(老师)：组织学生重新组队；

第二步(学生)：按照要求组队。

第三步(老师)：发放彩色信纸，要求学生写下励志的话语。

第四步(学生)：写下励志语言。

第五步(老师):要求学生对自己的队友说出写下的话语。
第六步(学生):对队友进行激励。
第七步(老师):鼓励学生间交流。
第八步(学生):同组队员相互鼓励和分享,寻找出有效的应对方式。
第九步(老师):总结各队同学的“它”和应对方式。

(五)大合唱

第一步(老师):引导学生回顾活动,点明主题。
第二步(老师):分享科学的应对方式。
第三步(学生):配合老师做出相应的反应。
第四步(老师):鼓励学生别害怕,勇敢面对。
第五步(学生):高呼“××,我不怕!”
第六步(老师):播放《阳光总在风雨后》。
第七步(老师和学生):合唱,结束活动。
播放视频《我很忙》。

推荐项目六 “时间都去哪儿了?”
——时间管理团体辅导方案

一、主题背景

学生的学习效率及成绩往往与其时间管理的能力密切相关,时间管理得好,学习能力及效率就相对高,也容易取得好成绩。善于管理时间的人能力强、学习成绩优秀、事业有成,倾向于做更积极的自我评价、自尊心强、自我价值感强以及对生活感到幸福满意。对于大学生来讲,能否科学管理时间,对于他们提高学习效率、提高职业素质,具有十分重要的意义。

二、活动目标

1. 知道时间的稀缺和宝贵,认识到时间管理的重要性。
2. 梳理和反思自己时间利用效率的情况,学会时间管理的方法。
3. 提高珍惜时间的意识,养成充分运用时间的习惯。

三、活动方法

游戏、讨论。

四、活动准备

印有 0～100 刻度的纸条、学生成长相册 PPT、为学生分组。

五、活动过程

(一)团体热身阶段

1. 猜一猜

有这样一个谜语:“世界上有一家奇怪的银行,它给每个人都开了个账户,账户每天进账 86 400 元,每晚 12 点账户清零。不能余额结账,不能预支和超支。请问,这家银行每天给我们注入的是什么?打一词语,两个字。”

学生:谜底是——时间,因为一天有 24 小时,一小时有 60 分钟,一分钟有 60 秒,因此 60×24×60=86 400(秒)。

2. 教师点评

同学们是不是觉得要是钱该有多好啊!金钱是财富,时间更是每个人最重要的资源,同时也是有限的资源。一天只有 24 小时,我们无法积蓄也无法失而复得。

(二)团体转换阶段

1. 教师导语

时间是上天分配给每个人绝对公平的东西,有时候你会觉得“光阴似箭”,有时候你会觉得“度日如年”。在我们的学习生活中,认识时间、把握时间、科学管理好时间非常重要。那么我们可以管理的时间到底有多少呢?

2. 折纸游戏

拿出印有 0～100 刻度的纸条分发给学生,现在你手上的长纸条代表你长长的一生。

(1)你现在多少岁?假如 18 岁,请将 18 个格子折到后面去,因为这些时间已经逝去。

(2)假设你 60 岁退休,所以再请你将 60 往后的 40 个格子折下去。

(3)一天 24 小时中假设我们每天睡觉 8 小时,三餐合计 1 小时。休闲运动、交通走路、聊天交友等每天也算 3 小时,现在合计每天有 12 小时不能用于工作和学习,请将余下的时间对折。

(4)另外一些个人爱好所占的时间、周六周日寒假暑假的度假时间、无聊或拖延的时间,请根据自己的情况折下去。

3. 学生分享感受

“真的很短暂啊!”等等。

4. 教师点评

我们可以控制的学习时间是多么的微小和短暂啊,面对如此有限的时间,我们需要有效的管理。

(三)团体工作阶段

1. 情景讨论

(1)平平的一个星期天。平平周末本打算复习功课,因为下周就要考试了,可是早上9点吃早饭的时候同学打电话叫她去逛街,她在犹豫了一番之后还是去了,但她强制自己中午回到了家里,吃过午饭后平平觉得自己有些累了就睡了一会儿,醒来已是2点了。平平想自己一直想看的电视剧还没有看呢,就看一两集吧,于是一个小时又过去了。她回到自己的房间打开书本开始学习,过了一段时间她听见妈妈喊他:“平平,快6点了,出来吃饭吧。”吃完饭后,她和爸爸妈妈看了一会新闻联播,又洗了个澡发现已经8点多了,就回房间看了1个小时的书便上床睡觉了。

(2)请为平平列出她的作息时间表。她的哪些安排是合理的?哪些不是合理的?

(3)学生分享、教师引导:白天没有充分利用、休闲时间多等。

2. 时间管理的小故事

课上,教授在桌子上放了一个玻璃罐子,然后从桌子下面拿出一些正好可以从罐口放进罐子里的鹅卵石。教授把石块放完后问他的学生:“你们说这个罐子是不是满的?”“是。”所有的学生异口同声地回答。教授笑着从桌底下拿出一袋碎石子,把它们从罐口倒下去,摇一摇,问:“现在罐子是不是满了?”大家都有些不敢回答,一位学生怯生生地细声回答:“也许没满。”教授不语,又从桌下拿出一袋沙子,慢慢倒进罐子里,然后又问学生:“现在呢?”“没有满!”全班学生很有信心地回答说。是的,教授又从桌子底下拿出一大瓶水,缓缓倒进看起来已经被鹅卵石、小碎石、沙子填满的玻璃罐。

一个平常的玻璃罐就这样装下了这么多东西,但如果不先把最大的鹅卵石放进罐子,也许以后永远没机会把它们再放进去了。生活中那么多事情,其实都可以像往这个玻璃罐里放东西那样,先进行时间级别分类,如根据大学生的日常安排,按照“事分轻重缓急”进行组合,确定先后顺序,做到不遗不漏。

3. 时间“四象限”

时间“四象限”法是美国的管理学家科维提出的一个时间管理的理论,把工作按照重要和紧急两个不同的程度进行了划分，基本上可以分为四个“象限”：既紧急又重要（如当天的作业、生病看医生、按时上学等）、重要但不紧急（如建立人际关系、制定计划等）、紧急但不重要（如电话铃声、电视直播等）、既不紧急也不重要（如上网、闲谈、邮件、写博客等）。按处理顺序划分：先是既紧急又重要的，接着是重要但不紧急的，再到紧急但不重要的，最后才是既不紧急也不重要的。“四象限”法的关键在于第二和第三类的顺序问题，必须非常小心区分。另外，也要注意划分好第一和第三类事，都是紧急的，分别就在于前者能带来价值，实现某种重要目标，而后者不能。

4. 我的星期天

(1)请同学们在表格上为自己本周末的星期天做时间分配。可以参考《时间管理的十一条金律》。

(2)小组分享交流自己分配时间的情况，我发现我自己在________方面时间管理的表较好，在________方面时间管理的还不够好，主要是因为________我需要改进的是________。

(四)团体结束阶段

1. 签订管理时间的合同

合同样本

我，________(你的名字)，决定从此以后有效管理时间，因为这样做会给我带来如下好处：

____

____

____

同时会给我带来________的感觉。在日常生活中，我会用________的方法来管理时间，并严格执行。我会遵守自己的承诺，做一个说话算数的人。我会邀请支持我的人________(名字)来监督我。当我能如实地兑现自己的诺言，我会用________(激励自己的东西)奖赏自己。

承诺人：________

2. 播放 PPT

播放事先准备好的以歌曲《时间都去哪儿了》为背景音乐的学生成长相册 PPT。

3. 结束语

(1)朗读小诗一首。

时间静躺着,
宛若不息的河。
枕着古老的土地,
唱着岁月的歌。
如果时间能够竖立,
历史将会鲜活。
如果时间能够立体,
给我一次美丽。

(2)推荐阅读《时间管理的十一条金律》。

附:

时间管理的十一条金律

金律一:要和你的价值观相吻合

你一定要确立个人的价值观。时间管理的重点不在于管理时间,而在于如何分配时间。你永远没有时间做每件事,但你永远有时间做对你来说最重要的事。

金律二:设立明确的目标

成功等于目标,时间管理的目的是让你在最短时间内实现更多你想要实现的目标;你必须把今年的4~10个目标写出来,找出一个核心目标,并依次排列重要性,然后依照你的目标设定一些详细的计划,你的关键就是依照计划进行。

金律三:改变你的想法

美国心理学之父威廉·詹姆士对时间行为学的研究发现这样两种对待时间的态度:"这件工作必须完成它,实在讨厌,所以我能拖便尽量拖"和"这不是件令人愉快的工作,但它必须完成,所以我得马上动手,好让自己能早些摆脱它。"当你有了动机,迅速踏出第一步是很重要的。不要想立刻推翻自己的整个习惯,只需强迫自己现在就去做你所拖延的某件事。

金律四:遵循20比80定律

花最多时间做最重要,而不是最紧急的事情上,然而一般人都是做紧急但不重要的事。

金律五:安排"不被干扰"时间

每天至少要有半小时到一小时的"不被干扰"时间。假如你能有一个小时完全不受任何人干扰,把自己关在自己的空间里面思考或者工作,这一个小时可以抵过你一天的工作效率,甚至有时候这一小时比你3天工作的效率还要好。

金律六:严格规定完成期限

巴金森(c-NoarthcoteParkinson)在其所著的《巴金森法则》(ParkinsonsLaw)中,写下这段话:“你有多少时间完成工作,工作就会自动变成需要那么多时间。”如果你有一整天的时间可以做某项工作,你就会花一天的时间去做它。而如果你只有一小时的时间可以做这项工作,你就会更迅速有效地在一小时内做完它。

金律七:做好时间日志

你花了多少时间在做哪些事情,把它详细地记录下来,早上出门(包括洗漱、换衣、早餐等)花了多少时间,搭车花了多少时间,把每天花的时间一一记录下来,你会清晰地发现浪费了哪些时间。这和记账是一个道理。当你找到浪费时间的根源,你才有办法改变。

金律八:理解时间大于金钱

用你的金钱去换取别人的成功经验,一定要抓住一切机会向顶尖人士学习。仔细选择你接触的对象,因为这会节省你很多时间。假设与一个成功者在一起,他花了40年时间成功,你跟10个这样的人交往,你不是就浓缩了400年的经验?

金律九:学会列清单

把自已要做的每一件事情都写下来,这样做首先能让你随时都明确自己手头上的任务。不要轻信自己可以用脑子把每件事情都记住。

金律十:同一类的事情最好一次把它做完

假如你在做纸上作业,那段时间都做纸上作业;假如你是在思考,用一段时间只作思考;当你重复做一件事情时,你会熟能生巧,效率一定会提高。

金律十一:每1分钟每1秒做最有效率的事情

你必须思考一下要做好一份工作,到底哪几件事情是对你最有效率的,列下来,分配时间把它做好。

参考文献

[1]丁茂芬.职业心理素质训练[M].北京:清华大学出版社,2010.

[2]倪海珍,杜旭林.大学生心理素质训练[M].北京:科学出版社,2009.

[3]张革.大学生心理适应指南[M].北京:北京工业大学出版社,2010.

[4]涨潮,杨晓荣.自助与成长——大学生心理健康教育[M].北京:科学教育出版社,2010.

[5]钟谷兰,杨开.大学生职业生涯发展与规划[M].上海:华东师范大学出版社,2008.

[6]徐畅,庞杰.大学生基本素质训练教程[M].北京:清华大学出版社,2012.

[7]王崇彩,冉斌.疯狂劲舞　素质拓展训练[M].深圳:海天出版社,2006.

[8]阚雅玲,吴强,胡伟.职业规划与成功素质训练[M].北京:机械工业出版社,2012.

[9]潘安岚.综合素质拓展训练[M].北京:旅游教育大学出版社,2010.

[10]杨敏毅,鞠瑞利.学校团体心理游戏教程与案例[M].上海:上海科学普及出版社,2009.

[11]吴光林.高职学生核心素质教育研究[M].徐州:中国矿业大学出版社,2009.

[12]尤君.职业素质的培养与训练[M].北京:化学工业大学出版社,2012.

[13]中华人民共和国教育部高等教育司全国高职高专校长联席会.职场必修[M].北京:高等教育出版社,2005.

[14]中华人民共和国教育部高等教育司全国高职高专校长联席会.职场纵横[M].北京:高等教育出版社,2005.

[15]覃彪喜.读大学,究竟读什么[M].广州:南方日报出版社,2011.

[16]吴才智,包卫.大学生心理健康教育[M].上海:华东师范大学出版社,2009.

[17]吴静.大学生心理健康教育[M].河南:河南科学技术出版社,2012.

[18]樊富珉.团体心理咨询[M].北京:高等教育出版社,2010.

[19]桑志芹,邓旭阳.大学生心理素质训练[M].上海:上海教育出版社,2009.

[20]康瑞峰.心理特训营[M].北京:企业管理出版社,2009.

[21]程小蘋.大学院校班级辅导活动手册[M].重庆:重庆大学出版社,2010.

[22]中国心理卫生协会组织编写.心理健康辅导团体训练[M].北京:世界图

书出版公司,2009.

[23]王春明.大学生职业发展与就业指导[M].北京:中国农业大学出版社,2011.

[24]江东,李根珍,惠钢行.大学生职业素养提升[M].北京:新华出版社,2009.

[25]张晓根.大学生就业指导与职业发展[M].郑州:河南科学技术出版社,2012.

[26]李荣建.大学生礼仪[M].北京:人民邮电出版社,2012.

[27]夏志强,翟文明.礼仪常识全知道[M].北京:华文出版社,2010.

[28]刘永艳,宋薇.礼仪学(上、下册)[M].呼伦贝尔:内蒙古文化出版社,2009.

[29]金正昆.职场礼仪[M].北京:中国人民大学出版社,2008.

[30]权锡哲.7步,做好面试准备[M].北京:人民邮电出版社,2009.